Wörterbuch der Deutsch-Englischen Fachausdrücke des Rechnungswesens und des Geschäftsverkehrs

Zusammen mit Verzeichnissen von Fachausdrücken für Rechnungswesen und Wirtschaftsprüfung in der elektronischen Datenverarbeitung sowie Bankwesen einschl. der Devisengeschäfte

Dictionary of German-English Accounting and Business Terms

Together with Glossaries of Electronic Data Processing Terms and Banking and Foreign Exchange Terms

Zweite Auflage

Deutsch-Englisch Seiten 7-135
Englisch Deutsch Seiten 145-255

Second Edition

German-English Pages 7-135
English-German Pages 145-255

Herausgegeben von:

Arthur Andersen & Co. G.m.b.H.
Wirtschaftsprüfungsgesellschaft
Steuerberatungsgesellschaft

1981

Fachverlag für Wirtschafts- und Steuerrecht
Schäffer GmbH & Co. KG, Stuttgart

ISBN 3-8202-0193-9
1981, Schäffer-Verlag, Stuttgart

Deutsch-Englisch

German-English

Vorwort zur 2. Auflage

Die zunehmend internationalen wirtschaftlichen Verflechtungen haben im Geschäftsverkehr einen verstärkten Austausch wirtschaftlicher Informationen zur Folge. Das gilt sowohl für Berichtssysteme, wie auch für die Selbstdarstellung von Unternehmen im Ausland. Zunehmend präsentieren große deutsche Unternehmen ihre Geschäftsberichte im Ausland in englischer Übersetzung. Auch bei der Anbahnung von Geschäftsbeziehungen in den USA erweisen sich solche Übersetzungen als hilfreich, oft als unabdingbar.

Dieses Wörterbuch soll den Praktikern helfen, bei Fachausdrücken schnell die jeweils korrekten Übersetzungen zu finden. Es ist vornehmlich für Unternehmen und Übersetzer in deutsch-sprachigen Ländern gedacht und soll dazu beitragen, das Verständnis der vorkommenden Fachausdrücke zu erleichtern. Aber auch Firmen und Übersetzern in englischsprachigen Ländern sollte dieses Wörterbuch hilfreich sein.

Um den praktischen Gebrauch des Wörterbuches nicht durch einen zu großen Umfang zu erschweren, wurden weniger gebräuchliche Fachwörter fortgelassen. Hier fanden nur die Begriffe und Ausdrücke Aufnahme, die in der täglichen Praxis immer wieder benötigt werden.

Nicht im Hauptteil, sondern in einem besonderen Verzeichnis dieses Buches sind die Fachausdrücke der elektronischen Datenverarbeitung sowie des Bankwesens enthalten.

Einige Fachwörter und Ausdrücke haben in den verschiedenen englisch-sprachigen Ländern unterschiedliche Bedeutungen. Das gilt insbesondere für das Finanzwesen. In diesem Wörterbuch wurden die Ausdrücke gewählt, die hauptsächlich in den USA verwendet werden. In einigen Fällen wurden auch Wörter einbezogen, die in anderen englisch-sprachigen Ländern üblich sind - diese sind dann mit der Bezeichnung des entsprechenden Landes versehen.

Dieses Wörterbuch ist im Laufe der Jahre aus der täglichen Praxis einer zweisprachig ausgerichteten Arbeit entwickelt worden. Es wird in dieser Form zum ersten Mal der deutschen Öffentlichkeit zugänglich gemacht.

Ergänzungsvorschläge nimmt der Verlag gern entgegen. Sie würden bei anstehenden Neuauflagen berücksichtigt werden.

Düsseldorf/Stuttgart
Oktober 1981

Herausgeber und Verlag

WÖRTERBUCH DER DEUTSCH-ENGLISCHEN FACHAUSDRÜCKE DES RECHNUNGSWESENS UND DES GESCHÄFTSVERKEHRS

Inhaltsverzeichnis

HINWEISE FÜR DEN GEBRAUCH DES DEUTSCH-ENGLISCHEN ABSCHNITTES DIESES WÖRTERBUCHES

(Seiten 7 — 135)

In diesem Teil des Wörterbuches erscheinen die deutschen Fachausdrücke in der Regel in alphabetischer Reihenfolge. Es wurden jedoch die zu einem festumrissenen Fachgebiet gehörenden Begriffe unter dem entsprechenden Sachwort zusammengefasst; hierdurch wird in einigen Fällen die alphabetische Anordnung unterbrochen.

Als Beispiel sind unter dem Begriff STEUER alle Begriffe enthalten, die sich auf das Fachwort STEUER beziehen. Hierunter fallen in erster Linie die speziellen Steuern, z.B.:

Steuer, Beförderungsteuer
Steuer, Börsenumsatzsteuer

Diese Wörter sind nur unter dem Sachwort STEUER und nicht in alphabetischer Reihenfolge unter Beförderungsteuer und Börsenumsatzsteuer aufgeführt.

Zu den oben genannten Sachworten gehören vor allem folgende:

Abschreibung	Gemeinkosten	Produkt
Aktien	Geschäft	Prüfung
Arbeit	Gesellschaft	Rechnung
Bar	Gesetz	Recht
Bestand	Gewinn	Scheck
Betrieb	Grund	Schuld
Buch	Handel	Steuer
Einkünfte	Kapital	Verkauf
Fabrik	Konto	Vermögen
Fertigung	Kosten	Versicherung
Forderungen	Kredit	Wechsel
Geld	Kurs	Wert
	Lohn	Zahlung

Beim Gebrauch des deutsch-englischen Abschnittes des Wörterbuches muss der Leser entscheiden, ob der Fachausdruck einem Sachwort unter- oder zugeordnet ist; ist dies der Fall, sollte zuerst unter dem wahrscheinlichen Sachwort nachgesehen werden. Diese Schwierigkeit wird bei häufigem Gebrauch schnell überwunden.

Die deutschen Umlaute: Ä, Ö und Ü erscheinen alphabetisch als: A, O und U.

HINWEISE FÜR DEN GEBRAUCH DES ENGLISCH-DEUTSCHEN ABSCHNITTES DIESES WÖRTERBUCHES

(Seiten 145 — 255)

In diesem Teil des Wörterbuches erscheinen die englischen Ausdrücke in der Regel in alphabetischer Reihenfolge. Ähnliche und abgeleitete Begriffe wurden jedoch unter dem entsprechenden Sachwort zusammengefasst. Dies führt in einigen Fällen zu einer Abweichung von der alphabetischen Anordnung.

Zum Beispiel erscheinen unter dem Begriff AUDITOR "Auditors' certificate" und "Auditors' report"; diese Begriffe sind nicht noch einmal unter "Certificate, auditors'" oder "Report, auditors'" aufgeführt.

Beim Gebrauch des englisch-deutschen Abschnittes dieses Wörterbuches muss der Leser entscheiden, ob der Ausdruck einem im Rechnungswesen und Geschäftsverkehr allgemein gebräuchlichen Sachwort zu- oder untergeordnet ist; ist dies der Fall, muss er zuerst unter dem wahrscheinlichen Sachwort nachschlagen. Diese Schwierigkeit sollte bei häufigem Gebrauch schnell überwunden werden.

Der englisch-deutsche Abschnitt enthält keine englischen Übersetzungen derjenigen Ausdrücke des Rechnungswesens und Geschäftsverkehrs, die nur in Deutschland verwendet werden; zum Beispiel ist "Transportation tax" als Übersetzung des deutschen Begriffes "Beförderungsteuer" in diesem Teil nicht enthalten, da der übersetzte Ausdruck in den englisch-sprechenden Ländern nicht allgemein gebräuchlich ist.

A

Abbruchkosten dismantling costs
abbuchen to charge to (a bank account), to write off
Abfindung indemnity
abfühlen, abtasten to sense
Abfühlstation reading station
Abgaben, öffentliche public levies
Abgaben, soziale social security levies
Abgabepreis sales price
Abgänge dispositions
Abgrenzung, aktive prepayment, deferred charge
Abgrenzung, passive accrual, deferred income
Abgrenzung der Verkäufe sales cutoff
Abgrenzung des Einkaufs purchase cutoff
Abgrenzung, periodische Abgrenzung von Aufwand und Ertrag accrual basis of accounting
Abgrenzung von Zinsaufwand oder Zinsertrag accrued interest payable or receivable
Abhebung withdrawal
Ablage file
Ablage bezahlter Rechnungen paid invoice file
Ablagefach pocket
ablaufen einer Frist to expire
ablegen to file
Ablösung (einer Schuld) redemption, repayment
Abmachung agreement, term, condition
Abnahmeverpflichtung purchase commitment
Abnutzung wear and tear
Abrechnung settlement (of accounts)
Abrechnungszeitraum fiscal or accounting period
Abschlagzahlung down-payment, installment
Abschluss financial statement
Abschluss der Bücher und Konten closing the books and accounts
Abschluss, Jahres (Zwischen) abschluss annual (interim) financial statement
Abschlussbilanz annual balance sheet
Abschlussbuchung closing entry
Abschlussprüfer auditor
Abschlussprüfung audit
Abschlusstermin closing date
Abschlusszahlung final payment
abschreiben to write off, to depreciate; to copy
Abschreibung depreciation
Abschreibung, abzugsfähige deductible depreciation
Abschreibung auf Basis der Wiederbeschaffungskosten replacement method of depreciation
Abschreibung auf der Basis von Produktionseinheiten unit-of-production method of depreciation
Abschreibung, aufgelaufene Abschreibung auf Sachanlagevermögen accumulated depreciation
Abschreibung auf immaterielle Vermögenswerte amortization
Abschreibung auf zweifelhafte Forderungen bad debt expense
Abschreibung, ausserordentliche extraordinary depreciation
Abschreibung, buchmässige book depreciation
Abschreibung, degressive declining-balance method of depreciation
Abschreibung, digitale sum-of-the-years-digits (or digital) method of depreciation
Abschreibung, direkte depreciation booked against the asset
Abschreibung, indirekte depreciation accumulated in a reserve account
Abschreibung, kalkulatorische imputed depreciation (for costing purposes)
Abschreibung, lineare straight-line method of depreciation
Abschreibung, planmässige normal depreciation
Abschreibung, steuerliche depreciation for tax purposes
Abschreibung, Sonderabschreibung accelerated or special depreciation
Abschreibung wegen Substanzverzehr depletion

Abschreibungsaufwand depreciation expense
abschreibungsfähige Kosten eines Wirtschaftsgutes depreciable cost
Abschreibungsgrundlage depreciation base
Abschreibungsmethode depreciation method
Abschreibungssatz depreciation rate
Abschreibungsverfahren depreciation method
Abschrift duplicate, copy
absetzbar deductible
absichern to safeguard
abstimmen to tie in, to reconcile, to agree
Abstimmung, von Zahlen reconciliation
Abstimmung, Bankabstimmung bank reconciliation
Abstimmungsdifferenz amount out of balance, difference
Abstimmungsposten reconciling item
Abtretung assignment
Abtretungserklärung declaration of assignment
Abtretungsurkunde deed of assignment
Abweichung variance
Abweichung bei Standardkosten standard cost variance
Abwertung devaluation
Abwesenheit absence
Abwesenheitsrate absentee rate
Abwicklung liquidation, settlement
Abwicklungsanfangsvermögen opening balance of assets to be liquidated
Abwicklungsbilanz liquidation balance sheet
Abwicklungszeitraum period of liquidation
Abzahlungs-Finanzierungsgesellschaft personal loan company, retail finance company
Abzahlungsgeschäft installment transaction
Abzahlungskäufe installment purchases
Abzahlungskredit installment credit
Abzahlungsvertrag installment contract
Abzahlungsverkäufe installment sales
Abzinsung discounting
Abzinsungsfaktoren discount factors
Abzinsungssatz discount rate
Abzug deduction
abzugsfähig deductible
abzugsfähige Ausgaben deductible expenses
Abzugskarte payroll deduction card
Abzugssteuern withholding taxes, taxes withheld at source
addieren to foot, to add
Addiervorrichtung adder
Addition footing, addition
Additionsstreifen tape, adding machine tape
Additionszähler adding counter
Adresse, erste first-class name, prime name
Adressenregister base-register
AfA-Grundsatz depreciation rule
Agio premium
Agio, Aufgeld bei Aktienemissionen paid-in surplus
Agio, bei Ausgabe von Schuldverschreibungen bond premium
Akkordarbeit piecework
Akkordzettel job time ticket
Akte record, file
Aktenzeichen reference
Aktie share, stock
Aktie, an Betriebsangehörige ausgegebene stock issued to employees
Aktie, an der Börse notierte listed stock, share quoted on the stock exchange
Aktie, ausgegebene issued stock, issued share
Aktie, besonders sichere oder wertbeständige "blue chip" stock
Aktie, börsenfähige quotable share
Aktie, Börsenwert der Aktie (ausschliesslich der erklärten, noch nicht gezahlten Dividende) quoted market value (ex dividend)
Aktie, dividendenberechtigte participating share
Aktien, eigene (zurückgekaufte) treasury stock
Aktien, Gratisaktien stock dividend, bonus stock
Aktien, junge newly issued shares
Aktien, Kaduzierung von forfeiture of shares

Aktie, mit einem Agio abgegebene premium stock
Aktie, nachschusspflichtige assessable share
Aktien, nicht an der Börse eingeführte unlisted shares
Aktien, nicht notierte unquoted shares
Aktie, nicht sofort dividendenberechtigte deferred stock
Aktie, noch nicht ausgegebene unissued share
Aktie ohne Bezugsrecht ex rights share
Aktien, Stammaktien common stock
Aktien, stimmberechtigte voting shares
Aktien, Vorzugsaktien preferred shares
Aktienagio stock premium
Aktienausgabekosten share issue expense
Aktienbesitz share holdings, portfolio
Aktienbesitz von Handel, Banken, Versicherungen, etc. institutional holdings
Aktienbörse stock exchange
Aktienbuch capital stock register
Aktiengesellschaft public stock corporation
Aktiengesetz corporation law
Aktienhandel stockbrokerage
Aktienindex share index
Aktienkapital capital stock
Aktienkapital, ausgegebenes capital stock issued
Aktienkapital, ausstehendes capital stock outstanding
Aktienkapital, eingezahltes capital stock paid-in
Aktienkapital, genehmigtes capital stock authorized
Aktienkurs stock price
Aktiennotierung stock quotation
Aktienspitzen fractional shares
Aktionär shareholder, stockholder
Aktiva assets
aktivieren to capitalize
Aktivierung capitalization
Aktivierungspflicht "must be capitalized"
Aktivierungspflichtige Ausgaben capital expenditures
Aktivierungsverbot "must be expensed"
Aktivierungswahlrecht "may be capitalized"
Akzept acceptance, draft
Akzeptant acceptor, drawee
Akzeptkredit acceptance credit
allgemeine und Verwaltungskosten general and administrative expense
Alphabetmischer alphabetic collating device
alphabetschreibende Buchungsmaschine alphabetic accounting machine
alphanumerische Typenstangen alphanumerical type bars
alternatives Verfahren alternative procedures
Altersfreibetrag old age exemption
Altersrente old age pension
Alters - und Hinterbliebenenversicherung old age and survivors' insurance
Altersversorgung und -unterstützung retirement benefits
Amortisation amortization
amtliche Sammlung official publication
Änderung change, alteration
Änderung, Zusatz amendment, addendum
Analyse eines Kontos analysis of an account
Analyse eines Sachgebietes survey
Anfangsbestand opening balance
Anfangsgehalt initial salary
Anforderung (Kauf-) requisition
Angehörige, (abhängige) family members (dependents)
Angemessenheit adequacy
Angestelltendarlehen employee loans
Angestellter employee
Angestellter, leitender key employee
Anhang appendix, attachment
Anlage, bei Berichten exhibit
Anlagen im Bau construction in progress
Anlagen, Sach- fixed assets
Anlagen, stillgelegte idle plant
Anlage, von Geld investment
Anlage zum Jahresabschluss exhibit to financial statements
Anlageberater investment counselor

Anlagefonds investment funds
Anlagegüter, immaterielle intangible assets
Anlagekonto fixed asset account
Anlagenbuch property ledger
Anlagenkartei fixed asset register
Anlagenkarten property cards
Anlagenkonto property accounts
Anlagespiegel analysis of fixed assets
Anlagevermögen property, plant and equipment (and financial assets)
Anlagevermögen, immaterielles intangible property
Anlaufkosten start-up expenses
Anlaufzeit start-up period
Anleger investor
Anleihe loan
Anleihebedingungen loan terms
Anleihegarant underwriter
Anleihekonversion loan conversion
Anleihemarkt bond market
Anleihenemission bond issue
Anleihentilgung loan redemption
Anleiheschuldner loan debtor
Anleihezinsen loan interest
Anmerkung footnote
Anmerkungen zum Jahresabschluss notes to the financial statements
Annahme, beim Wechsel acceptance
Annahme, Waren- receiving
Annuität annuity
Anreiz, Vergünstigung incentive
Anschaffung acquisition
Anschaffungskosten acquisition cost
Anschaffungskosten, ursprüngliche original cost, historical cost
Anschaffungsnebenkosten incidental acquisition expenses
Anschaffungswert acquisition value
Anspruch claim
Anspruch, Erstattungs- claim for refund
Anspruch, Schadensersatz- claim for damages
Anteil share
Anteil an einer Kapitalgesellschaft shares of a corporation
Anteil eines Gesellschafters an einer Personengesellschaft interest of a partner in a partnership
Anteile in Fremdbesitz shares held by third parties
Anteilseigner shareholder
antizipative Aktiva accrued income
antizipative Passiva accrued expenses
Antrag application
Antrag, auf upon application
Antrag auf Fristverlängerung request for extension of time
Antrag vor Gericht motion
Anwalt attorney
anwendbar applicable
Anwesenheitskarte time card
Anzahlung down-payment
Anzahlungen auf Anlagen advance payments on fixed assets
Anzahlungen, erhaltene advances received
Anzahlungen, geleistete advance payments made
aperiodisch relating to prior or future periods
Arbeit labor
Arbeiten, in Ausführung befindliche work in process
Arbeiter hourly-paid employee
Arbeitgeber employer
Arbeitnehmer employee
Arbeitsablaufplan flow chart
Arbeitsauftrag work order
Arbeitsgemeinschaft joint venture
Arbeitshäufung peak load
Arbeitskostenverteilung labor cost distribution
Arbeitslosenunterstützung unemployment benefits
Arbeitslosenversicherung unemployment insurance
Arbeitsplatzbeschreibung job description
Arbeitsstudien time and motion studies
Arbeitsvergütung compensation
Arbeitsvertrag employment contract
Artikelkarte commodity card
aufbewahren to store
aufbewahren, von Unterlagen to file records
Aufbewahrungspflicht record retention requirements
aufeinanderfolgend successive
Auffüllung replenishment
Aufgabe, des Gewerbebetriebes winding up of an enterprise
Aufgeld premium
aufgerundet rounded

aufheben, ein Urteil to reverse a decision
auflösen, eine Gesellschaft to dissolve a company
Auflösung von Reserven reversal of reserves
Auflösung von Wertberichtigungen und Rückstellungen reversal of allowances and accruals
Aufschlüsselung eines Kontos analysis of an account
Aufschub, Verzögerung delay
Aufsichtsrat board of directors
Aufsichtsratsmitglied member of the board of directors
Aufsichtsratsvergütungen directors' fees
Aufsichtsratsvorsitzender chairman of the board (of directors)
Aufstellung statement, schedule
Auftrag, jederzeit widerruflicher open order
Auftrag (Kauf-) order (purchase order)
Auftragsbestätigung order confirmation, order acknowledgment
Auftragsbuch order book
Auftragseingang orders received
Auftragskalkulation job cost estimate
Auftragskosten job costs
Auftragskostenblatt job order cost record
Auftragskostenrechnung job order costing
Auftragsnummer order number
Auftragsrückstand order backlog
Aufwand expense
Aufwand, aktivierungspflichtiger capital expenditure
Aufwand, ausserordentlicher extraordinary expense, special charge
Aufwand, neutraler non-operating expense
Aufwand, sonstiger other expense
Aufwandsentschädigung expense allowance,-reimbursement
Aufwandsentschädigung, pauschal für Reisekosten travel allowance, per diem allowance
Aufwendungen expenses
Aufwendungen aus Verlustübernahme von Beteiligungen losses absorbed from affiliates
Aufwendungen, betriebsfremde non-operating expenses
Aufwendungen für Roh-, Hilfs- und Betriebsstoffe sowie für bezogene Waren expenses for raw materials, supplies and purchased merchandise
Aufwendungen, soziale (freiwillige) voluntary social benefits
Aufwendungen, soziale (gesetzliche) social security benefits
Aufwertung revaluation
Aufzinsen to accumulate interest
Ausbauten, in gemieteten Räumen leasehold improvements
Ausbeute yield
Ausbildung training
Ausbildung am Arbeitsplatz on-the-job training
Ausbreitung, Ausdehnung expansion, extension
Ausbuchung write-off, charge-off
Ausfallbürgschaft letter of indemnity, guaranty
Ausfallzeit einer Maschine downtime
Ausfuhrkredit export credit
ausfüllen to fill in, to complete
Ausgabe, Bezahlung mit Bargeld oder über Bank cash or bank disbursement
Ausgabe, von Wertpapieren issue
Ausgabekurs issue price
Ausgaben expenditures
Ausgaben, abzugsfähige deductible expenses
Ausgaben, aktivierungspflichtige capital expenditures
Ausgabenbeleg voucher
Ausgangsfracht freight-out
ausgebucht (von Forderungen) sold-out (written-off)
Ausgleich von Verlusten loss absorption
Ausgleichsabgabe equalization levy
Ausgleichsposten aus der Konsolidierung difference in consolidation, goodwill
Auskunftersuchen (bez. Kredit) letter of inquiry (credit check)
Auslage (Bar-) outlay (cash-)
ausländische Kapitalgesellschaft foreign corporation
Auslandsgeschäft foreign business

Auslandsinvestitionsgesetz foreign investment tax law
auslegen, vorschiessen to advance
Ausleihung loan
Ausleihungen mit einer vereinbarten Laufzeit von mindestens vier Jahren - davon durch Grundpfandrechte gesichert loans made for a term of at least four years - thereof secured by mortgages
Auslosung (von Wertpapieren) by lot
Ausnahme exception
ausrechnen to compute
Ausrechnung computation
Ausscheidungsposten bei Konsolidierkung eliminating item in consolidation
Ausschreibung invitation to tender
Ausschuss committee
Ausschuss, scrap, spoilage
ausschütten to distribute
Ausschüttung distribution
Aussendienst (Verkaufs-) field work (sales force)
Aussensteuergesetz foreign relations tax law
ausserbörslicher Effektenhandel over-the-counter trade
ausstehende Einlagen auf das Grundkapital capital stock subscriptions receivable
Aussteller (eines Wechsels) drawer (maker of a note)
Ausstellung exhibit, trade fair
Ausstellung von Wechseln issuing of notes
Ausstellungsdatum date issued
Ausweis (in der Bilanz) presentation, disclosure
Ausweispflicht disclosure requirement
Auszahlung payment
Auszahlungskurs payout rate
Auszug abstract
Auszug, aus Sitzungsprotokollen abstract of minutes
automatisch automatic
automatischer Transport automatic carriage
Aval guarantee (GB., guaranty (US)

B

Baisse, Preissturz bear market; slump, price drop
Bank bank
Bankabstimmung bank reconciliation
Bankakzept bank acceptance
Bankauszug bank statement
Bankbestätigung bank confirmation
Bankbuch, bei Sparkonten passbook
Bankdiskont bank discount
Bankdiskontsatz bank discount rate
Bankeinzahlung bank deposit
Bankeinziehungsauftrag draft attached
Bankfähig bankable
Bankguthaben cash in bank
Bankkassierer teller
Bankkredit (Überziehungskredit) bank loan (overdraft facility)
Banknote bill
Bankrott bankruptcy
Bankrott machen to go bankrupt
Banksaldenbestätigung confirmation of bank balances
Bankscheck certified check
Bankspesen bank charges
Banküberziehungskredit bank overdraft facility
bar in cash
bar, gegen for cash
Barauslagen out-of-pocket expenses
Bardividende cash dividend
Bareinkauf cash purchase
Bareinnahmen counter receipts
Bargeld cash, cash on hand
Bargeschäft cash transaction
Barkauf cash purchase
Barkredit cash credit
Barliquidität cash position
Barpreis cash price
Barverkauf cash sale
Barvorschuss cash advance
Barwert cash value, present value
Barwert einer zukünftigen Rente present value of a deferred annuity
Barzahlung cash payment, in cash
Bau building
Baugenehmigung building permit
Baukastensystem building block design, modules
Baukostenzuschuss key-money
Bausparkasse building loan association
Bausparvertrag building loan contract
Bauten auf fremden Grundstücken buildings on non-owned land
Beamter civil servant, official
beanspruchen to claim, to demand
Beanstandung exception, complaint
beantragen to apply for
Bedarfsmeldung out-notice, purchase requisition
Bedingung condition, term
Bedingung, auflösende oder nachfolgende condition subsequent
Bedingung, aufschiebende condition precedent
Bedingung, unerlässliche condition sine-qua-non
Bedingung, Zug-um-Zug condition concurrent
befreit (steuer-) exempt (tax-free)
Befugnis authorization
begebbar, börsenfähig negotiable
beglaubigen to certify, to attest
Begünstigter beneficiary
Beherrschungsvertrag dependency agreement
bei Sicht at sight
Beitrag (für eine Mitgliedschaft) contributions (dues)
Beklagter defendant
belasten to charge, to debit
Belastung charge, debit
Belastung, aussergewöhnliche extraordinary expense
Belastung, buchhalterische oder Kostenbelastung charge
Belastung, Sollbuchung debit entry
Belastung, steuerliche tax burden
Belastung von dinglichen Rechten oder Sachen encumbrance, lien, pledge
Belastungsanzeige debit note or memo
Beleg voucher
Belegschaftsaktie staff share (Br.), employee stock (US)
Belegsystem für die gleichzeitige Verbuchung und Zahlung von Lieferantenrechnungen voucher system

Belegunterlage voucher support
beleihbar acceptable as collateral
beleihen to lend against security
Bemessung assessment
Bemessungsgrundlage basis of assessment
benachrichtigen to notify
benachrichtigen, innerhalb angemessener Frist to notify within a reasonable time
benachrichtigen, schriftlich to notify in writing
benachrichtigen, unverzüglich to notify without delay
Berater consultant, adviser
Beratungsausschuss advisory committee
Berechnung, von Waren charge, billing
Berechnung, von Werten computation, calculation
berechtigt sein to be entitled to
Berechtigung authorization
Berechtigungsschein (Aktien) script
Bereitstellung, von Geldmitteln appropriation
Bergbaurechte mining claims
Bergungswert salvage value
Bericht report, statement
Berichterstattung reporting
Berichtigung adjustment
Berichtigungsbuchung adjusting entry
Berichtszeitraum reporting period
Berlinförderungsgesetz tax incentive law for Berlin
Berufsgenossenschaft workmen's compensation board
Berufsgrundsätze professional standards
Berufung appeal
Berufung einlegen to file an appeal
Berufungsfrist time limit for filing an appeal
Berufungsgericht appellate court
Beschaffung procurement, purchasing
Beschaffungsmarkt "in the market", supply market
Beschäftigung employment
Beschäftigungsgrad employment rate
bescheinigen to certify
beschleunigen to expedite, to accelerate
Beschränkt Steuerpflichtiger taxpayer subject to limited taxation
Besitz, im in possession of
Besitz, von Aktiva property, assets
Besitzentzug, Enteignung dispossession, confiscation
Besitzer owner
Besitzrecht property right
Besitzwechsel (Wertpapier) note receivable on hand
Besitzwechsel, von Eigentum change of ownership
Besitzwechsel, zum Diskont gegebene notes receivable discounted
Besitzwechsel, zum Inkasso gegebene notes receivable out for collection
Besserungsschein income bond
Bestand amount on hand
Bestand an flüssigen Mitteln cash balance
Bestand an Waren inventory, merchandise stock
Bestand auf einem Konto balance
Bestand aufnehmen to take inventory, to take stock
Bestandsaufnahme, körperliche physical inventory taking, inventory count
Bestandsbewertung, - ermittlung inventory pricing
Bestandsfortschreibung inventory roll-forward
Bestandskarte balance card
Bestandskonto inventory account
Bestandsüberschuss overage
Bestandsveränderung inventory increase/decrease
Bestandsverlust inventory shrinkage
Bestandsverluste, durch kleine Diebstähle pilferage
Bestandsverzeichnis inventory listing
Bestätigung confirmation, certification
Bestätigung, eines Urteils durch die höhere Instanz confirmed decision
Bestätigung von Dritten confirmation
Bestätigungsvermerk des Wirtschaftsprüfers auditor's certificate
Bestätigungsvermerk, eingeschränkter qualified auditor's certificate
Bestechung bribe
Bestellobligo purchase commitment

Bestellung, Bestellschein purchase order
Besteuerung taxation
Besteuerungszeitraum taxable period
Bestimmungen terms, provisions
Bestimmungen, ändernde amendments
Bestimmungen, Ausführungsbestimmungen implementing provisions, instructions
Bestimmungen, ergänzende supplementary provisions
Bestimmungen, Übergangsbestimmungen transitional provisions
Bestimmungen, Zusatzbestimmungen supplementary provisions
Bestimmungen, zwingende mandatory provisions
Beteiligung participation, interest
Beteiligung, als Bilanzposition investment
Beteiligung, stille silent partnership
Beteiligungsähnliches Darlehen loans with certain ownership rights
Beteiligungserträge income from investments
Beteiligungserwerb purchase of an equity interest
Beteiligungsgesellschaft investment company
Beteiligungsveräusserung sale of an equity interest
Betrieb business
Betrieb, dem Betrieb gewidmet used in the business
Betrieb, Hoheitsbetrieb government enterprise
Betrieb, land- und forstwirtschaftlicher agricultural and forestry enterprise
Betrieb, öffentlicher Hafenbetrieb port authority
Betrieb, öffentlicher Verkehrsbetrieb public transportation authority
Betrieb, selbständiger independent business
Betrieb, Versorgungsbetrieb public utility
betriebliche Zwecke business purposes
Betriebsablauf operating cycle
Betriebsabrechnung cost accounting
Betriebsabrechnungsbogen (BAB) cost distribution sheet
Betriebsanlagen machinery and equipment
Betriebsaufwendungen, insgesamt total operating expenses
Betriebsausgabe operating expense, business deduction
Betriebsberater business consultant
Betriebsbuchhalter cost accountant
Betriebsbuchhaltung cost accounting department
Betriebseinrichtung plant and equipment
Betriebsergebnis operating results
Betriebserweiterung plant expansion
betriebsfremder Aufwand nonoperating expense
betriebsfremder Ertrag nonoperating income
Betriebsgewinn operating income
Betriebshaftpflichtversicherung public liability insurance
Betriebsingenieur plant maintenance engineer
Betriebsjahr business year
Betriebskalkulator cost estimator
Betriebskapital, kurzfristiges working capital
Betriebskosten operating costs
Betriebskreislauf operating cycle
Betriebsleiter plant manager
Betriebsmittelkredit working capital loan
Betriebsorganisator methods engineer
Betriebsprüfer field agent, tax agent
Betriebsprüfung tax audit
Betriebsrat workers' council
betriebssicher foolproof
Betriebsstätte (Steuer) permanent establishment (tax)
Betriebsstoffe operating supplies
Betriebs- und Geschäftsausstattung fixtures, furniture and office equipment
Betriebs- und Hilfsstoffe supplies
Betriebsunterbrechungsversicherung business-interruption insurance
Betriebsveräusserung disposition of a business
Betriebsvermögen assets used in the business

Betriebsvermögen, notwendiges assets deemed necessary for use in the business
Betrug fraud
Bevollmächtigung authorization, power of attorney
Bevollmächtigung eines Dritten in der Hauptversammlung proxy
bevorrechtigte Forderung preferred claim
bewegliche Sache chattel
Bewegungsbilanz statement of changes in financial position
Beweis evidence, proof
Beweislast burden of proof
Bewerbung employment application
Bewertung (Schätzung) valuation (appraisal)
Bewertung, vorsichtige conservative valuation
Bewertung zu Anschaffungs- bzw. Herstellungskosten oder zum Marktpreis, je nachdem was niedriger ist (Niederstwertprinzip) valuation at the lower of cost or market
Bewertungsfreiheit elective valuation
Bewertungsmethode valuation method
Bewertungsvorschriften valuation rules
Bewilligung approval
Bewirtungsspesen entertainment expenses
Bezüge remuneration, compensation
Bezüge, Barbezüge remuneration in cash
Bezüge, Sachbezüge remuneration in kind
Bezugskosten (bei Waren) incidental purchasing costs
Bezugsrecht subscription right
Bezugsrecht auf Aktien (laut Statut) stock option (preemptive right)
BGB - Gesellschaft joint venture
Bilanz consolidated balance sheet
Bilanz, vorläufige preliminary balance sheet
Bilanz, zusammengefasste condensed balance sheet
Bilanzanalyse analysis of financial statements
Bilanzänderung retroactive change in the financial statements
"Bilanzfrisur" window dressing
Bilanzgewinn, i.d. Bilanz (unappropriated) retained earnings
Bilanzgewinn/verlust, i.d.G.u.V. unappropriated surplus/deficit
Bilanzierungsvorschriften accounting principles
Bilanzkonto balance sheet account, real account
Bilanzposition balance sheet item
Bilanzstichtag balance sheet date
Bilanzsumme balance sheet total
Bilanzverlust, i.d. Bilanz accumulated deficit
Bildung einer Reserve setup of a reserve
Bildung von Rücklagen to appropriate earnings to specific surplus accounts
Bildung von Rückstellungen to provide for accruals
Bildung von Wertberichtigungen to provide for valuation reserves
Binärziffer binary digit
Blanko blank
Blaupause blueprint
Bonität credit standing
Bonus bonus
Börse stock exchange
Börsenaufsichtsbehörde Securities and Exchange Commission (USA); Stock exchange supervisory authorities (Germany)
Börseneinführungsprospekt registration statement, prospectus
börsenfähig quotable
Börsengeschäfte stock exchange dealings
Börsenhändler securities dealer, stock broker
Börsenkurs, -notierung quotation
Börsentermingeschäft trading forward, trading in futures
Börsentermingeschäft (Kauf) forward purchase
Börsentermingeschäft (Verkauf) short sale
Briefkurs "ask", asked price
Bruchteil fraction
Brutto gross
Bruttoausweis presented gross
Bruttobetrag gross amount

Bruttoeinkommen gross income
Bruttoertrag gross revenues, gross proceeds
Bruttogewinn, als Rohertrag gross profit, gross margin
Bruttolohn gross wage
Bruttoumsatz gross sales
Buch book, ledger
buchen to book, to record
Buchfälschung falsification of accounts
Buchführung accounting, bookkeeping
Buchführung, doppelte double entry bookkeeping
Buchführung, einfache single entry bookkeeping
Buchführung, Einnahmen- und Ausgabenrechnung cash basis of accounting
Buchführung, periodengerechte accrual basis of accounting
Buchhalter accountant, bookkeeper
Buchhaltung accounting
Buchhaltungsabteilung accounting department
Buchhaltungsgrundsätze accounting principles
Buchhaltungshandbuch accounting manual
Buchprüfer auditor
Buchprüfung audit
Buchung entry
Buchung, statistische memo entry
Buchungskreislauf accounting cycle
Buchungsmaschine accounting machine
Buchungssatz, einfacher simple entry
Buchungssatz, zusammengesetzter compound entry
Buchungszeitraum accounting period
Buchwert book value, carrying value
Buchwert, Übernahme zum Netto- transfer at net book value
Budget budget
Budget der betrieblichen Aufwendungen und Erträge operating budget
Budget der Einnahmen und Ausgaben cash budget
Budget der Investitionen capital budget
Budgetabweichung budget variance
Bund federal government
Bundesanzeiger federal bulletin
Bundesfinanzhof (BFH) federal supreme tax court
Bundesfinanzminister federal minister of finance
Bundesgesetzblatt federal gazette
Bundessteuerblatt federal tax bulletin
Bundeszollblatt customs bulletin
Bürge guarantor, backer
Bürgerliches Gesetzbuch (BGB) civil code
Bürgschaft guarantee
Bürgschaftsverpflichtungen guarantee obligations
Büro office
Bürobedarf office supplies
Büroeinrichtung office furniture and equipment
Büromaterial office supplies, stationary

D

Damnum debt discount expense
Darlehen loan
Darlehen, beteiligungsähnliches loan with certain equity rights
Darlehensforderungen loans receivable
Darlehensverbindlichkeiten loans payable
Daten data
Datenausgabe output
Dateneingabe input
Daten eingeben to feed
Datenverarbeitung data processing
Datenvorschubvorrichtung feeding device
Dauerakte, bei einer Prüfung continuing audit file (CAF)
Debitoren accounts receivable
Debitorenkontokorrent accounts receivable sub-ledger
debitorische Kreditoren suppliers with debit balances
Deckung, Versicherungsdeckung coverage, insurance coverage
Deckungsbeitragsrechnung cost accounting system on the basis of contributed margins
Depot portfolio
Delkredere collection risk
Delkredererückstellung allowance for doubtful receivables
Depotgebühren safe deposit fees
Dezimal-Binär Umwandlung decimal-to-binary conversion
Dezimalsystem decimal system
Dienstalter years of service
Dienstleistung service
Differenzposten, bei einer Abstimmung reconciling item
Direktlieferung drop shipment
Disagio debt discount
Diskont discount
Diskontkredit discount loan
Dividende dividend
Dividende, ausgeschüttete distributed dividend
Dividende, erklärte declared dividend
Dividende in Form von Aktien stock dividend
Dividende, rückständige auf Vorzugsaktien cumulative preferred dividend in arrears
Dividende, Verbindlichkeiten aus erklärter dividends payable
Dividendenerträge dividends received
Dividendensatz dividend rate
Divisionsstufenkalkulation process cost system
doppel double
Doppelbesteuerung double taxation
Dualsystem binary arithmetic
dubiose Forderung doubtful account
Durchführungsverordnung regulation
Durchschnitt average
durchschnittliche Nutzungsdauer average useful life, average productive life
durchschnittliche Zahlungseingangsfrist average collection period
Durchschnittsgemeinkostensatz average overhead rate
Durchschnittskosten average cost

E

Effekten securities
Effektivverzinsung yield
eidesstattliche Erklärung affidavit
eigene Aktien, zurückgekaufte treasury stock
Eigenfinanzierung financing out of retained earnings
Eigenkapital owners' equity, net worth
Eigenleistungen, aktivierte own costs capitalized
Eigentum ownership
Eigentum, persönliches personal property
Eigentum, übertragen to transfer title
Eigentumsübergang effective date of transfer of title
Eigentumsübertragung transfer of title
Eigentumsvorbehalt chattel mortgage
Einbauten in gemieteten Geschäftsräumen leasehold improvements
Einbauten in gemieteten Räumen leasehold improvements
Einbehalt retention
Einbehaltungsrechte, vertragliche contractual retention rights
Einbruchversicherung burglary insurance
Einerstelle unit position
Einfuhrkredit import credit
Einführungsangebot introductory offer
Einfuhrzoll import duty
Eingabe (Behörde) petition
Eingang (abgeschriebener Forderungen) bad debts recovered
Eingang (Geld) receipt
Eingang (Waren) receipt of merchandise
Eingang (Zahlungen) payments received
Eingangsfracht freight-in
Eingangsmeldung, von Waren receiving report
eingetragener Verein (e.V.) registered association
Einheitswert assessed value
Einkauf purchase
Einkäufer purchasing agent
Einkaufsabteilung purchasing department
Einkaufsbuch purchase journal or register
Einkaufsbüro buying office
Einkaufsverpflichtung purchase commitment
Einkommen gross income
Einkommensermittlung determination of taxable income
Einkommensteuer personal income tax
Einkommensteuererklärung personal income tax return
Einkünfte aus Gewerbebetrieb business income
Einkünfte aus Kapitalvermögen investment income
Einkünfte aus nichtselbständiger Arbeit employment income
Einkünfte aus selbständiger Arbeit income from self-employment
Einkünfte aus Vermietung and Verpachtung rental income
Einkünfte, ausländische foreign-source income
Einkünfte, inländische domestic-source income
Einkünfte, sämtliche income from all sources
Einkünfte, sonstige income from other sources
Einlage capital contribution
Einlagen, ausstehende capital, not paid-in
einlösbar redeemable
Einlösung redemption
Einnahmen cash receipts
Einnahmen-Ausgabenrechnung cash basis accounting
Einnahmen-und Ausgabenplan cash budget
Einphasensteuer single-stage tax
Einrede, beim Gericht plea
Einrichtungen, soziale employee benefit plans, employee facilities

Einrichtungsgegenstände (bewegliche und eingebaute) furniture and fixtures
Einrichtungszeit setup time
Einspruch einlegen to file a protest
Einstandspreis acquisition cost
einstellen in Rücklagen to transfer to reserves
Einstellung aus dem Jahresüberschuss in die Rücklagen earnings appropriated to specific surplus accounts
Einstellung in offene Rücklagen earnings appropriated to surplus
Einstellung von Rücklagen gemäss § 6b EStG deferral of gains on the disposal of fixed assets in accordance with § 6b of the German income tax law
Eintauschwert trade-in allowance
eintragen to record
Einwand defense
Einwendung objection
einzahlen to deposit
einzel single
Einzelakkordsatz piecework labor rate
Einzelganggeschwindigkeit list speed
Einzelhandel retail trade
Einzelkosten unit costs
Einzelunternehmen sole proprietorship
Einziehung collection
eiserner Bestand base stock
Emission, Anleihenemission issue, bond issue
Emissionskonsortium underwriting syndicate
Emissionskurs issue price
Empfangsbestätigung receipt
Endbestand closing balance on hand
Ende end, close
Endlosformular continuous form
Endsaldo ending balance
Endsumme grand total
Energiekosten energy costs
Engpass bottleneck
Enteignung dispossession
Entlassung dismissal, layoff
Entlassungsgelder severance payments
Entlastung (des Vorstands) discharge, release (of the officers)
Entlohnung remuneration, employee compensation
Entnahme drawing
Entnahme, aus Rücklagen transfer from reserves
Entnahmekonto drawing account
Entschädigung indemnification
Entscheidung decision
Entscheidungen der FG (Finanzgerichte) district tax court decisions
Entscheidungen des BFH (Bundesfinanzhof) federal supreme tax court decisions
Entscheidungen, höchstrichterliche supreme court decisions
entwerten to cancel
Entwicklungskosten development expenses
Entwurf draft
Erbbaurecht hereditary building right
Erbe heir, beneficiary
Erbpacht hereditary leasehold
Erbschaft inheritance
Erfolgsbeteiligung profit sharing
Erfolgshonorar contingent fee
Erfolgskonto profit and loss account
Erfolgsrechnung (G. u. V.) profit and loss statement (P & L), income statement
Ergänzung, Vertragsergänzung amendment
Ergänzungsabgabe surtax
Ergebnis result
Ergebnisabführung profit/loss absorption
Ergebnisabführungsvertrag profit/loss absorption agreement
Ergebnisvortrag earned surplus balance forward
Erhaltungsaufwand maintenance costs
Erhöhung increase
Erklärung, eidesstattliche affidavit
Erlass, einer veranlagten Steuer abatement
Erlass, Verordnung decree
Erlöse proceeds, income
Erlösschmälerungen sales deductions
Ermässigung reduction
Eröffnung opening

Eröffnungsbilanz opening balance sheet
Eröffnungsbuchung opening entry
Eröffnungssaldo opening balance
Errechnung computation
Ersatzbeschaffung replacement
Ersatzlieferung, kostenlose replacement free of charge
Erstattungsanspruch claim for refund
Erstaufzeichnung original entry
Ersteinlage, bei Geschäftsgründung original investment
Ertrag income
Erträge aus Beteiligungen income from equity investments
Erträge aus dem Abgang von Anlagevermögen income from disposal of fixed assets
Erträge aus der Auflösung von Rückstellungen income from reversal of accruals
Erträge, ausserordentliche extraordinary income, special credits
Erträge, neutrale non-operating income
Erträge, sonstige other income
Ertragskraft earning power
Ertragslage earnings position
Ertragsrechnung income statement
Ertragschwelle break-even point
Ertragsteuer income tax
Ertragswert earnings value, goodwill
Erweiterung expansion
Erwerb, Kauf acquisition
Erwerbsunfähigkeit disablement
Erzeugnis, fertiges finished product
Erzeugnis, unfertiges (halbfertiges) work-in-process
Erzeugnisse, Bestand an fertigen und unfertigen inventories of finished goods and work-in-process
Etikett label
Eventualverbindlichkeit contingent liability
Export- und Importfinanzierung foreign trade financing

F

Fabrik, vollautomatische plant, fully-automated
Fabrikat make
Fabrikation manufacturing
Fabrikationsbetrieb manufacturing plant
Fabrikationseinrichtungen manufacturing facilities
Fabrikationsgemeinkosten manufacturing overhead expenses
Fabrikationskonto work-in-process account
Fabrikgebäude plant building
Fabrikpreis price ex factory
Fabrikzeichen trademark
Fachanwalt für Steuerrecht tax attorney
Fachmann expert, specialist
Factoringgeschäft factoring
Fahrkosten transportation expenses
Fahrkosten zur Arbeitsstelle commuting expenses
faksimilierte Unterschrift facsimile signature
Fakturierung billing
fällig due, payable
fällige Steuerschuld tax due
Fälligkeit, bei on maturity
Fälligkeitsablage date file
Fälligkeitstermin due date, maturity date, deadline
Fälligkeitswert maturity value
falsch forged, false
falsch zählen to miscount
falsche Erklärung false return
fälschen, von Unterlagen to prepare fraudulent documents
Fälschung forgery
Familiengesellschaft family partnership
Familienstand marital status
Familienzulage family allowance
Farbband ribbon
Faustregel rule of thumb
Fehlbetrag deficit, shortage
Fehler error, mistake
Fehler aufdecken to locate errors
Fehlinvestition bad investment
fertige Erzeugnisse finished goods
Fertigung production, manufacturing
Fertigungsgemeinkosten manufacturing overhead expenses
Fertigungsgemeinkosten, umgelegte applied manufacturing expenses
Fertigungsgemeinkostenkonto manufacturing overhead account
Fertigungsgemeinkostenüberdeckung overapplied manufacturing expense
Fertigungsgemeinkostenunterdeckung underapplied manufacturing expense
Fertigungsgemeinkostenzuschlag manufacturing overhead rate
Fertigungskosten cost of goods manufactured
Fertigungskostenstelle manufacturing cost center
Fertigungslohn direct labor
Fertigungsmaterial direct material
Fertigungsplanung production scheduling
Fertigungsplanung und-steuerung production planning and control
Fertigware finished goods
Fertigware, Bestand an finished goods inventory
fest fixed
festlegen, im Vertrag to stipulate
Festpreis firm price
Feststellung determination
Feststellungsklage action for declaratory judgment
festverzinslich fixed interest-bearing
Festwert fixed value, base value
Festwertbestand an Vorräten minimum balance
FIFO-Verfahren FIFO-method
fiktive Buchung fictitious entry
Filiale branch, branch office
Finanzamt tax office
Finanzanlagen financial assets
Finanzbeamter tax agent
Finanzbedarf cash requirements
Finanzbuchhalter financial accountant
Finanzdirektor treasurer
Finanzgericht tax court
Finanzierung financing
Finanzierungskosten cost of financing

Finanzierungsmittel means of financing
Finanzkontrolle cash control
Finanzlage financial position
Finanzministerium ministry of finance
Finanzplan, kurzfristiger short-term cash budget
Firma firm
Firmengruppe group
Firmenwert goodwill
Fiskalisch fiscal
Fiskus treasury
Fixkosten fixed costs
Fliessbandfertigung mass production
flüssige Mittel liquid assets
flüssige Mittel und Forderungen quick assets
Fonds fund
Forderung receivable, claim
Forderung, bevorrechtigte preferred claim
Forderung, dubiose doubtful account
Forderungen accounts receivable, receivables
Forderungen aus noch nicht abgerechneten Leistungen accrued receivables, unbilled receivables
Forderungen aus Warenlieferungen und Leistungen trade accounts receivable
Forderungen, fällige current receivables
Forderungen gegenüber verbundenen Unternehmen accounts receivable from affiliates
Forderungen, kurzfristige short-term debts (Br.), short-term receivables (US)
Forderungen, langfristige long-term debts (Br.), long-term receivables (US)
Forderungen, nach ihrem Alter aufgeschlüsselt aged receivables
Forderungen, Saldenliste dem Alter nach aufgeschlüsselt aged trial balance
Forderungen, sonstige other accounts receivable
Forderungen, überfällige overdue receivables
Forderungen, uneinbringliche uncollectible accounts, bad debts
Forderungen, Verkauf von factoring
Forderungen, Wertberichtigung auf allowance for doubtful accounts
Forderungsabtretung assignment of accounts receivable
Forderungsausfälle bad debt expense
Forderungsumschlag accounts receivable turnover
Formular, Geschäftsformular business form
Formularführungseinrichtung form feeding device
Formvorschrift formal requirement
Forschung und Entwicklung research and development
Frachtbrief bill of lading (B/L)
frei an Bord (fob) free on board (fob)
frei auf Waggon (fot) free on track (fot)
frei längsseits des Schiffes (fas) free alongside ship (fas)
frei Schiff (fos) free on ship (fos)
frei Versandbahnhof (for) free on rail (for)
Freibetrag, bei Steuer personal exemptions
freie Rücklage free surplus
Freigabe release
Freiläger (d.h. nicht der Bestandsfortschreibung unterworfen) "free" stores (i.e. not part of the perpetual inventory system)
freiwillige soziale Aufwendungen voluntary employee benefit expenses
fremd, nicht gehörig not owned
Fremdanteil third party's share, minority share
Fremdfinanzierung financing with borrowed funds
Fremdkapital long-term debt
Fremdlager consigned inventory
Frist; Zahlungsfrist period, term; due date
Fristablauf expiration
Fristverlängerung extension of time
Frühinvalidität disablement before retirement age
Frühpensionierung early retirement
Fuhrlohn cartage
Fuhrpark automobiles and trucks
Führung management
Führungskräfte, mittlere middle management

Führungskräfte, obere top management, executives

Fusion merger

Fussnote footnote

G

Garant guarantor
Garantie guaranty, warranty
Garantieforderung guarantee claim
garantieren, eine Wertpapieremission to underwrite
Gebäude building
Gebühr fee, charge
Gebührensatz; pro Zeiteinheit table of fees; billing rate
gedachte (Lizenz) notional (royalty)
Gefälligkeit favor
Gefälligkeitswechsel accommodation note
gegen contra, against
Gegenakkreditiv back-to-back credit
Gegenangebot counteroffer
Gegenanspruch counter claim
Gegenbuchung contra entry
Gegenkonto contra account
Gegenleistung consideration
Gegenwartswert present value
Gegenwert equivalent
Gehalt salary
Gehaltsabrechnung payroll
Gehaltsabzüge payroll deductions
Gehaltsempfänger salaried employee
Gehaltskonto eines Angestellten individual earnings record
Geld money
Geld, bares cash
Geldabwertung devaluation
Geldaufwertung revaluation
Geldausgang cash disbursement
Geldeingang cash receipt
Geldeinzug collection
Geldkurs "bid", bid price
Geldmittel cash resources
Geldstrafe fine
Geldumlauf currency in circulation
Geldunterschlagung embezzlement
Gemeinkosten overhead expenses
Gemeinkosten, verrechnete overhead expenses applied
Gemeinkosten, verschiedene miscellaneous overhead expenses
Gemeinkostenabweichung overhead variance
Gemeinkostenlöhne indirect labor
Gemeinkostenmaterial indirect material
Gemeinkostensatz overhead rate
Gemeinkostenüberdeckung overabsorbed overhead, positive variance
Gemeinkostenunterdeckung underabsorbed overhead, negative variance
Gemeinkostenverrechnungsbasis overhead distribution basis
Gemeinkostenverrechnungssatz overhead distribution rate
Gemeinkostenzuschlag der Kostenstelle cost center overhead rate
gemeinnützig nonprofit
Genauigkeit accuracy
genehmigtes Aktienkapital authorized capital stock
Genehmigung approval, permission
Generaldirektor general manager, president
Genosse associate
Genossenschaft cooperative association (co-op)
Gericht court
Gerichtsstand court of jurisdiction
Gerichtsverhandlung trial, session
geringfügig minor
geringwertig low value
Gesamtkostenverfahren German form of income statement under which "total costs and expenses" is shown, rather than "cost of sales", etc., separately
Geschäft business
Geschäfte, schwebende pending transactions
Geschäfte, Termingeschäfte hedges
Geschäftsbauten office buildings
Geschäftsbedingungen, allgemeine general business terms
Geschäftsbereich business segments
Geschäftsbericht, jährlicher annual report
Geschäftsformular business form
geschäftsführender Gesellschafter managing partner
Geschäftsführer general manager

Geschäftsjahr business year, fiscal year
Geschäftsjahr, laufendes current fiscal year
Geschäftsleitung management
Geschaftspolitik business policy
Geschäftsreise business trip
Geschäftssitz principal place of business, registered office
Geschäftsstelle branch office
Geschäftsteilhaber partner
Geschäftsusancen trade custom
Geschäftsvorfall business transaction
Geschäftswert goodwill
geschätzt estimated
Geschenke, Ausgaben für expenses for business gifts
Gesamtbasis overall basis
Gesamtbetrag total amount
Gesamthaftung joint liability
Gesamtschuldner joint debtor
Gesamtsumme total amount
Gesellschaft company
Gesellschaft, beherrschte controlled company
Gesellschaft des bürgerlichen Rechts joint venture
Gesellschaft, herrschende controlling company
Gesellschaft, Kommandit- limited partnership
Gesellschaft mit beschränkter Haftung (GmbH) limited liability company
Gesellschaft, nahestehende affiliate, affiliated company
Gesellschaft, Ober- parent company
Gesellschaft, offene Handelsgesellschaft (OHG) general partnership
Gesellschaft, Personen- partnership
Gesellschaft, stille silent partnership
Gesellschaft, Unter- oder Tochter- subsidiary company, subsidiary
Gesellschafter, einer Kapitalgesellschaft shareholder
Gesellschafter, einer Personengesellschaft partner
Gesellschafterversammlung shareholders' meeting
Gesellschaftsanteil shareholder's or partner's interest
Gesellschaftskapital partnership capital, share capital
Gesellschaftsrecht company law
Gesellschaftssitz registered office
Gesellschaftsstatuten bylaws
Gesellschaftsvermögen company or partnership net assets
Gesellschaftsvertrag, einer Kapitalgesellschaft articles of association
Gesellschaftsvertrag, einer Personengesellschaft partnership agreement
Gesetz code, law
Gesetzeslücke loophole
Gesetzesrecht statute law
Gesetzesumgehung evasion
Gesetzesvorlage bill before the legislature
gesetzliche Bestimmung legal provision
gesetzliche Feiertage legal holidays
gesetzliche Rücklage legal reserve
gesetzliche soziale Aufwendungen compulsory employee benefit expenses, social security expenses
Gesetzliche Vorschriften legal requirements
gesetzwidrig unlawful, illegal
gesichert secured
gespaltener Steuersatz split tax rate
gewähren to allow
Gewährleistung, bei Waren warranty
Gewährleistungsansprüche warranty claims
Gewährleistungsverpflichtungen warranty obligations
gewährte Skonti discounts granted
Gewährung, gegen Gewährung von in exchange for
Gewerbe trade
Gewerbetreibender businessman
gewerbliches Schutzrecht trademark
Gewerkschaft labor union
Gewerkschaftsbeiträge union dues
Gewerkschaftszwang closed shop
Gewinn profit, net income, gain
Gewinn, akkumulierter retained earnings
Gewinn, ausgeschütteter distributed income, dividend
Gewinn aus Gewerbebetrieb business profits
Gewinn, ausschüttungsfähiger earnings available for distribution

Gewinn bei Veräusserung von Vermögensteilen capital gain
Gewinn, einbehaltener retained earnings
Gewinn, entgangener lost profit
Gewinn, in Rücklagen eingestellter earnings appropriated to specific surplus accounts
Gewinn, mit Gewinn (Verlust) arbeiten to operate in the black (red)
Gewinn, nach Steuerabzug net income after taxes, after-tax profit
Gewinn, nicht ausgeschütteter undistributed income
Gewinn, nicht realisierter unrealized gain
Gewinn, realisierter realized gain
Gewinn, reiner net income, net profit
Gewinn, steuerpflichtiger taxable income
Gewinn, unerwarteter windfall profit
Gewinn vor Ertragsteuern net income before income taxes, pre-tax profit
Gewinnabführungsvertrag profit and loss transfer agreement
Gewinnanteil profit share
Gewinnanteilschein coupon
Gewinnausschüttung distribution of earnings
Gewinnausschüttung, verdeckte hidden profit distribution
Gewinnbeteiligung profit participation, profit share
Gewinnermittlung net income determination
Gewinnmarge, -spanne profit margin
Gewinn- und Verlustrechnung income statement, profit and loss statement
Gewinnverlagerung profit shifting
Gewinnverteilung profit distribution
Gewinnvortrag unappropriated surplus carried forward
Gewinne und Verluste aus dem Abgang von Gegenständen des Anlagevermögens gains and losses on the disposition of fixed assets
girieren to endorse
glaubhaft machen to substantiate
Gläubiger creditor
Gläubiger, bevorrechtigter preferred creditor
Gläubiger, einen Gläubigen befriedigen to satisfy a creditor
Gläubiger, gesicherter secured creditor
Gliederungsvorschriften, aktienrechtliche German legal requirements for the classification of accounts
G.m.b.H., GmbH limited liability company
Goodwill, erworbener purchased goodwill
Goodwill, originärer created goodwill
Graphitstift conductive pencil
Gratifikation bonus
Gratisaktie bonus stock, stock dividend
Grenzertrag marginal income
Grenzkosten marginal costs
Grenzkostenrechnung direct costing
Grosshandel wholesale
Grund und Boden land
Grundbesitz real estate
Grundbuch, bei Grundstücken real estate register
Grundbuchauszug abstract of title
Grundbücher, in der Buchführung books of original entry
Grundbuchung original entry
Grunddienstbarkeit easement
Grundeigentümer landowner
Gründer, Stifter founder
Grundgehalt base salary
Grundgesetz constitution
Grundkapital capital stock at par value
Grundkapital, eingezahltes paid-in capital stock
Grundkapital, genehmigtes authorized capital stock
Grundlohn base pay
Grundpfandrecht mortgage
Grundsätze ordnungsmässiger Buchführung (GOB) rules of orderly bookkeeping
Grundsätze ordnungsmässiger Prüfung generally accepted auditing standards

Grundsätze ordnungsmässiger Rechnungslegung generally accepted accounting principles
Grundschuld land charge, mortgage
Grundstück land, site
Grundstücke und Gebäude land and buildings
Grundstücke und grundstücksgleiche Rechte
— mit Geschäfts-, Fabrik- und anderen Bauten
— mit Wohnbauten
— ohne Bauten
Freehold land and leasehold rights
— with offices, factories and other buildings
— with residential buildings
— without buildings
Grundstückseigentum fee simple
Grundstückseinrichtungen land improvements
grundstücksgleiche Rechte leasehold rights
Grundstücksübereignung conveyance of real estate
Gründung, einer Gesellschaft formation, incorporation
Gründungskapital original capital
Gründungskosten incorporation expense
Gründungsprotokoll einer Kapitalgesellschaft articles of incorporation
Grundvermögen real property
Gruppenabschreibung composite rate method of depreciation
Gruppenakkordkarte gang job card
Gruppenanzeiger group indication
gültig valid
Gutachten expert opinion
gutgläubig bona fide
Guthaben bei Kreditinstituten cash at banks
Gutschrift (in den Büchern) credit entry
Gutschriftsanzeige credit note

H

Haben/Soll credit/debit
Habenbuchung credit entry
Habensaldo credit balance
Habenzinsen interest income
Haftpflichtversicherung public liability insurance
Haftung (-sverhältnisse) contingent liability (res)
Halbfabrikate, unfertige Erzeugnisse work in process
halbjährlich semiannually
Handbuch manual
Handel business, trading
Handelsbilanz commercial balance sheet
Handelsbrauch business custom
Handelsgeschäfte trading transactions
Handelsgesellschaft trading company
Handelsgesellschaft, offene (OHG) general partnership
Handelsgesetzbuch (HGB) commercial code
Handelskammer Chamber of Commerce
Handelsmarke brand
Handelsrabatt trade discount
Handelsrecht commercial law
Handelsregister (-auszug) trade register (abstract)
Handelsspanne trade margin
Handelsvertreter sales agent
Handelsvertreter-Ausgleichsanspruch termination claim by a free sales agent (as defined by the German commercial code)
Handelswarenbestand merchandise inventory
Handelswechsel commercial paper, bill of exchange
Händlermarke dealer's brand
Handlungsbevollmächtigter authorized representative
Handlungsvollmacht authorization, power of attorney
Hauptabschlussübersicht general ledger trial balance
Hauptbuch general ledger
Hauptlieferant prime supplier
Hauptversammlung der Aktionäre stockholders' meeting
Hausse boom, bull market
Herabsetzung reduction, decrease
Herkunfts- und Verwendungsrechnung statement of changes in financial position
Herstellungskosten cost of goods manufactured
Herstellungskosten, Aufstellung der manufacturing statement
Herstellungskosten der verkauften Waren cost of sales, cost of goods sold
Hilfsbuch subsidiary ledger
Hilfskonto sub-account
Hilfskostenstelle service cost center
Hilfslöhne auxiliary wages
Hilfsspeicher auxiliary storage
Hilfssteuerapparat co-selector
Hilfs-und Betriebsstoffe manufacturing supplies
Hinterlegung von Urkunden bei Dritten escrow
Hinterziehung von Steuern tax fraud, tax evasion
höchstrichterliche Entscheidungen supreme court decisions
Höchst- und Niedrigstkurse high and low stock quotations
höhere Gewalt force majeure, act of God
Holdinggesellschaft holding company
Honorare fees
Hypothek mortgage
Hypothekarkredit mortgage loan
Hypothekenanteilschein mortgage certificate
Hypothekenforderung mortgage claim
Hypothekengewinnabgabe burden equalization levy (on mortgage profits)
Hypothekenpfandbrief mortgage bond
Hypothekenpfandrecht mortgage lien
Hypothekenschuld mortgage debt

I

ideeller Firmenwert goodwill
immaterielle Anlage- oder Vermögenswerte intangible assets
Immobilien real estate
Imparitätsprinzip "conservative approach"
Importkredit import credit
Importwarenabschlag special deduction allowed against imported inventories (German tax)
im voraus in advance
inaktives Konto dormant account
Inanspruchnahme utilization
Index index
indirekte Besteuerung indirect taxation
indirekte Löhne indirect labor
indirekte Steuern excise taxes
Industrieobligationen industrial bonds
Ingangsetzung des Geschäftsbetriebes start-up of operations
Ingangsetzungskosten pre-operating and start-up expenses
in gutem Glauben bona fide
Inhaber bearer, holder
Inhaberaktie bearer stock
Inhaberpapier bearer certificate
Inhaberschuldverschreibung bearer bond
Inkasso collection
inkrafttreten to come into force
inländisch domestic
inländische Einkünfte income from domestic sources
Inlandsgeschäft domestic business
Innenrevision internal audit
Innenrevisor internal auditor
Innenumsatz intracompany sales
Innerbetrieblich intraplant, intracompany
innerer Wert intrinsic value
Insolvenz insolvency
Instandhaltungskosten repair and maintenance costs
Instandhaltung und Reparaturen repairs and maintenance
Instanz, dritte (Revision) court of appeals
Instanz, erste lower court
Instanz, zweite (Berufung) appellate court
Interessengemeinschaft joint venture
Interimsschein, Interimsaktie script
interne Kontrolle internal control
internes Berichtswesen internal reporting
Intervallfertigung intermittent production
Invalidenrente disability benefit
Invalidenversicherung disability insurance
Inventar, Büro- office equipment
Inventarbücher fixed assets records
Inventur durch körperliche Bestandsaufnahme stocktaking (Br.), physical inventory count
Inventuraufnahmeblatt tally sheet
Inventurbewertungsmethode inventory valuation method
Inventurbewertungsmethode, f.i.f.o. Fifo (first-in, first-out) method
Inventurbewertungsmethode, l.i.f.o. Lifo (last-in, first-out) method
Inventur, permanente perpetual inventory
Inventurzettel inventory tag
Investition investment
Investitionen capital expenditures
Investitionskredit investment credit
Investitionsplan capital expenditure budget
Investitionszulage investment premium
Investitionszuschuss (durch Steuerermässigung) investment tax credit
Investmentgesellschaft investment company
in Zahlung geben to trade-in
Ist-Kosten actual cost
Ist-Kosten der Vergangenheit historical cost

J-K

Jahresabschluss annual financial statements, year-end closing
Jahresabschluss, geprüfter audited financial statements
Jahresabschluss mit Vergleichszahlen comparative financial statements
Jahresabschlussprüfung annual audit
Jahresbudget annual budget
Jahresgewinn net income for the year
Jahresüberschuss (Fehlbetrag) net income (loss) for the year
Journalbuchung journal entry
juristische Person artificial person, legal entity

Kalenderjahr calendar year
Kalkulation cost estimation
Kalkulationsabteilung cost estimating department
kalkulatorische Kosten imputed costs
Kannvorschrift discretionary clause
Kapazität capacity
Kapazität, freie spare capacity
Kapazität, maximale theoretical capacity
Kapazität, optimale optimum capacity
Kapazitätsausnutzung utilization of capacity
Kapazitätsausweitung expansion of production facilities
Kapazitätskosten capacity costs, fixed costs
Kapital, ausgewiesenes stated capital
Kapital, betriebsnotwendiges capital employed
Kapital, eingezahltes paid-in capital
Kapital, Geld- capital, funds
Kapital, genehmigtes authorized capital
Kapital, Grund- oder Stammkapital share capital, capital stock
Kapital, investiertes invested capital
Kapital, Rücklagen und Gewinnvortrag capital, surplus and retained earnings
Kapital und Zinsen principal and interest
Kapitalanlage investment
Kapitalanlagegesellschaft investment company, mutual fund
Kapitalanlagegesellschaft 'auf Gegenseitigkeit' mutual fund
Kapitalansammlung accumulation of capital
Kapitalanteil capital share
Kapitalaufbau capital structure
Kapitalbedarf capital requirements
Kapitaleinlage capital share paid in
Kapitalerhöhung capital increase
Kapitalerhöhung aus Gesellschaftsmitteln increase in share capital out of retained earnings
Kapitalerträge investment income
Kapitalertragsteuer withholding tax on dividends, capital yields tax
Kapitalgesellschaft corporation
Kapitalgesellschaft, ausländische foreign corporation
Kapitalgewinn capital gain
Kapitalgesellschaft, personenbezogene closely-held corporation
Kapitalherabsetzung reduction of share capital
kapitalisieren to capitalize
Kapitalmarkt capital market
Kapitalreserven capital surplus
Kapitalumschlag capital turnover
Kapitalverhältnisse capital ownership
Kapitalverlust capital loss
Kapitalverzinsung return on investment
Kapitalzins interest on principal
Kartell trust
Kartellgesetz anti-trust law
Kartenmagazin hopper, stacker
Kartenmischer collator
Kassageschäft cash transaction
Kasse cash
Kasse, kleine Kasse petty cash fund

Kassenbeleg, Barzahlungsbeleg petty cash voucher
Kassenbericht cash report
Kassenbestand cash on hand
Kassendifferenz, Mehr- oder Minderbetrag cash over or short
Kasseneinnahmen receipts
Kassenprüfung cash audit
Kassenskonto cash discount
Kassierer cashier
Kauf purchase
Kaufkraft purchasing power
Kaufmann merchant, proprietor
kaufmännische Übung business custom
Kaufoption call option
Kaufpreis purchase price
Kaufteil purchased part
Kaufurkunde bill of sale
Kaufvertrag mit Eigentumsvorbehalt conditional sales contract
Kaution security, caution money
Kautionswechsel bill of exchange deposited as security
Kellerwechsel dummy note
Kennziffer (mit Kennziffern versehen) code (to code)
Kilometergeld mileage allowance
Kindergeld family allowance
Klage suit, action
Klageentgegnung plea
Klage erheben, verklagen to sue, to file a suit
Klagegrund cause of action
Klagerecht claim, right of action
Klageschrift complaint
Klageverjährung limitation of action
Klammerzahl, negativer Saldo bracketed figure
Klassifikation grading
Klausel clause, stipulation
Kleinkredit small loan, consumer loan
Kommanditgesellschaft (KG) limited partnership
Kommanditgesellschaft auf Aktien (KGaA) partnership partly limited by shares
Kommanditist limited partner
Kommission consignment
Kommissionär consignee, broker
Kommissionsgebühr commission
Kommissionsverkauf consignment sale, commission sale
Kommissionsware consigned goods
Kommunalanleihe municipal loan
Kommunalschuldverschreibung municipal bond
Kompagnon partner
Kompensationsgeschäft barter transaction
Komplementär general partner
Konjunkturzuschlag prosperity surtax
Konkurrenz competition
Konkurs bankruptcy
Konkursaufhebung discharge in bankruptcy
Konkursbilanz realization and liquidation statement
Konkurseröffnung adjudication of bankruptcy
Konkursgläubiger creditor of a bankrupt
Konkursmasse estate of a bankrupt
Konkursschuldner bankrupt
Konkursverfahren bankruptcy proceedings
Konkursverwalter receiver
Konkursverwaltung receivership
Konossement bill of lading
Konsignation consignment
Konsignationsgeschäft consignment transaction
Konsignationslager consignment stock
Konsignationsverkauf consignment sale
Konsignationswaren goods on consignment
konsolidierte Bilanz consolidated balance sheet
konsolidierter Abschluss consolidated financial statements
Konsolidierung consolidation
Konsolidierungsausgleichsposten debit = "Goodwill on consolidation": Excess of cost of investment in subsidiaries consolidated over their underlying book value
credit = "Negative goodwill on consolidation": Excess of underlying book value of subsidiaries consolidated over the cost of the investment therein.

Konsolidierungskreis consolidated companies
Konsortialgeschäft joint venture, syndicate
Konsortium financial syndicate, consortium
Konsument consumer
Konten accounts
Kontengliederung accounts classification
Kontenplan chart of accounts
Kontenrahmen, vorgeschriebener standard chart of accounts
kontieren to do the account distribution
Kontierung account distribution
Kontinuität consistency
Konto account
Konto, abgeschlossenes closed account
Konto belasten to debit
Konto erkennen to credit
Konto eröffnen to open an account
Konto, gemischtes mixed account
Konto, gesichertes secured account
Konto, laufendes current account
Konto, Sperrkonto blocked account
Konto, Unterkonto oder Hilskonto sub-account
Kontoabstimmung reconciliation of an account
Kontoanalyse account analysis
Kontoaufschlüsselung account analysis
Kontoauszug statement of account
Kontobezeichnung account title
Kontoblatt ledger sheet
Kontokorrentbuch customers' and suppliers' sub-ledger
Kontokorrentkonto current account of customers and suppliers
Kontokorrentkredit overdraft, open credit
Kontokorrentzinsen interest on current account
Kontrollbericht inspection report
Kontrolle control, check
kontrollieren to check
Kontrollkarte für Lohnermittlung clock card
Kontrollspalte control column
Konventionalstrafe penalty for breach of contract
Konzern group
Konzernabschluss consolidated financial statements
Konzernbilanz consolidated balance sheet
Konzerngesellschaft group company, affiliate
Konzern Gewinn- und Verlustrechnung consolidated income statement
Konzernobergesellschaft parent company
Konzession franchise
Kopie copy
kopieren to copy, to duplicate
Kopplungsverkauf combination sale
Körperschaft corporation, corporate entity
Körperschaft des öffentlichen Rechts public corporation
Körperschaftsteuergesetz (KStG) corporation income tax law
Körperschaftsteuersatz corporate tax rate
Kosten costs, expenses, fees, charges
Kosten, abschreibbare depreciable costs
Kosten abzüglich aufgelaufener Abschreibung depreciated cost, net book value
Kosten, aktivierte capitalized costs
Kosten, anteilige share of costs
Kosten der verkauften Erzeugnisse cost of goods sold, cost of sales
Kosten einschliesslich vereinbartem Gewinn cost-plus-profit
Kosten, fixe fixed costs
Kosten für Dienstleistungen fees for services
Kosten, Gemeinkosten manufacturing overhead expenses
Kosten, geschätzte estimated cost
Kosten, Grenzkosten marginal cost, differential cost
Kosten, Grenzkostenrechnung direct costing
Kosten, Istkosten actual cost
Kosten, kalkulatorische imputed cost
Kosten, kapitalisierte capitalized cost
Kosten, kontrollierbare controllable cost
Kosten, Kreditkosten borrowing cost, loan expense

Kosten, nicht kontrollierbare noncontrollable cost
Kosten, proportionale variable costs
Kosten, vorausbezahlte prepaid expenses
Kosten, vorkalkulierte predetermined cost
Kosten, weiterbelastete allocated costs
Kostenabrechnung cost sheet
Kostenabweichung cost variance
Kostenanalyse cost analysis
Kostenangaben cost data
Kostenansammlung cost accumulation
Kostenbeteiligung cost sharing
Kostendeckung cost recovery, break-even
Kosteneinsparung cost saving
Kostenermittlung costing
Kostenerstattung cost recovery
kostenfrei free of charge
Kostenkonto cost account
Kostenrechner cost accountant
Kostenrechnung cost accounting
Kostenrechnung nach Einzelaufträgen job order cost system
Kostenremanenz cost lag
Kostensenkung cost reduction
Kostenstelle cost center
Kostenstellengemeinkostenzuschlag cost center overhead rate
Kostenstellenrechnung departmental costing
Kostenumlage cost allocation, cost distribution
Kostenverantwortlichkeit cost responsibility
Kostenwert cost value
Kouponbogen coupon sheet
Kraftfahrzeug automobile, car
Kraftfahrzeugbetriebskosten automobile expenses
Kraftfahrzeughaftpflichtversicherung automobile liability insurance
Kraftfahrzeugpark automobiles and trucks
Krankengeld sick pay
Krankenversicherung health insurance
Kredit; Bank- credit; loan
Kredit, Beistands- stand-by credit
Kredit, Blanko- unsecured credit
Kredit, eingeräumter credit line, overdraft facilities
Kredit, in Anspruch genommener borrowings
Kredit, kurzfristiger short-term credit or loan
Kredit, langfristiger long-term credit or loan
Kredit, öffentlicher public loan
Kredit, Rahmen- credit line
Kredit, Raten- installment loan
Kredit, Rediskont- rediscount credit
Kredit, Rembours acceptance credit
Kredit, Überbrückungs- accommodation loan, stand-by credit
Kredit, vorzeitig kündbarer call loan
Kreditabteilung loan department
Kreditakte credit folder, loan file
Kreditantrag loan application
Kreditauftrag credit order
Kreditauskunft credit report
Kreditbedarf borrowing requirements
Kreditbeschaffungskosten loan issue expense
Kreditbesicherung loan security
Kreditbrief letter of credit
Kreditbürgschaft credit guarantee
Krediteinschätzung rating
Kreditfähig solvent, sound
Kreditfazilitäten credit facilities
Kreditgeber lender
Kreditgebühr stand-by fee
Kreditgewinnabgabe burden equalization levy (on loan profits)
Kreditkonditionen credit terms
Kreditkosten borrowing costs
Kreditlimit credit limit
Kreditlinie line of credit
Kreditnehmer borrower
Kreditoren, in der Bilanz accounts payable
Kreditorenjournal purchase register
Kreditorische Debitoren customers with credit balances
Kreditprovision loan commission
Kreditrahmenkontingent credit line quota
Kreditrisiko credit risk
Kreditvereinbarungen, allgemeine general business terms (of a bank)

Kreditverkäufe charge sales, sales on credit
Kreditverkehr loan transactions
Kreditversicherung credit insurance
Kreditverwalter credit manager
Kreditwürdigkeit credit standing
Kreditwürdigkeitsprüfung credit investigation
Kreditzusage grant of credit
Kulanz "free of charge"
kumulative Vorzugsaktie cumulative preferred stock
kündbar callable, terminable
Kunde customer
Kunden, zweifelhafte doubtful trade receivables, doubtful accounts
Kundenausfall bad-debt loss
Kundendienst customer service
kündigen to give notice, to terminate
kündigen, fristlos to dismiss without notice
Kündigung notice
Kündigung, schriftliche written notice
Kündigungsfrist terms of notice
Kupons, noch nicht eingelöste unredeemed coupons
Kuppelprodukt joint product
Kurs quote, rate
Kurs, Briefkurs ask
Kurs, Geldkurs bid
Kurs, Schlusskurs close
Kursbericht market quotation
Kursnotierung, amtliche official quotation
Kursrisiko foreign exchange risk
Kurstabelle quotation record
Kursumrechnung currency conversion
kurzfristig short-term
kurzfristig, (ein Jahr) realisierbare Aktiva current assets
Kurzüberblick highlights
Kux quota in a mining corporation, mining share

L

Ladenhüter slow-moving items
Lager; Bestand warehouse; stock, inventory
Lager, unverzolltes bonded stock
Lagerbestand inventory on hand
Lagerbestandsbericht stock status report
Lagerfachkarte bin card
Lagergebühren warehouse fees, stock holding cost, storage charges
Lagerkarte stock record
Lagerort stock location
Lagerschein warehouse receipt
Lagerschwund, durch kleine Diebstähle pilferage
Lagerumschlag inventory turnover, stock turnover
Land land
Land, Grundstück und Gebäude real estate
Länder states
langfristig long-term
langfristige Verbindlichkeiten long-term debts
Lastenausgleich equalization of war burden
Lastenausgleichsabgabe burden equalization levy
Lastenausgleichsgesetz (LAG) equalization-of-burden law
Lastschrift debit entry, charge
laufendes Konto current account
Laufzeit term
Lebensdauer, eines Gutes useful life
Lebensversicherung life insurance
Lebensversicherung auf den Todesfall term insurance
Lebensversicherung auf den Überlebensfall straight-life insurance
Lebensversicherung, Bareinlösewert cash surrender value
Leerkosten, der nicht genutzten Anlagegüter idle-plant expense
Leerverkauf short sale
Leibrente single-life annuity
Leistung; Ausstoss performance, efficiency; output
Leistung/Arbeit (elektrische) demand/energy (electrical)
Leistung, innerbetriebliche self provided service
leistungsabhängige Kosten direct costs
Leistungsbeurteilung performance rating
Leistungsbewertung merit rating
Leistungsgradabweichung, bei Standardkostenrechnung labor efficiency variance
Leistungslohn incentive wage
leitender Direktor general manager
Leiter des Rechnungswesens controller
leitfähige Tinte electrographic ink
Leitkartensteuerapparat pilot selector
Lieferant supplier
Lieferbedingungen delivery terms
Lieferpreis sales price
Lieferung delivery
Lieferungsrückstand order backlog
Lieferverpflichtung sales commitment
Lieferzeit delivery time
LIFO-Verfahren LIFO-method
Limitierter Kauf- oder Verkaufsauftrag stop-loss order
lineare Abschreibung straight-line method of depreciation
Liniendiagramm line graph
Liquid liquid, solvent
Liquidation liquidation
Liquidationsbilanz liquidation balance sheet
Liquidationswert liquidation value
Liquidator administrator
liquide Mittel liquid assets
liquide Mittel und Forderungen quick assets
Liquidierung, einer Gebühr note of charges
Liquidität liquidity
Liquidität ersten Grades quick assets ratio
Liquiditätskennzahl liquidity ratio

Liquiditätslage liquidity position, cash position
Liste list, schedule
Lizenz license
Lizenzeinnahmen license income
Lizenzfertigung production under license
Lizenzgebühr royalty, license fee
Lohn wage
Lohn, Bruttolohn gross pay
Lohn, Nettolohn net pay
Lohnabrechnung payroll calculation
Lohnabzug, für Steuer, Versicherung, usw. payroll deductions
Lohnänderung change in pay
Lohnarbeit day work
Lohnbuch payroll register
Lohnbüro payroll department
Lohnkonto individual payroll account
Lohnkostenverteilung labor cost distribution
Lohnliste payroll sheet
Lohnniveau wage level
Lohnsteuer wage withholding tax, wage tax
Lohnsteuer, Bescheinigung über einbehaltene withholding statement
Lohnsteuer, einbehaltene wage tax withheld
Lohnsteuerjahresausgleich annual settlement of wage withholding tax
Lohnsteuerkarte withholding exemption certificate, wage tax card
Lohnsteuertabelle withholding tax table
Lohnstop wage freeze
Lohnstreifen pay slip
Lohnstundensatz hourly rate of pay
Lohntag pay day
Lohntüte pay envelope
Lohn-und Preiskontrollen wage- and price controls
Lohnverarbeitung tolling
Lohnverhandlungen wage negotiations
Lohnvorschuss advance on wages
Lombardsatz prime rate
löschen to clear
Lose-Blatt-Buchführung loose-leaf bookkeeping

M

Magnetband tape, magnetic tape
Magnetbandeinheit tape unit
Magnetkernspeicher magnetic core storage
Magnetplattenspeicher magnetic disk storage
Magnetschreiblocher magnetic printing punch
Magnetrommelrechner magnetic drum computer
Mahnbescheid court order to pay
Mahnbrief dunning letter, reminder
mahnen dunning, to dun
Mahnung reminder, dunning Letter
Makler broker
Makler von Wertpapieren stockbroker
Maklergebühr brokerage, broker's commission
Mandant client
Mängelrüge complaint
manuelle Buchung hand posting
Marke trademark, brand
Markenzeichen trademark, brand
Markt, schwacher thin market, bear market
Markt, starker strong market, bull market
Marktanalyse market survey, field survey
Marktpreis market value
Marktpreis, angemessener fair market price
Maschinen machinery
Maschinengruppe production unit
Maschinen und maschinelle Anlagen machinery and equipment
Maschinenarbeiter operator
Maschinenbelastung machine load
Maschinengang cycle
Maschinenkostensatz machine overhead rate
Massgeblichkeitsprinzip principle that the treatment followed for tax purposes must also be adopted in the commercial books/balance sheet
Materialabrechner cost clerk for materials
Materialausgabe issue of material
Materialbewegungsliste material transaction register
Materialentnahme withdrawal of material
Materialgemeinkosten material overheads
Materialgemeinkosten zuschlag material cost overhead rate, material handling charge
Materialkostenermittlung material costing
Materialschwund, -verlust material shrinkage, scrap
Materialtransportzeit handling time
Materialverbrauch material usage
materielles Recht substantive law
Matrize stencil
Matrizenkarte master card
Mehrfachschaltschnüre split wires
Mehrheit majority
Mehrheitsbeteiligung majority holding
Mehrphasensteuer multi-stage tax
Mehrstimmrecht cumulative voting right
Mehrwert additional value
Mehrwertsteuer added - value tax
Meister foreman
Meliorationen an gepachteten Grundstücken und Gebäuden leasehold improvements
Menge quantity
Mengenbonus volume allowance, quantity discount
Mengeneinheit unit
Mengenkontrolle, buchmässige quantity control
Mengenrabatt quantity discount
Mengenstandard, - vorgabe quantity standard
Messe trade fair
Mietanlagen, aktivierte capitalized leases
Mietaufwand rental expense, rent
mieten to rent, to lease
Mieter tenant, lessee
Mietertrag rental income
Mietnebenkosten ancillary rental costs

Mietvertrag, langfristiger long-term lease
Mietvorauszahlung rent paid in advance
Minderheitsaktionär minority shareholder
Minderheitsanteil am Reinvermögen minority interest
Minderjähriger minor, person under age
Minderlieferung short delivery
Minderung reduction
Minderwert, durch Veralterung loss in value, through obsolescence
Minderzahlung underpayment
Mindestkapital minimum capital
Mitbestimmung codetermination (by employees)
Miteigentum co-ownership, joint property
Mitglied member
Mithaftung secondary liability
Mitinhaber co-owner
Mitschuldner joint debtor
Mittel means, funds
Mittel, eigene own funds
Mittel, flüssige liquid funds
Mittel, fremde borrowings
Mittelherkunft source of funds
Mittelherkunfts- und - verwendungsrechnung statement of changes in financial position
Mittel, verfügbare available funds, disposable funds
Mittelverwendung application of funds
Mobiliar furniture
Monatsgehalt (Grund-) (Basic) monthly salary
Montage assembly
multinationale multinational
mündelsichere Kapitalanlage trustee investments
mündliche Verhandlung trial, hearing
Münze coin
Muster sample
Muster, technisches pattern
Muster ziehen to sample
Muttergesellschaft parent company, parent

N

Nachaktivierung additional capitalization
Nachbestellung additional order
Nachforderung additional billing
Nachfrage, lebhafte good demand
Nachfrage, starre inelastic demand
nach geltendem Recht according to present law
nach herrschender Rechtsprechung according to present jurisdiction
Nachfrage, steigende growing demand
Nachfragepreis bid price
Nachfrist extended term
Nachholverbot 'claimed-when-claimable' - rule
Nachkalkulation actual cost determination
Nachlass estate
Nachlass, Preisnachlass price reduction
Nachlass, Steuernachlass tax abatement
Nachnahme cash on delivery (c.o.d.)
Nachschusspflicht liability to pay an additional amount
Nachsteuer supplementary tax
Nachtrag amendment
nachträglich subsequently
Nachzahlung, Lohn back pay
nahestehende Gesellschaft affiliate
Namensaktie registered share
Namenspapier registered security
Natura, in in kind
Naturalleistung payment in kind
Naturallohn wages in kind
Naturalrabatt trade rebate in kind
natürliche Person individual
Nebenkosten ancillary expenses (costs), additional charges
Nebenprodukt by-product
Nebenstelle branch office
negative Saldenbestätigung negative confirmation
Negativklausel negative clause, assurance 'not to'
Nennbetrag nominal value, par value
Nenner denominator
Nennkapital authorized share capital
Nennwert face value, par value
Nennwert einer Aktie par value of a share
Nennwert, über dem above par
Nennwert, zum . . . at par value
nennwertlose Aktie no-par share
netto net
Nettoausweis net presentation
Nettobetrag net amount
Nettobuchwert net book value
Nettoergebnis net gain or loss
Nettoerlöswert net realizable value
Nettogewinn net income, net profit
Nettolohn net pay
Nettoumlaufvermögen working capital
Nettoumsatz net sales
Nettoverkaufserlös net sales
Nettoverlust net loss
Neubewertung reappraisal, revaluation, reassessment
neutraler Aufwand other deductions, non-operating expenses
neutraler Ertrag other income, non-operating income
nicht realisierter Gewinn oder Verlust unrealized gain or loss
nicht umgelegt (Gemeinkosten) unapplied (overhead)
nichtabzugsfähige Ausgaben non-deductible expenses
Nichtbeachtung noncompliance
Nichterfüllung failure to perform
Nichtigkeitserklärung annulment
Nichtzahlung nonpayment
Niederlassung branch
Niederstwertprinzip lower of cost or market principle
Niessbrauch right of use, beneficial interest
Nominalbetrag nominal value, face value
Nominalwert nominal value
Norm standard
Normalbeschäftigung normal capacity
Normalkostenrechnung average standard cost system, cost accounting based on experience standards

Normalsatz basic rate
Notar notary public
Notierung quotation
Notleidend overdue
Null zero, nil
Nummer number, digit
Nutzeffekt, Wirkungsgrad efficiency
Nutzen, entgangener lost benefit
Nutzniesser beneficiary
Nutzung use
Nutzungsdauer useful life
Nutzungsdauer, durchschnittliche average life
Nutzungsdauer, voraussichtliche expected life
Nutzungsrecht beneficial interest
Nutzungswert use value

O

Oberfinanzdirektion district tax office
Obergesellschaft parent company
Oberlandesgericht circuit court of appeal
Obermeister general foreman
Oberster Gerichtshof supreme court
Obligation bond
Obligation, eingetragene registered bond
Obligation mit Zinsabschnitt coupon bond
Obligationsausgabe bond issue
Obligationsdisagio bond discount
Obligationsgläubiger bond creditor, bond holder
Obligationsschuldner obligor, bond issuer
Obligationstilgungsfonds bond sinking fund
Obligo liability, commitment
Offenbarungseid oath of disclosure
offene Handelsgesellschaft (OHG) general partnership
offener Markt open market
offenstehende Beträge open items
öffentliches Recht public law
öffentlich-rechtliche Körperschaft corporation under public law, body public
ohne Berechnung free-of-charge
ohne Gewährleistung oder Obligo without recourse
ohne Verpflichtung without obligation
optimale Betriebsgrösse optimal size
Optimalkapazität des Betriebes optimum plant capacity
Optimalplanung operations research
Option option
Optionsscheine warrants
Orderpapier negotiable instrument, order instrument
Ordner file, folder
Organgesellschaft company which is under the economic, financial, and administrative control of another company (German tax law)
Organisationshandbuch organization manual
Organisationskosten (Aufwendungen für Gründung und Kapitalbeschaffung) organization cost (incorporation and initial issue expenses), start-up expenses
Organisationsplan organization chart
Organisationsplan, graphisch dargestellter Arbeitslauf flow chart
Organschaft (D) "group company" (German tax Law - see "Organgesellschaft")

P

pachten to lease
Pachtgegenstände, Aufwendungen des Pächters für leasehold cost, leasehold improvements
Pachtvertrag lease
Pachtvertrag eines Schiffes charter
Pachtwert rental value
Pari, über above par, at a premium
Pari, unter below par, at a discount
Pari, zu at par
Parität parity
Passiva liabilities and capital
Passiva, transitorische deferred income, unearned income
passivieren to set up liabilities
Passivierungsverbot "must not be recorded as a liability"
Passivierungswahlrecht "can, however, need not be recorded as a liability"
Patent, beantragt patent, applied for
Patentgebühr (amtlich) patent fees
Patentgebühr (Nutzung) royalty
Pauschalbesteuerung lump-sum taxation
Pauschalbetrag lump-sum amount
Pauschalpreis all-inclusive price
Pauschalwertberichtigung lump-sum allowance
Pension pension, retirement income
Pensionsanwartschaft pension right
Pensionskasse pension fund
Pensionsplan pension plan
Pensionsplan, bei dem auch der Arbeitnehmer Beiträge leistet contributory pension plan
Pensionsrückstellung pension reserve
Pensionsverpflichtung pension liability
Pensionsversicherung pension insurance
Pensionszusagen grant of pension
periodenfremd relating to other periods
periodengerechte Abgrenzungen, mit accruals, accrual basis of accounting
permanente Inventurunterlagen perpetual inventory records
Person, juristische legal entity
Person, natürliche individual
Personal personnel, staff
Personalabfindungsfonds staff leaving indemnity reserve, redundancy fund, staff indemnity fund
Personalabteilung personnel department
Personalakte personnel file
Personalaufwand personnel costs, staff expenses
Personalbudget manpower budget
Personalchef personnel manager
Personalkredit personnel loan, personnel credit, employee loan
Personengesellschaft private company, partnership
Personenvereinigung association of persons
persönlich haftender Gesellschafter general partner
Pfand pledge, security
Pfandbrief mortgage bond, hypothecation bond
Pfandrecht lien
pfandweise by way of pledge
Pfändung attachment
Pfändung einer Lohnforderung garnishment
Pfändung zur Eintreibung einer Steuerschuld tax foreclosure
Pfändungsbeschluss order of attachment, order to foreclose
Pflichtprüfung audit required by law
Pflichtverletzung breach of duty
Pflichtversicherung compulsory insurance
Plafond ceiling, limit
Plan plan, budget
Plan, Einnahmen- und Ausgabenplan cash budget
Plankostenrechnung standard cost accounting
planmässig as scheduled
Planung, Finanz- financial planning
Planung, kurzfristige short-term planning
Planung, langfristige long-term planning

Plazierung placing, placement
Police, Versicherungs- insurance policy
Portefeuille portfolio
Porto, Telefon und Telegramme postage, telephone and telegraph
Post mail
Posten item
Postenumdrucker facsimile posting machine
Postenzähler item counter
Postscheckguthaben balance on postal cheque account
Postscheckkonto postal cheque account
Postsparkonto postal savings account
Postwurfsendung mail addressed "to householder"
Prämie bonus
Prämie, Versicherungsprämie insurance premium
Prämienrückstand arrears in premium
Preis price, consideration
Preisangebot quotation, bid
Preisangebot, ein Preisangebot machen to quote
Preisbindung price prescription, price-fixing clause
Preiserhöhung price increase
Preisermässigung price reduction
Preisgabe abandonment
Preisgleitklausel clause of sliding price scale
Preiskartei selling price file
Preiskontrollen price controls
Preisnachlass rebate, allowance
Preisniveau price level
Preisnotierung an der Börse market quotation
Preissteigerungsrücklage special deduction allowed against inventories due to higher replacement costs (as defined under German tax regulations)
Prioritätsobligation preference bond
private Zwecke for personal use
Privatkonto proprietor's drawing account
Privatrecht private law
Produkte in Bearbeitung work in process
Produktenbörse commodity exchange
Produktion production, manufacturing
Produktionsabteilung manufacturing department
Produktionsbericht production statement
Produktionseinheit unit of production
Produktionskennziffer production index
Produktionskosten cost of production
Produktionsmaterial direct material
Produktionsmittel manufacturing assets
Produktionsplan manufacturing budget
Produktionsstätte production unit, place of production
Produktionsüberwachung production control
Produktionsziel production target
Produktivität productivity
produzieren to produce, to manufacture
Proforma-Rechnung pro forma invoice
Projektkosten project costs
pro Kopf per capita
Prokura power of attorney
Prokurist person holding power of attorney
Prolongation prolongation, renewal
prolongierter Wechsel renewal note
proportionale Steuer proportional tax
Prospekt, Verkaufs- pamphlet, sales literature
Prospekt, Börsenprospekt prospectus
Protestspesen protest fee
Protokoll minutes
Provision commission
Prozentsatz percentage
Prozess lawsuit, litigation
prozessieren to sue, to litigate
Prozesskosten court and legal costs
Prozessrisiko risk of a lawsuit
Prüfbericht technischer Art inspection report
prüfen, administrativ to examine, to check

P-Q

prüfen, technisch to inspect
Prüfer examiner, auditor; inspector
Prüflocher verifier
Prüfung audit
Prüfung an Ort und Stelle spot check
Prüfung der zahlenmässigen Richtigkeit arithmetical verification
Prüfung, lückenlose detailed examination
Prüfung, stichprobenweise examination on a test basis, sampling
Prüfung von Frachtrechnungen freight-rate check
Prüfungsakte, permanente continuing audit file (CAF)
Prüfungsauftrag audit engagement
Prüfungsbericht auditors' report
Prüfungsgebühren audit fees
Prüfungsgrundsätze auditing standards
Prüfungshandlungen auditing procedures
Prüfungsprogramm audit program
Prüfungsstichtag audit date
Prüfungsumfang audit scope
Prüfungswesen auditing
Prüfungszeichen tick mark
Prüfungszeitraum audit period
Prüfzettel inspection ticket
Publizitätsgesetz company disclosure law (D)
Punkte, bezogen auf die letzten Ziffern eines Börsenkurses Points, referring to the last digits of the full quotation

Qualität quality
Qualitätsgewähr warranty
Quellensteuer tax withheld at source, withholding tax
Queraddition cross-footing
Querkontrolle cross-checking
Querschnitt cross-section
Quittung receipt
Quote quota, share
Quotenpapier no par value share
Quotierung quotation

R

Rabatt allowance, rebate
Rabatt, Naturalrabatt rebate in kind
Rangfolge order of rank, ranking
Rangrücktrittserklärung subordination
Rate installment
Ratenkreditgeschäft hire-purchase business, hire-purchase transaction
Ratenverkäufe installment sales
Rationalisierungsinvestition investment made to increase efficiency
Realeinkommen real income
realisierbar realizable
realisieren to realize
realisierter Gewinn realized profit
Realkredit loan on real estate
Rechenfehler clerical error
Rechenschaftspflicht accountability
rechnerische Richtigkeit clerical accuracy
Rechnung invoice, bill
Rechnungsabgrenzungsposten prepaid expenses and deferred charges
Rechnungsabgrenzungsposten, antizipatives Aktivum (z.B.: im neuen fürs alte Jahr Zinsen erhalten) accrued income
Rechnungsabgrenzungsposten, antizipatives Passivum (z.B.: im neuen fürs alte Jahr Provision zahlen) accrued expense
Rechnungsabgrenzungsposten, transitorisches Aktivum (z.B.: Miete im alten fürs neue Jahr gezahlt) prepaid expense
Rechnungsabgrenzungsposten, transitorisches Passivum (z.B.: Pacht im alten fürs neue Jahr erhalten) deferred income
Rechnungsabteilung billing department
Rechnungseingangsbuch voucher register
Rechnungsjahr fiscal year
Rechnungslegung accounting
Rechnungslegungsvorschriften accounting principles
Rechnungsprüfung invoice check
Rechnungsschreibung billing
Rechnungswesen accounting
Rechnungswesen, Leiter des chief accountant, controller
Recht; ein Recht law; right
Rechte, grundstücksgleiche leases equivalent to fixed assets
Recht, nach geltendem according to present law
Recht, nach herrschender Rechtsprechung according to present jurisdiction
Recht, verbrieftes chartered right, legal right
Rechtsanspruch legal claim
Rechtsanwalt attorney, lawyer, barrister (GB)
Rechtsform legal form
Rechtsgrundsatz generally accepted rule
Rechtsirrtum error of law
rechtskräftig legally binding
rechtskräftig abgeschlossener Fall closed case
Rechtslage legal position
Rechtsnachfolger successor in title
Rechtssprechung jurisdiction
Rechtsstreit lawsuit, litigation
Rechts- und Beratungskosten legal and professional fees
rechtsungültig invalid
Rediskont rediscount
Rediskontsatz rediscount rate
REFA — Studien Time and motion studies
Refinanzierung refinancing
Regale shelves
Regelung settlement
Regress recourse
Regressansprüche recourse claims
Reinertrag net proceeds
Reingewicht net weight
Reingewinn net income, net profit
Reingewinne, die für Dividendenausschüttungen nicht in Anspruch genommen werden können appropriated earned surplus
Reingewinn, unverteilter retained earnings, earned surplus
Reinverlust net loss

Reinverlust, aufgelaufener accumulated deficit
Reinvermögen net worth
Reinvestition reinvestment
Reisekosten travel expenses
Reisekostenaufwandsentschädigung travel allowance
Reklamation complaint
Reklame advertising
Rekrutierungsaufwand recruiting expense
Rendite yield
Rendite, Reinertrag des angelegten Kapitals return on investment
Rentabilität profitableness
Rente annuity
Rente, Barwert einer zukünftigen cash value of a deferred annuity
Rente, Gegenwartswert einer laufenden present value of a current annuity
Rentenbarwert present value of an annuity
Rentenpapiere, öffentliche treasury bonds
Rentenschuld annuity due
Rentenschuldverschreibung annuity bond
Rentenversicherung, gesetzliche social security insurance
Reparaturen repairs
Repräsentant representative
Repräsentativuntersuchung sampling
Reserve, eine Reserve bilden to set up a reserve
Reserve in Form von Bankguthaben oder Wertpapieren funded reserve
Reserve, stille hidden reserve, secret reserve
Reserveausrüstung stand-by facilities
Reservekapazität spare capacity
Reservelegung building up reserves
Rest rest, remainder
Restbetrag, Differenzbetrag remaining balance, difference
Restbuchwert net book value
Restlaufzeit remaining term
Restposten rest
Restwert unrecovered cost, remaining value
Revision, interne internal audit
Revisor auditor
Richtlinien regulations, guidelines
Risikoübernahme coverage
Risikoübernahme, volle Risikoübernahme durch den Versicherer full insurance coverage
Roh-, Hilfs- und Betriebsstoffe raw materials and supplies
Rohbilanz trial balance, work sheet (US)
Roheinnahme gross receipt
Roherlös gross sales
Rohertrag, Rohgewinn gross profit
Rohstoff raw material
Rohverlust gross loss
Rohvermögen gross assets
Rollgeld cartage
Rückerstattung refund
Rückerstattung, Anspruch auf claim for refund
Rückgriff recourse
Rückgriffrecht recourse claim
Rückkaufskurs redemption quote
Rückkaufswert cash surrender value, redemption value
Rücklage reserve account, appropriated surplus
Rücklage aus Agio capital surplus
Rücklage aus kostenfreiem Vermögenserwerb donated surplus
Rücklage bilden to provide a reserve
Rücklage, freie free reserve, free surplus
Rücklage für Preissteigerungen reserve for price increases
Rücklagen gemäss steuerlichen Vorschriften reserves recorded in accordance with tax regulations
Rücklage, gesetzliche legal reserve, appropriated surplus
Rücklage, offene open reserve, appropriated surplus
Rücklage, satzungsgemässe statutory reserve
Rücklage, stille hidden reserve, secret reserve
Rücklage, versicherungstechnische actuarial reserve
Rücklage, versteuerte surplus after taxes
Rücklage, zweckgebundene appropriated reserve, appropriated surplus
Rücklieferung sales return

Rücknahme, zwangsweise repossession
Rückprämie put option
Rückstand, Lieferrückstand back order, backlog
Rückstand, Zahlungsrückstand back payments, payments in arrears
rückständige Dividende dividend in arrears
Rückstellung accrual, accrued liability
Rückstellung bilden to set up an accrual
Rückstellung für Ausgleichsansprüche equalization reserve
Rückstellung für Entlassungsentschädigungen reserve for severance pay
Rückstellung für Ertragssteuern accrual for income taxes, income taxes payable
Rückstellung für Garantieverpflichtungen (für Gewährleistungsansprüche) reserve for guarantee obligations, accrual for warranties
Rückstellung für Pensionsverpflichtungen pension reserve
Rückstellung für schwebende Geschäfte reserve for uncompleted transactions
Rückstellung für unterlassene Instandhaltung accrual for necessary repairs
Rückstellungen, Auflösung von reversal of accruals
Rückstellungen, Erträge aus der Auflösung von income from the reversal of accruals
Rückstellungen, sonstige other accruals
Rückstellungen, Zuführung zu provision for accruals
Rückstellungsaufwand für provision for
Rücktritt vom Vertrag rescission
Rücktritt von einer Stellung resignation
Rückvaluta backvalue
Rückvergütung refund, reimbursement
Rückwechsel cross-bill
Rückzahlung repayment
Rückzahlungsbedingungen repayment terms
Ruhegeld retirement compensation, pension payment, old age compensation
ruhende Gesellschaft dormant company
Ruhestand retirement
Rumpfgeschäftsjahr stub period
Runderlass circular order
Rundschreiben circular

S

Sachanlagen fixed assets; property, plant and equipment
Sachanlagevermögen tangible fixed assets
Sachbezug remuneration in kind
Sache, bewegliche personal property
Sacheinlage contribution in kind
Sachgebietsleiter group head
Sachkonten general ledger accounts
Sachleistung payment in kind
Sachwert real value
Saldenbestätigung mit Rückantwort positive confirmation
Saldenbestätigung ohne Rückantwort negative confirmation
Saldenbilanz trial balance
Saldenliste der Forderungen receivable trial balance
Saldenliste der Forderungen, dem Alter nach aufgeschlüsselt aged receivable trial balance
saldieren to net out
Saldierungsverbot prohibition to net debit with credit balances in financial statements (D)
Saldo balance
Saldovortrag balance carried forward, carry-forward
Saldovortrag am Jahresanfang balance at beginning of year, opening balance
Sammelblatt grouping sheet
Sammelbuchung compound entry
Sammelfaktura monthly billing
Sammelgang nonlisting cycle
Sammeljournal general journal
Sammelkonto control account
Sammelposten compound item
Sammelwertberichtigung lump-sum reserve, flat reserve, general purpose allowance
Sanierung quasi-reorganization
Sanierungsgewinn (-verlust) book gain (loss) on quasi-reorganization
Satzung statutes, bylaws
Satzungsänderung change of articles
Satzungsbestimmungen statutory provisions, by-laws, charter provisions
satzungsgemäss statutory, according to the bylaws
Schachtelbeteiligung qualified minority interest
Schachteldividende dividend to qualified minority shareholder
Schachtelprivileg "affiliation privilege" (German tax law)
Schaden damage
Schadendeckung, volle full coverage
Schadenersatz compensation for damages
Schadenersatzanspruch claim for damages
Schadenersatzklage action for damages
Schadenersatzleistung indemnification
Schadenersatzpflicht liability for damages
Schadenersatzversicherung indemnity insurance
Schadensfall casualty, insured loss
Schaltergeschäft over-the-counter business
Schatzanweisung treasury note
Schätzung appraisal
Schatzwechsel treasury bill
Schecks, zum Inkasso gegebene cashed checks
Scheingeschäft dummy transaction
Scheingewinn paper profit
Scheinkauf fictitious purchase
Schenkungssteuer tax on donations
Schiedsgericht court of arbitration
Schiedsrichter arbitrator
Schlichtung im Lohnstreit wage arbitration
Schlussabrechnung final settlement
Schlussbilanz closing balance sheet
Schlüssellochung code punching
Schlusskurs "close", closing price
Schlussnote contract note
Schlussnotierung closing quotation
Schnellhefter folder
Schnellstanzer gang punch
Schonfrist grace period
Schreibfehler clerical error
Schreibstelle printing position

Schrottwert scrap value, salvage value
Schuld der öffentlichen Hand public debt
Schuld, fällige matured liability, amount due
Schuld, in Raten rückzahlbare installment debt
Schuld, kurzfristige short-term liability
Schuld, langfristige long-term liability
Schuld, Löschung einer cancellation of a debt
Schuld, schwebende contingent liability
Schuld, strafrechtlich guilt
Schuld, zivilrechtlich obligation, liability, debt
Schuldabzahlung payment of a debt
Schuldanerkenntnis acknowledgment of debt
Schuldbefreiung discharge of debt
Schuldbrief debt instrument
Schulden outstanding debts
Schuldenkonsolidierung consolidation of debts
Schulderlass forgiveness of a debt
schuldig, strafrechtlich guilty
Schuldner debtor
Schuldsaldo debit balance
Schuldschein certificate of indebtedness
Schuldscheindarlehen loan against a promissory note
Schuldtilgungsfond sinking fund
Schuldverschreibung bond, debenture
Schuldverschreibung, auf den Inhaber bearer bond
Schuldverschreibung der Gemeinden municipal bond
Schuldverschreibung der Länder state bond
Schuldverschreibung des Bundes federal bond
Schuldverschreibung, vom Kreditnehmer auf Abruf rückzahlbar callable bond
Schuldwechsel note payable, promissory note
Schuldzinsen interest payable
Schutzklausel hedge clause
Schutzrecht, gewerbliches registered designs
Schutzzoll protective duty
schwebendes Konto suspense account
Schwund shrinkage
Selbstfinanzierung self-financing, retention of earnings
Selbstkontrolle voluntary control
Selbstkosten costs, cost price
Selbstkostenpreis cost price
Selbstprüfung automatic check
Selbstversicherungsrücklage self-insurance reserve
Sicherheit security, collateral
Sicherheiten für ein Darlehen collateral for a loan
Sicherheitsabtretung assignment of security
Sicherheitsfonds guarantee fund
Sicherheitsgeber guarantor
Sicherheitsklausel security clause
Sicherheitsleistung security, bail
Sicherheitsnehmer secured lender
sichern, eine Forderung durch Pfand to collaterize
Sicherungshypothek mortgage security
Sicherungsübereignung chattel mortgage
Sicht, bei at sight
Sichtwechsel demand note
Simultankauf und-verkauf von Wertpapieren wash sale
Sitz domicile
Sitz der Geschäftsleitung place of management
Sitz einer Firma principal place of business
Sitzung meeting, session
Sitzungsgelder meeting attendance fees
Sitzungsprotokoll minutes of a meeting
Skonti und Rabatte cash and trade discounts
Skonto discount
Skonto, Barskonto cash discount
Skontoverlust lost discount
Solawechsel promissory note, personal note
Soll, als Buchung debit
Soll, als Ziel standard, target

Soll/Istvergleich comparison of performance to budget, comparison of budget with actual figures
Sollbuchung debit entry
Sollkosten estimated (standard) cost
Sollsaldo debit balance
Sollzinsen interest expense
Solvenz solvency
Sonderabschreibung special depreciation
Sonderabschreibung, Teilwertberichtigung von Anlagegütern partial write-down of assets
Sonderausgaben special personal deductions (German tax law)
Sonderbelastung special charge
Sonderbilanz special purpose balance sheet
Sonderposten mit Rücklageanteil special reserves, not taxable until use or liquidation (German tax law)
Sonderrücklage aus Neubewertungen special reserve from revaluation, appraisal surplus, valuation reserve
Sonderrücklage, zweckgebundene special purpose reserve
Sondersteuer special tax
Sondervergütung bonus
Sonn- und Feiertagsvergütung holiday pay
sonstige Abzüge other deductions
sonstige Aufwendungen other expenses
sonstige Forderungen other accounts receivable
sonstige Steuern other taxes
sonstige Verbindlichkeiten other accounts payable
soziale Aufwendungen, freiwillige voluntary employee benefit expenses
soziale Aufwendungen, gesetzliche compulsory employee benefit expenses, social security expenses
sozialer Wohnungsbau government-supported housing
Sozialabgaben social insurance contributions
Sozialabteilung welfare department
Sozialbezüge, sonstige fringe benefits
Sozialprodukt, brutto gross national product
Sozialversicherung social security insurance
Sozialversicherungsbeiträge social security taxes
Sozialversicherungsleistungen social security benefits
Spalte column
Spaltenanzeiger column indicating device
Spaltenbogen columnar sheet
Spanne margin
Spediteur forwarding agent, forwarder
Spekulationsgewinn (Verlust) speculative gain (loss)
Spekulationspapier speculative stock
Spende donation, gift
Sperrkonto blocked account
Spesen expenses
Spesen, Reise travel expenses
Spesenerstattung expense reimbursement
spesenfrei "expenses paid"; i.e. free
Spesenkonto expense account
Spezifizierung specification
Sprungkosten semifixed costs
Staatsausgaben public expenditures
Staatseinkünfte public revenues
Staatsetat government budget
Staatspapiere government bonds
Staatsrecht constitutional law
Staatsschuld public debt
Staatszuschuss government subsidy
Staffelform, der G. und V. -Rechnung report form
Staffelpreis sliding-scale price
Staffelsumme progressive total
Stammaktie common stock
Stammeinlage initial, paid-in capital stock; capital invested
Stammhaus home office, parent company
Stammkapital capital stock
Stammkapital, verdecktes hidden capital
Standardkosten standard cost
Standardkostenabweichung standard cost variance
Standardkostenrechnung standard cost (accounting) system
Standardkostenrechnung auf der Basis historischer Kosten estimated actual

cost system, based on experience standerds
Standardlohnkosten standard labor cost
Standardpreis standard price
Standardrate standard rate
Standardwerte (Börse) blue chips
Statistik statistics
statistisch statistical; based on sampling
Statuten by-laws, articles of association
Stechkarte clock card
Stechuhr time clock
steigende Nachfrage growing demand
steigende Tendenz upward trend
Stellenangebot employment offer
Stellenbesetzungsplan manning table, staffing schedule
Stellengemeinkosten departmental overhead expense
Stellenvermittlungsdienst placement service
Stellvertreter; im Betrieb proxy, first; assistant
Sterbegeld death benefit
Steuer tax, levy
Steuer, Abzugsteuer withholding tax, tax at source
Steuer, Allphasensteuer all-stage tax
Steuern, anrechnungsfähige deductible taxes
Steuer, Aussensteuergesetz foreign transactions tax law
Steuer, Beförderungsteuer transportation tax
Steuer, Börsenumsatzsteuer stock exchange transaction tax
Steuer, Einfuhrumsatzsteuer turnover equalization tax
Steuer, Einkommensteuer personal income tax
Steuer, Einphasensteuer single-stage tax
Steuer, Erbschaftsteuer inheritance tax, estate tax
Steuer, Ertragsteuer income tax
Steuer, Gesellschaftsteuer capital investment tax
Steuer, Getränkesteuer beverage tax
Steuer, Gewerbesteuer municipal trade tax
Steuer, Gewerbesteuer auf das Kapital municipal trade tax on capital
Steuer, Gewerbesteuer auf den Ertrag municipal trade tax on income
Steuer, Gewerbesteuer auf die Lohnsumme municipal trade tax on payroll
Steuer, Grunderwerbsteuer real estate transfer tax
Steuer, Grundsteuer real property tax
Steuer, Hypothekengewinnabgabe burden equalization levy on mortgage profits
Steuer, Kapitalertragsteuer capital yields tax, withholding tax on dividends
Steuer, Kapitalverkehrsteuer capital transaction tax
Steuer, Kaskadensteuer all-stage tax
Steuer, Kirchensteuer church tax
Steuer, Körperschaftsteuer corporate income tax
Steuer, Kopfsteuer head tax
Steuer, Kraftfahrzeugsteuer vehicle tax
Steuer, Kreditgewinnabgabe burden equalization levy on loan profits
Steuer, Lastenausgleich burden equalization levy
Steuer, Lohnsteuer wage tax
Steuer, Lohnsummensteuer municipal trade tax on payroll
Steuer, Luxussteuer luxury tax
Steuer, Mehrphasensteuer multi-stage tax
Steuer, Mehrwertsteuer added-value tax
Steuer, Mineralölsteuer mineral oil tax
Steuer, Nachsteuer supplementary tax
Steuer, nicht abwälzbare direct tax
Steuer, Pauschsteuer lump-sum tax
Steuer, progressive progressive tax
Steuer, proportionale proportional tax
Steuer, Quellensteuer tax withheld at source
Steuer, Realsteuer real estate tax
Steuer, rückständige delinquent tax
Steuer, Schenkungsteuer gift tax
Steuer, Sondersteuer special tax

Steuer, sonstige Steuern other taxes
Steuer, Stempelsteuer stamp tax
Steuer, Tabaksteuer tobacco tax
Steuer, Umsatzausgleichsteuer turnover equalization tax
Steuer, Umsatzsteuer turnover tax
Steuer, Umsatzsteuervergütung turnover tax refund
Steuer, Verbrauchsteuer excise tax
Steuer, Vergnügungsteuer entertainment tax
Steuer, Verkehrsteuern transaction taxes
Steuer, Vermögensteuer net assets tax
Steuer, Vermögenszuwachssteuer capital gains tax
Steuern vom Einkommen tax on operating income
Steuern vom Ertrag tax on non-operating income
Steuern vom Vermögen tax on net assets, property tax
Steuer, Wechselsteuer tax on promissory notes
Steuer, Wertpapiersteuer security transaction tax
Steuer, Wertzuwachssteuer tax on incremental value
Steuerabteilung tax department
Steuerabzug an der Quelle deduction at source, withholding tax
Steueranrechnung tax credit
Steueraufkommen tax revenue
Steuerausländer nonresident taxpayer
steuerbar taxable, subject to tax
steuerbarer Umsatz sales subject to tax
Steuerbeamter tax agent
Steuerbefreiung tax exemption
steuerbegünstigt tax privileged
Steuerbehörde tax office, tax authority
Steuerbemessungsgrundlage tax base
Steuerberater tax consultant
Steuerberechnung tax computation
Steuerbescheid tax assessment
Steuerbilanz tax balance sheet
Steuereinnahmen tax receipts
Steuereinnehmer tax collector
Steuereinspruch tax protest
Steuererklärung tax return
Steuererklärung abgeben to file a tax return
Steuererklärung, gemeinsame joint return
Steuererklärung, getrennte separate return
Steuererklärung, Zeitpunkt für Abgabe der deadline for filing a return
Steuererklärungstermin due date of tax return
Steuererlass abatement
Steuerermässigung tax reduction
Steuererparnis tax saving
Steuerertrag tax revenue
Steuerfestsetzung tax assessment
Steuerflucht tax evasion
Steuerforderung tax claim
steuerfrei tax-exempt
Steuerfreibetrag exempt amount, exemption
steuerfreie Einkünfte exempt income
Steuergericht tax court
steuergeschützte Massnahmen tax-sheltered transactions
Steuergesetz tax law, Revenue Code (US)
Steuerhinterziehung tax evasion, tax fraud
Steuerhoheit jurisdiction in tax matters
Steuerinländer resident taxpayer
Steuerjahr tax year, fiscal year
Steuerklasse wage tax class
Steuerlast tax burden
steuerliche Sonderabschreibung fast tax write-off
steuerlicher Verlustvortrag tax loss carry-forward
Steuermessbetrag base value for tax purposes
Steuermesszahl coefficient for tax purposes
Steuernachforderung additional tax assessment
Steuernachlass tax abatement
Steueroase tax haven
Steuerpflicht liability for taxation, subject to taxation
Steuerpflicht, beschränkte subject to limited taxation
Steuerpflicht, unbeschränkte subject to unlimited taxation

steuerpflichtiges Einkommen taxable income
Steuerplanung tax planning
Steuerprüfung tax audit, field audit
Steuerrecht tax law
Steuerrückvergütung tax refund
Steuersatz, gespaltener split tax rate
Steuerschuld tax due
Steuertabelle tax table
Steuertermin tax payment date
Steuerveranlagung tax assessment
Steuervergünstigung tax benefit, tax concession
Steuervermeidung tax avoidance
Steuervorauszahlung tax prepayment
Steuervordruck tax form
Steuervorteil tax advantage
Steuerwert assessed value for tax purposes
Steuerzahler taxpayer
Steuerzeitschrift tax journal
Stichproben machen to sample
Stichtag cut-off date
Stichtagskurs rate on day of reference
Stifter donor, founder
Stiftung foundation
stillegen to inactivate
Stillegung eines Anlagegutes abandonment, retirement
stille Reserven hidden reserves
stiller Gesellschafter silent partner
stillschweigende Einwilligung acquiescence
stillschweigende Genehmigung tacit approval
stimmberechtigte Aktie voting share, voting stock
Stimmengleichheit tie vote
Stimmenmehrheit majority of votes
Stimmenminderheit minority of votes
Stimmrecht voting right
Stimmzettel ballot
Stockdividende stock dividend
stornieren to cancel
stornieren, eine Buchung to reverse an entry
Storno cancellation, reversal
Stornobuchung reversing entry
strafbar punishable
Strafe fine, penalty
Strafgericht criminal court
Strafgesetzbuch penal code
Strafrecht criminal law
strafrechtliche Handlung crime, criminal offense
Strazze memo book
Streichung cancellation
Streit dispute
Streitfrage, anhängige issue
Streitwert value of matter in dispute
Strom, Gas, Wasser, usw. utilities
Stück piece, unit
Stückelung, bei Aktien denomination
Stückkosten cost per unit, unit cost
Stückliste bill of material
Stücklohn, reiner straight piece rate
Stücklohnsatz piece rate
Stückpreis unit price
Stückzinsen, aufgelaufene Zinsen accrued interest
Stundenlohnsatz pay rate per hour
Stundung extension
Substanzerhaltungsrücklage "inflation reserve"
Substanzverzehr real-asset loss/usage
Substanzverzehr, bei Bodenschätzen depletion
Substanzwert net asset value
Subvention subsidy
Summe total, sum
Summenaktie, Nennwertaktie par value stock
Swap-Geschäft swap business, swap transaction

T

Tabelle table, chart, schedule
tabellieren to tabulate
Tabelliermaschine mechanical accounting machine, tabulator
Tagegeld daily expense allowance, per diem
Tageskosten current cost
Tageskurs current rate
Tagespreis current price, actual market price
Tagessatz per diem rate
Tageswert current value
Tantieme bonus
Tarif tariff
Tarifgruppe labor grade
Tarifverhandlungen collective bargaining
Tarifvertrag labor contract
Tastatur key board
Tastenfeld key board
Tätigkeitsbericht activity report
Tausch exchange, swap, trade
Tauschgeschäft exchange, barter transaction
Tauschgeschäft, Devisentauschgeschäft swapping, foreign exchange transaction, "forex" (US)
Tauschhändler barterer
Täuschung deception, fraud
Täuschung, arglistige wilful deceit
Täuschung, verabredete collusion
Tauschwert barter value, value in exchange
Taxator appraiser
taxieren to appraise, to assess, to evaluate
Taxierung appraisal, assessment, evaluation
Taxwert appraised value
Technische Abteilung engineering department
Teil part
Teilabrechnung installment accounting
Teilbetrieb division
Teilhaber partner
Teilhabervertrag partnership agreement
Teilkonzern sub-group
Teilkonzernabschluss partially consolidated financial statements
Teilkonzernbericht report on partially consolidated financial statements
Teilkostenrechnung direct costing
Teilleistung part-performance
Teilmontage subassembly
Teilwert reduced current value (after partial write-down)
Teilwert der Aktiva, ausgenommen immaterielle Werte tangible asset value
Teilwert, niedrigerer lower current value (after partial write-down)
Teilwertberichtigung special write-off
Teilzahlung part payment
Teilzahlungsbank installment credit institution
Teilzahlungsbedingungen installment terms
Teilzahlungsfinanzierungsgesellschaft installment sales finance company
Teilzahlungskauf installment purchase
Teilzahlungskredit installment credit
Teilzahlungsverkauf installment sale
Tendenz trend
Tendenz, fallende downtrend
Tendenz, steigende uptrend
Termin deadline
Terminablage date file
Terminbörse futures exchange
Termindarlehen term loan
Termingeschäfte hedges
Terminkauf forward purchase, futures
Terminliste aging schedule
Terminpreis, an der Börse future price
Terminüberwachung expediting
Terminverkauf short sale
Terminzahlung term payment
thesaurieren to retain earnings
thesaurierter Gewinn retained earnings
Thesaurierung accumulation of capital by retention of earnings
Tilgung repayment, amortization

Tilgungsanleihe, serienweise serial bond
Tilgungsfond sinking fund
Tilgungsrücklage reserve for sinking fund
Tilgungszeitraum amortization period
Tochtergesellschaft, 100% wholly-owned subsidiary
Tochtergesellschaft, über 50% subsidiary
Tochtergesellschaft, unter 50% affiliate
Transitware merchandise in transit (typically: duty-free)
Transport und Versand traffic and shipping
Transportgesellschaft carrier, forwarder
Transportkosten transportation expenses, freight
Transportversicherung transport insurance
Trassant drawer
Trassat drawee
Tratte draft; commercial trade bill
Tresor vault, safe
Treu und Glauben in good faith
Treuhand trust
Treuhänder trustee
treuhänderisch fiduciary, in trust
Treuhandfond trust fund
Treuhandgesellschaft trust company
Treuhandvermögen trust property
Treuhandvertrag trust agreement
Typenräder type wheels
Typenstangen type bars

U

über pari at a premium, above par
überbewertet overvalued
Überbringer bearer
Übereignen to convey, to transfer title
Übereinkommen agreement
überfällig past due, overdue
Übergangskonto suspense account
Übergebot higher bid
Übergruppenkontrolle major control
überholen, eine Maschine to overhaul
überholen, eine Vereinbarung to supersede an agreement
Überkapazität excess capacity
Übernahme acquisition, take-over
Übernahme zum Buchwert transfer at book value
Überprüfung audit, check
Überschrift heading
Überschuldung over-indebtedness
Überschuss surplus, excess
Übersicht chart, listing, schedule
übersteigen to exceed
Überstunden overtime
Überstundenprämie overtime premium
Überstundenvergüutung overtime payment
Überstundenzuschlag overtime premium
übertragbar durch Indossament negotiable
überwachen to monitor, to guard
Überweisung remittance
Umbauten remodelling
Umbuchung transfer, adjusting journal entry
Umgruppierung reclassification
Umlage, von Kosten usw. allocation
Umlagekosten allocated costs
Umlaufvermögen current assets, revolving assets
umrechnen, von Währungen to convert; to translate
Umrechnung auf Jahresbasis annualization
Umrechnungstabelle conversion table
Umsatz sales, turnover
Umsatz, Bruttoumsatz gross sales
Umsatz, Handelswaren sales of merchandise
Umsatz, Nettoumsatz net sales
Umsatzausgleichsteuer turnover equalization tax
Umsatzboni turnover rebate
Umsatzerlöse sales
Umsatzkostenverfahren German form of income statement under which "cost of sales" is shown, rather than "total costs and expenses"
Umsatzschmälerungen sales deductions
Umsatzstatistik sales analysis
Umsatzsteuer turnover tax
Umsatzsteuervergütung turnover tax refund
umschulden to refinance
umsonst free-of-charge
Umstellungszeit set-up time
Umwandlung conversion
Umwandlungsbilanz balance sheet as of date of reorganization
Umweltschutz environmental protection
Umzugskosten moving expense
unbelastet free and clear
unbeschränkte Steuerpflicht unlimited tax liability
unbestimmte Zeit indefinite period
uneinbringliche Forderungen bad debts
Uneinbringlichkeit inability to collect
unerlaubte Handlung tort
Unfall accident
Unfallrente accident benefit
Unfallverhütung accident prevention
Unfallversicherung accident insurance
Unfallversicherung, gesetzliche workmen's compensation insurance
unfertige Erzeugnisse work-in-process
ungebucht unrecorded
ungebuchte Rechnung unvouchered invoice

ungesicherte Forderung unsecured receivable
ungültig void, invalid
unkontrollierbare Kosten noncontrollable costs
Unkosten (kosten) expenses
unkündbar irredeemable
Unregelmässigkeit irregularity
unrentabel unprofitable
unschuldig innocent, not guilty
unselbständig dependent
unter pari at a discount, below par
Unterbeschäftigung below-capacity utilization, under-employment
Unterbewertung undervaluation
unterbieten to underbid
Unterbilanz capital deficit
Unterbrechung, in der Produktion breakdown
Untergliederung breakdown, detail
Untergruppenkontrolle minor control
Unterhändler negotiator
Unterhalt maintenance, support
Unterhaltungskosten maintenance expenses, maintenance costs
Unterkonto subaccount
Unterlagen papers and documents, records
Unterlagen aufbewahren to store records
Unterlagen fälschen to falsify records
Unterlieferant subcontractor
Unternehmen enterprise, venture, company
Unternehmen, verbundene affiliated enterprises
Unternehmensberater management consultant
Unternehmensbereich division
Unternehmensbewertung valuation of an enterprise "as a whole"
Unternehmensforschung management science
Unternehmenswert value of the enterprise "as a whole"
Unterschlagung defalcation, embezzlement
Unterschlagungsversicherung fidelity bond, fidelity insurance
unterschreiben to sign
Unterschrift, faksimilierte facsimile signature
Unterstützung support, subsidy, welfare benefits
Unterstützungsaufwand employees' welfare expense
Unterstützungsfond, Unterstützungskasse employee welfare fund
untersuchen to examine, to check
Untersuchung investigation
Untersuchung, nach Schichten gegliedert stratified sampling
Untervermietung sublease
unterwegs befindliche Gelder cash in transit
unterwegs befindliche Ware merchandise in transit
unterzeichnet, gesiegelt und ausgehändigt signed, sealed and delivered
Unterzeichnung signature
unverkäuflich not salable, obsolete
unverzinslich noninterest bearing, interest free
unwesentlich immaterial, minor
unwiderruflicher Kredit irrevocable credit
Urheberrecht copyright
Urkunde document, deed
Urlaub vacation
Urlaub, bezahlter paid vacation
Urlaubsgeld vacation allowance
Urlaubsgeldrückstellung accrual for vacation pay
Urteil judgment
Urteil aufheben to reverse a decision
Urteil der Geschworenen verdict
Urteil des Gerichts decision, sentence
Urteil fällen to render judgment
Urteil, Grundsatzurteil landmark decision
Urteil, vorläufiges interlocutory decree
Urteilsbegründung reasons for decision

V

Valuta value
Valutadatum value date
valutieren to value
Veralterung obsolescence
veraltet obsolete
Veränderung gegenüber dem Vorjahr change as compared to prior year
Veranlagung, Steuerveranlagung assessment
Veranlagungszeitraum taxable period
Verantwortlichkeit accountability
Verantwortungsbereich area of responsibility
Verarbeitungskosten manufacturing cost, processing cost
Veräusserungsgewinn gain from sale
Veräusserungsverlust loss from sale
Verbesserung an Miet- oder Pachtgegenständen leasehold improvement
Verbindlichkeiten liabilities, payables
Verbindlichkeiten aus der Annahme gezogener und der Ausstellung eigener Wechsel contingent liabilities from bills of exchange drawn or accepted
Verbindlichkeiten aus erklärter Dividende dividends payable
Verbindlichkeiten aus Warenlieferungen und Leistungen trade accounts payable
Verbindlichkeit, dinglich gesicherte liability secured by charge on property
Verbindlichkeiten eingehen to incur liabilities
Verbindlichkeiten, Eventualverbindlichkeiten contingent liabilities
Verbindlichkeiten gegenüber Kreditinstituten bank loans, amounts due to banks
Verbindlichkeiten gegenüber verbundenen Unternehmen amounts due to affiliated companies
Verbindlichkeit, kurzfristige short-term liability
Verbindlichkeiten, kurzfristiger Anteil von langfristigen current maturity of long-term debt
Verbindlichkeiten, langfristige long-term liabilities, long-term debt
Verbindlichkeiten, mittel- und langfristige medium and long-term liabilities
Verbindlichkeiten, sonstige other accounts payable
Verbindlichkeiten, unverbuchte unrecorded liabilities
Verbrauch consumption
Verbraucher consumer
Verbrauchsteuer excise tax
Verbuchung posting of an entry
Verbuchung auf einem Konto entry
verbundene Unternehmen affiliated enterprises
Verbundkarte dual card
verdeckte Gewinnausschüttung hidden distribution of profits
Verdienstspanne profit margin
Verein association
Verein, eingetragener registered association
Vereinbarung agreement
Vereinbarung, vertragliche contract
vererben, bewegliche Sachen to bequeath
vererben, unbewegliche Sachen to devise
Verfahren method, procedure
Verfahren, gerichtliches proceeding
Verfall, durch Zeit expiration
Verfall, von Rechten forfeiture, lapse
Verfallbuch date file
Verfalldatum due date, maturity date, expiration date
Verfalliste aging schedule
verfügbar available, disposable
Verfügung, einstweilige temporary restraining order
Verfügungsgewalt jurisdiction, right of disposal
Vergleich, gerichtlicher accord
Vergleich (mit Gläubigern) composition, proceedings
vergleichen mit to compare with, to check against

Vergleichsübersicht comparative presentation
Vergleichsverfahren composition proceedings
Vergleichsverwalter administrator in receivership cases, receiver
Vergütung allowance, compensation
Verhältniszahl ratio
verjähren to expire under statute of limitations, to lapse
Verjährungsfrist statutory limitation period
Verkauf sale
Verkauf auf Probe sale on approval
Verkauf auf Ziel sale on credit
Verkauf durch Versteigerung public auction
Verkauf in Mengen bulk sale
Verkauf mit Preisnachlass bargain sale
Verkauf ohne Deckung short sale
Verkauf unter Eigentumsvorbehalt conditional sale
Verkäufer salesman, vendor
verkäuflich salable
Verkaufsauftrag sales order
Verkaufsbedingungen terms of sale
Verkaufsbuch sales book
Verkaufsbüro sales office
Verkaufsförderung sales promotion
Verkaufsjournal sales register
Verkaufskosten selling expenses
Verkaufsleiter sales manager
Verkaufsniederlassung sales branch
Verkaufsoption "put", option to sell
Verkaufsrabatt sales allowance, sales rebate
Verkaufsrechnung sales invoice
Verkaufsstelle sales outlet
Verkaufswert selling value
Verlängerung extension
Verlängerungskredit (von vornherein vereinbart) rollover credit
Verletzung, von Rechten infringement
Verlust loss
Verlust, auf die Vorjahre bezogen loss relating to prior years, prior years' charge
Verlust, auf konzernfremde Gesellschafter entfallende losses attributable to minority interest
Verlust bei Veräusserung von Anlagevermögen capital loss
Verlust eines Rechtes forfeiture of a right
Verlustausgleich loss absorption, loss compensation
Verlustausweis showing a deficit
Verlustdeckung loss absorption
Verlustrücktrag, steuerlich tax loss carry-back
Verlustübernahme loss absorption
Verlustvortrag, in der Bilanz deficit carried forward
Verlustvortrag, steuerlich tax loss carry-forward
Verlustzuweisung loss allocation
vermachen, von Grundstücken to devise
vermachen, von Sachen to bequeath
vermieten to lease, to let, to rent
Vermieter landlord, lessor
Vermietung letting, leasing
Verminderung decrease
Vermittlung referral
Vermittlungsgeschäft brokerage
Vermögen net assets
Vermögen, Betriebs- assets used in the business
Vermögen, betrieblich nicht genutztes idle assets
Vermögen, bewegliches movable property
Vermögen, immaterielles intangible assets
Vermögen, materielles tangible assets
Vermögen, Nachlassvermögen estate
Vermögen, Privat- personal assets
Vermögensabgabe property levy
Vermögensbildung, b.d. Arbeitnehmern workers' asset accumulation (D)
Vermögensbildungsgesetz law to promote accumulation of capital by employees (D)
Vermögensgegenstände assets
Vermögenslage financial position
Vermögensteile assets
Vermögensverwalter custodian, trustee
Vermögenswerte assets
Vermögenswerte, liquide liquid assets

Vermögenswerte, unbelastete free assets
vermögenswirksame Leistungen tax free compensation to be used for accumulation of capital (D)
Veröffentlichung publication
Verordnung regulation
verpachten to lease
Verpackungsmaterial packaging material
verpfänden to pledge
verpfänden, dinglich to mortgage
Verpfändung und Abtretung von Forderungen pledging and assigning of accounts receivable
Verpflichtung commitment, obligation
Verpflichtungen, Kauf- purchase commitments
verrechnete Gemeinkosten absorbed overhead expense
Verrechnung charging to an account
Verechnungskonto clearing account
Verrechnungspreis intercompany price, transfer price
Versammlung meeting
Versammlung, beschlussfähige quorum
Versand shipment
Versandabteilung shipping department
Versandauftrag shipping order
Versandhaus mail order business
Versandkosten shipping expenses, freight
Versandschein shipping ticket
Verschleiss wear and tear
Verschmelzung merger, consolidation
Verschrottung scrapping
Verschrottung eines Anlagegutes abandonment of a fixed asset
Verschuldung indebtedness
Versicherer insurer
Versicherung insurance
Versicherung auf den Todesfall term insurance
Versicherung auf den Überlebensfall straight-life insurance
Versicherung, Betriebsunterbrechungs- business interruption insurance
Versicherung, Einbruchs- burglary insurance
Versicherung, Haftpflicht- liability insurance
Versicherung, Kranken- medical insurance
Versicherung mit Selbstbeteiligung co-insurance
Versicherung, Pensions- old age insurance
Versicherung, Unfall- accident insurance
Versicherung, Unterschlagungs- employee fidelity insurance, fidelity bond
Versicherungsanspruch insurance claim
Versicherungsbeiträge, vorausbezahlte prepaid insurance premiums
Versicherungsdeckung insurance coverage
Versicherungsnehmer insured
Versicherungspolice insurance policy
Versicherungsschutz insurance coverage
Versicherungswert face value of policy
Versorgungsanlage service equipment
Versorgungsbetrieb, öffentlicher public utility
versteuern to pay taxes on
versteuert tax-paid
Verteilung von Kosten cost distribution, cost allocation
Verteilungsbogen spread sheet
Vertrag agreement, contract
Vertrag auf Selbstkostenbasis plus Gewinn cost-plus contract
Vertrag, Lohnvertrag processing agreement, tolling agreement
Vertrag, mündlicher oral agreement
Vertrag, Werkvertrag contract for material and labor
Vertragshaftung contractual liability
Vertragslieferant contractor
Vertragspflicht contractual obligation
Vertragsrechte contractual rights
Vertragstrafe penalty
Vertragsurkunde document, deed
vertraulich confidential

Vertreter representative, agent
Vertrieb distribution, marketing
Vertriebsförderung sales promotion
Vertriebskosten selling expense
Vertriebslager sales stock
Vertriebstechnik marketing
Vertriebsweg distribution method
Verwahrer depositary
Verwaltung administration
Verwaltungsdirektor administrative manager
Verwaltungskosten administrative expense
Verwaltungsrat board of directors
Verzahnung interface
Verzeichnis table of contents, index
verzichten, auf einen Anspruch to waive a claim
verzinslich interest bearing
Verzinsung yield
verzollen to pay duty on
Verzug delay
Verzug, Lieferungsverzug late delivery
Verzug, Nichtzahlung einer Verbindlichkeit default
Verzugsstrafe penalty
Verzugstage, gewährte grace period granted
Verzugszinsen default interest
Vollkostenrechnung actual cost system
Vollmacht power of attorney
Vollständigkeitserklärung general representation letter
Vollstreckung execution
Vorab (gewinn) "off-the-top" (share in income)
Voranschlag estimate
Vorarbeiter foreman
Vorauszahlung advance payment, payment on account
Vorfinanzierung prefinancing, interim financing
Vorkalkulation cost estimate
Vorkaufsrecht option right
Vorkaufsrecht, Bezugsrecht auf Aktien preemptive right
Vorkontierung preliminary account distribution
Vorlage presentation
Vorprüfung preliminary audit
Vorräte inventories
Vorratsvermögen inventories
Vorschau forecast
Vorschaurechnung budget
Vorschubeinrichtung, automatische automatic carriage
Vorschubkontrolleinrichtung carriage control
Vorschuss advance
Vorschuss, Lohnvorschuss advance on payroll
Vorsichtsprinzip principle of conservative accounting
Vorstand officers, executives
Vorstandsbezüge officers' renumeration
Vorstandsmitglied officer
Vorstandsvorsitzender President, Chief Executive Officer
Vortrag, auf dem Konto carry-forward
Vorzeiger bearer
Vorzugsaktien preferred stock
Vorzugsaktien, kumulative cumulative preferred stock
Vorzugsdividende preferred dividend

W

Waggonfracht carload freight
Währung currency
Währungsgebiet currency area
Wandelschuldverschreibung convertible bond
Wandlung (von Wertpapieren) conversion (of securities)
Ware, retournierte returns
Ware, unterwegs befindliche merchandise in transit, goods in transit
Waren goods
Waren, bezogene purchased merchandise
Waren, Handels- merchandise
Warenausgang shipment, delivery; shipping department
Warenbeschaffung purchasing
Warenbestände trading stock
Warenbestellbuch purchase record
Warenbörse commodity exchange
Wareneingang receiving
Wareneinsatz cost of goods sold, cost of sales
Warenempfänger recipient, customer
Warenkredit trade credit on goods
Warenlager warehouse, stockroom
Warenprobe sample
Warenumschlag turnover
Warenverkaufskonto sales account
Warenvorräte inventories
Warenwechsel trade draft
Warenzeichen, eingetragenes registered trade mark
Wartung maintenance
Wasser, Strom, Gas, usw. utilities
Wechsel note, bill of exchange
Wechsel, diskontfähiger bill of exchange discountable
Wechsel, diskontierter discounted note
Wechsel, Domizilwechsel addressed note
Wechsel, eigener promissory note
Wechsel, einen Wechsel ausstellen to issue a note
Wechsel, einen Wechsel zu Protest gehen lassen to protest a note
Wechsel, fälliger matured note
Wechsel, Finanzwechsel financing note
Wechsel, gezogener draft
Wechsel, Handelswechsel trade note
Wechsel, nach-Sichtwechsel note payable after sight
Wechsel, nicht eingelöster unpaid note
Wechsel, notleidender dishonoured bill
Wechsel, prolongierter renewed bill, rollover note
Wechsel, Schatzwechsel treasury bill
Wechsel, Schuldwechsel promissory note
Wechsel, Sichtwechsel sight note
Wechsel, Solawechsel "A bill of exchange on which the same person appears as drawer, drawee (and even payee)", promissory note, name paper (US)
Wechsel, Warenwechsel trade note
Wechselbuch note register
Wechselbürgschaft guarantee for a bill of exchange
Wechseldiskont discount on notes, bill discount
Wechseldiskontierung note discounting, discounting of bills
Wechselforderungen notes receivable
Wechselgesetz negotiable instruments act
Wechselkredit acceptance credit
Wechselobligo acceptance liability, contingent liabilities from bills of exchange, discounted
Wechselprotest protest of note
Wechselreiterei cross-acceptance
Wechselrembours documentary acceptance credit
Wechselsteuer tax on promissory notes
Wechselverbindlichkeiten notes payable
Weihnachtsfreibetrag Christmas exemption
Weihnachtsgratifikation Christmas bonus
Werbekosten advertising expenses

Werbung advertising
Werbung, Standard-Werbetarif standard media rate
Werbungskosten (im Steuerrecht) expenses relating to self-employment (German tax law)
Werk plant
Werkplan plant layout
Werkstatt machine shop
Werkvertrag contract for material and labor
Werkzeuge, als Maschinenteil dies
Werkzeuge, Hand- tools
Werkzeugkosten tooling expense
Wert value
Wert, Buchwert net book value, carrying value
Wert, Einheitswert assessed value
Wert, innerer intrinsic value
Wert, Marktwert market value
Wert, Teilwert reduced current value (after partial write-down), "fractional value"
Wert, Unternehmenswert share value, value of the enterprise "as a whole"
Wertänderung, als Neubewertung revaluation
Wertberichtigung valuation reserve
Wertberichtigung auf Bodenschätze accumulated depletion
Wertberichtigung auf das Anlagevermögen accumulated depreciation, reserve for depreciation
Wertberichtigung auf den Wertpapierbestand allowance for loss in the value of securities
Wertberichtigung auf Forderungen allowance for doubtful accounts
Wertberichtigung auf immaterielle Vermögenswerte accumulated amortization
Wertbestimmung valuation
Wertminderung decline in value
Wertpapiere securities, stocks and bonds
Wertpapiere, börsengängige marketable securities
Wertpapiere, des Anlagevermögens long-term investments
Wertpapiere des Umlaufvermögens short-term security investments
Wertpapiere, festverzinsliche fixed interest securities
Wertpapiere, Simultankauf und -verkauf von Wertpapieren wash sale
Wertpapiere, unverzinsliche non interest bearing securities
Wertpapieremission, eine Wertpapieremission garantieren to underwrite an issue
Wertpapiermakler stock broker
Wertsteigerung increase in value
Wertverlust loss of value
Wertzoll ad valorem duty
Wertzuwachs appreciation
wesentlich major, material
Wettbewerbsklausel competition clause
Wettbewerbsverbot non-competition clause
Widerklage countersuit
widerlegbar refutable
widerrechtliche Handlung tort, illegal act
Widerruf revocation
Widerspruch einlegen to appeal
Wiederanlage reinvestment
Wiederanlaufpunkt rerun point
Wiederbeschaffung replacement
Wiederbeschaffungskosten current replacement cost
Wiederbeschaffungspreis market price
Wiederbeschaffungswert replacement value
Wiederbeschaffungswert, eines gebrauchten Gutes depreciated replacement cost
Wiederherstellungskosten reproduction cost
Wiederverkaufspreis retail price
Wirksamkeit effectiveness, efficiency
Wirkungsgrad, Nutzeffekt efficiency
Wirtschaft economy
wirtschaftlich cost-effective, economical
wirtschaftliche Betrachtungsweise business point of view
wirtschaftliche Gründe good business reasons
Wirtschaftsgut asset

Wirtschaftsgut, kurzfristig abnutzbares low-life asset
Wirtschaftsgüter, geringwertige low value items
Wirtschaftsgüter, immaterielle intangible assets
Wirtschaftsjahr fiscal year, business year
Wirtschaftsminister economics minister, Chancellor of the Exchequer (GB)
Wirtschaftsprüfer German certified public accountant
Wirtschaftsprüfung public accounting, auditing
Wirtschaftsprüfungsgebühr audit fee
Wirtschaftszeitraum fiscal period
Wissen, nach bestem Wissen und Gewissen to the best of knowledge and belief
Wochenlohn weekly wage
Wohltätigkeit charity
Wohnbauten dwellings
Wohnort, Wohnsitz residence, domicile
Wohnungsbau housing construction
Wucher usury

Z

Zahl figure, digit
zahlbar payable, due
zahlbar bei Auftragserteilung cash with order
zahlbar bei Lieferung cash on delivery
zahlbar bei Sicht payable at sight
Zählblatt, für Bestandsaufnahmen count sheet
Zahlenverdrehung transposition
Zähler counter
Zählerausgang für Posten counter list exit
Zählereingang counter entry
Zählerkapazität counter capacity
Zählerstelle counter position
Zahlstelle place of payment
Zahltag payday
Zahlung payment
Zählung count
Zahlungen, Folgezahlungen subsequent payments
Zahlung nach Aufforderung payment on demand
Zahlung, rückständige payment in arrears
Zahlung, statt in lieu of payment
Zählung, stichprobenweise test count
Zählung von Wertpapieren security count
Zahlungsanweisung money order
Zahlungsaufforderung demand for payment
Zahlungsaufschub payment extension
Zahlungsausgang payments made
Zahlungsbedingungen payment terms
Zahlungsbefehl court order (for payment)
Zahlungsbeleg disbursement voucher
Zahlungsbilanz balance of payments
Zahlungseingang payments received
Zahlungseingangsfrist, durchschnittliche average collection period
Zahlungseinstellung suspension of payments
Zahlungsempfänger payee
Zahlungsfähigkeit solvency, ability to pay
Zahlungsmittel, gesetzliches legal tender
Zahlungsmittel, umlaufende currency in circulation
Zahlungsrate collection rate
zahlungsunfähig insolvent, bankrupt
Zahlungsunfähigkeit insolvency
Zahlungsverkehr monetary transactions
Zahlungsweise payment record
Zahlungsziel terms of payment
Zehnerstelle tens position
Zeichen character
Zeichenlochung mark sensing
Zeichner (von Aktien) subscriber (of shares)
Zeichnung von Aktien share subscription
Zeichnungsberechtigung signature authorization
Zeichnungsschein subscription certificate
Zeilen lines
Zeilenbegrenzung overflow
Zeit-und Bewegungsstudien time and motion studies
Zeitabschnitt period
Zeitabschnitt, unbestimmter indefinite period
Zeitkontrolle time control
Zeitlohn time-rate wages
Zeitpunkt deadline
Zeitrente annuity certain
Zeittabelle time schedule
Zeitwert depreciated replacement cost
Zertifikat certificate
Zession assignment
Ziehkartei tub file
Zielkauf purchase on credit, credit purchase
Ziffer digit
Zins interest
Zinsen, auf Basis 365 Tage exact interest
Zins, kalkulatorischer imputed interest (used in cost accounting (D))

Zinsen, ohne Zinsen notiert quoted flat
Zinsen und ähnliche Aufwendungen interest and similar charges
Zinsen und ähnliche Erträge interest and similar income
Zinsabgrenzung accrued interest
Zinskosten interest expense
Zinsertrag interest income
Zinserträge, transitorische unearned interest
Zinseszins compound interest
Zinskonditionen terms of interest
Zinskupon interest coupon
Zinsrechnung calculation of interest
Zinssaldo interest balance
Zinssatz interest rate
Zinsschein coupon
Zinsspanne interest margin
Zinstabelle, für Obligationen bond yield table
Zivilrecht civil law
Zoll duty, customs duty
Zoll, verzollt duty-paid
Zoll, Wertzoll ad valorem duty
Zollager bonded warehouse
Zollamt customs office
Zollamt, Hauptzollamt district customs office
Zollerstattung duty refund
zollfrei duty free
Zollprüfung customs duty audit
Zollrechnung customs invoice
Zollsenkung tariff cut
Zolltarif tariff
Zollverschluss, unter in bond
Zonenrandgebiet border area
Zuführung zu
— Abschreibungen
— Rücklagen
— Wertberichtigungen
Provision for
— depreciation
— reserves
— valuation reserves
Zugang zum Sachanlagevermögen addition to fixed assets
zugunsten von in favor of
Zurechnung von Kosten cost allocation
Zurückbehaltungsrecht lien
zurückrechnen to add back
zurückverfolgen to trace back
zurückverweisen, auf ein Urteil to refer to a judgment
zurückweisen to reject
zurückzahlen to refund, to pay back
Zurückziehung withdrawal
Zusammenbau, als Teil der Fertigung assembly
Zusammenbruch einer Unternehmung bankruptcy
zusammengefasste Bilanz condensed balance sheet
zusammengefasste Erfolgsrechnung für mehrere Jahre earnings summary
zusammengesetzter Buchungssatz compound entry
Zusammensetzung eines Saldos make-up of the account balance
Zusammenstellung, statistische compilation
Zusatz appendix, addition
Zusatzeinrichtung accessories, special device
Zusatzgewinn extra profit
Zusatzklausel rider
Zusatzkosten imputed cost
Zusatzsteuer surtax
Zusatzvereinbarung amendment
Zusatzvergütung bonus
zusätzlich additional
Zuschlagskalkulation overhead percentage cost calculation
Zuschreibung write-up, appreciation
Zuschuss subsidy, contribution
Zuständigkeit competence
Zuteilung allocation
zu treuen Händen in trust, in escrow
Zuwachs increment
Zuweisung zu Rücklagen transfer to reserves; allocation of earned surplus
Zwang; unter Zwang force; under duress
Zwangsauflösung forced liquidation
Zwangsbeiträge compulsory dues
Zwangsenteignungsrecht eminent domain
Zwangskonkursverfahren involuntary bankruptcy proceedings
Zwangsmassnahme coercive measure
Zwangsvergleich compulsory settlement

Zwangsverkaufswert forced-sale value
Zwangsversteigerung foreclosure sale
Zwangsverwaltung receivership
Zwangsvollstreckung execution, foreclosure
zweckgebundene Bankguthaben earmarked cash
zweckgebundene Rücklage appropriated surplus
zweifach with copy, in duplicate
zweifelhafte Forderungen doubtful accounts
Zweigbüro branch office
Zweigniederlassung branch
zweijährlich biannual
zweimonatlich bimonthly
zweiwöchentlich biweekly
Zwischenabrechnung preliminary billing
Zwischenabschluss interim closing, interim statements
zwischenbetrieblich intercompany
zwischenbetriebliche Eliminierung intercompany elimination
zwischenbetriebliche Geschäftsvorgänge intercompany transactions
Zwischendividende interim dividend
Zwischengewinn intercompany profit
Zwischengewinneliminierung elimination of intercompany profit
Zwischenkontrolle intermediate control
Zwischenprüfung preliminary audit
Zwischenrechnung progress billing
Zwischenschein scrip
Zwischensumme subtotal
Zwischenurteil interlocutory decree
Zwischenzinsen interim interest
zyklische Bestandsaufnahme cycle inventory count
zyklische Konjunkturschwankungen cyclical fluctuations

Deutsch — Englische Fachausdrücke der Elektronischen Datenverarbeitung

German — English Glossary of Electronic Data Processing Terms

Abfrage inquiry
- Abfrage einer Information, ohne diese zu verändern.
- A request to obtain information without altering it.

Ablaufdiagramm logic diagram
- Ein Ablauf von Programminstruktionen, welche mehrfach verwendet werden können, abhängig von Bedingungen in den Daten.
- Synonymous with program flowchart.

Abstimmsummen balancing
- Abgleich von Informationen zweier Datenbestände auf Gleichheit bzw. der Akkumulierungsergebnisse von Kontrollfeldern eines Datenbestandes mit vorgegebenen Kontrollsummen; jede Abweichung weist auf einen Fehler hin.
- A test for equality between the values of two equivalent sets of items or one set of items and a control total. Any difference indicates an error.

Abstimmung reconciliation
- Abweichungsanalyse von Werten in zwei identischen Dateien.
- An identification and analysis of differences between the values contained in two substantially identical files or between a detail file and a control total.

Abstimmkonto clearing account
- Betragsfelder, welche als Ergebnis der Verarbeitung unabhängiger Vorgänge gleichen Wertes ermittelt werden. Der Saldo der Kontrollfelder sollte Null ergeben.
- An amount which results from the processing of independent items of equivalent value. Net control value should equal zero.

Adresse (Speicheradresse) address
- Code zur Kennzeichnung eines Speicherplatzes oder eines zusammenhängenden Speicherbereiches innerhalb des Speichermediums.
- The code used to designate a specific piece of data within the computer storage media.

Aggregat einer EDV -Anlage, Off-Line off-line equipment
- Anlage, Geräte, Dateien, welche nicht mit dem Computer direkt verbunden sind.
- Equipment, devices, or files not electronically connected to a computer.

Aggregat einer EDV -Anlage, On-Line on-line equipment
- Anlagen, Geräte und Dateien, die direkt mit dem Computer verbunden sind.
- Equipment, devices, or files that are electronically connected to the computer for access purposes.

Akkumulator accumulator

ALGOL ALGOL
- Algoritmische Sprache; siehe Programmiersprache.
- Algorithmical Language. See Programming Language.

Alphabet-Lochschriftübersetzer alphabetical interpreter

Alphabetlochprüfer alphabetical verifier

alphanumerisch alphanumeric
- Daten bestehend aus Buchstaben, Zahlen oder Sonderzeichen.
- The character sets composed of letters, digits, or special characters.

Altersgliederung aging
- Zuordnung der Einselsätze eines Datenbestandes in unterschiedliche Altersgruppen; z.B. anhand des Rechnungsdatums offener Forderungen.
- Identification of unprocessed or retained items in files according to

their date, usually the transaction date. The aging classifies items according to various ranges of dates.

Analogrechner analog computer

- Anlage, welche unter Zuhilfenahme von nicht diskreten Darstellungen, wie z.B. Schwankungen in der Stromstärke, Berechnungen durchführt.
- A device which performs computational functions by using a nondiscrete representation such as variations in voltage.

Anlagenkontrolle equipment check

- Eingebaute Kontrolle der Funktionsfähigkeit der Anlage.
- A control built in by the computer manufacturer to verify the accuracy of data transmitted, processed, or stored.

Anpassungselement adaptor

Anzeige der letzten Karte last card indication

Arbeitsspeicher work storage

Assembler assembler

- Ein Übersetzer, der symbolische Ursprungsanweisungen in maschinell verarbeitbare Befehle umwandelt (assembliert). Normalerweise wird für jede Ursprungsanweisung ein Maschinenbefehl erstellt.
- A computer program that accepts instructions in a symbolic code and produces machine language instructions. Generally, one machine instruction is produced for each symbolic instruction.

auffüllen padding

- Das Auffüllen eines Datenblocks mit frei gewählten Zeichen.
- The completion of a block of data with meaningless characters.

Aufsummierung summarization

- Aufsummierung von Daten mit gleichem Schlüsselbegriff.
- To accumulate detail items having the same "key".

Ausgabe-Einheit output unit

Ausnahmeeingabe exception input

- Eingabe, welche festgelegte Verarbeitungsfolge oder Verarbeitung verändert.
- Input transactions which specify processing with different values or in a different manner than the predefined routine.

Aussenrücklauf feed control unit

automatische Eingabe, Vorschubvorrichtung feeding device

automatische Programmierung automatic programming

Bandantrieb tape drive

Bedieneranweisung run manual

- Beschreibung von einem oder mehreren Verarbeitungsprogrammen für den Bediener.
- A description of one or more computer programs within an operating system, for use by the operator.

Bedienungspult console

Befehlscode instruction code

Befehlszählregister control counter

Belegkennzeichnung endorsement

- Kennzeichnung eines Beleges, um künftige Verarbeitung oder Nicht-Verarbeitung zu veranlassen.
- The marking of a form or document so as to direct or to restrict its further use in processing.

Belegsumme document control total

- Zählung eingegebener oder verarbeiteter Belege.
- A count of the number of individual documents entered or processed.

Berechnung calculation

- Durchführung der zur Ermittlung eines Rechenergebnisses erforderlichen mathematischen Operationen.
- The performance of various mathematical operations yielding a numeric result.

Berichts-Datei report file

- Datei zum Drucken von Berichten.
- A file containing records that may be directly printed to constitute a report.

Bestandsband master tape

Betriebssystem operating system

- Eine komplexe Computerprogrammreihe, die normalerweise vom Hersteller des Systems für die Durchführung
- entweder von einigen oder sämtlichen der folgenden Funktionen geliefert wird:

—Zeitliche Planung, Laden und Beginn des Programmes sowie Kontrolle seiner Verarbeitung.
—Anweisungen betreffs der Zuordnung peripherischer Einheiten und anderer Einrichtungen des Computers.
—Beginn und Kontrolle der Eingabe- und Ausgabeoperationen.
—Ermittlung und Korrektur gewisser Gruppen von fehlerhaften Funktionen in der Anlage und fehlerhafter Datenverarbeitung.
—Versorgung mit Kommunikationsmitteln zwischen dem Bediener und dem Computer.
—Herstellung eines Protokolls der Systemoperationen.
—Überwachung der Programmverzahnung, der Gleichzeitverarbeitung, oder des Time-sharing.
—Überwachung von Dienstprogrammen und Umsetzern der Programmiersprachen.

• A complex set of computer programs normally provided by the computer manufacturer to perform some or all of the following functions:
—Schedule, load, initiate, and supervise execution of programs.
—Allocate storage, peripheral units, and other facilities of the computer.
—Initiate and control input and output operations.
—Detect and correct certain classes of machine and data malfunctions.
—Provide a means for communications between the human operator and the computer hardware.
—Produce a log of system operations.
—Manage multiprogramming, multiprocessing, or time-sharing execution of programs.
—Manage utility programs and language translators.

Bewegungscode transaction code
• Ein Feld innerhalb eines Datensatzes, das die Art der Bewegung kennzeichnet.
• A field within a transaction record that designates the nature of the transaction.

Bewegungsdatei transaction file
• Datei mit Bewegungen
• A file containing transient information that will cause changes to a master file during a file maintenance or updating process.

Bibliotheksprozedur library routine
• Eine Zusammenstellung von standardisierten Programminstruktionen, die on-line gespeichert werden, und von anderen Programmen aufgerufen und verarbeitet werden können.
• A standard set of program instructions maintained in on-line storage that may be called in and processed by other programs.

Bildschirm cathode-ray tube (CRT)
• Ein Gerät zur optischen Darstellung von Daten (wie ein Fernsehschirm).
• A device similar to a television screen upon which data can be displayed.

Binär binary
• Ein auf der Bezugsbasis '2' aufbauendes Nummernsystem. Der Dezimalzahl 39 entspricht 100111.
• A number system with a base (radix) of two. The decimal number 39 would be represented as 100111.

Binär codiertes Dezimalsystem (BCD) binary-coded decimal system (BCD)
• Methode der Darstellung einer Dezimalzahl durch Verschlüsselung jeder Ziffer durch einen vierstelligen Binärcode, z.B. die Dezimalzahl 39 wurde binär als 0011 1001 dargestellt; in reinem Binär würde 39 als 100111 dargestellt.
• A method of representing the decimal digits by a four-digit binary code. For example, the decimal number 39 would be represented as 0011 1001 in BCD, but would be 100111 in pure binary.

Bit bit
• Status eines elektromagnetischen Speichers zur Darstellung der binär möglichen Zustände 0 oder 1 bzw. an oder aus.
• An on- or off state in storage representing a binary digit of 0 or 1.

Block block
• Ist eine Gruppe von Daten, die

zwischen den verschiedenen Komponenten des Computersystems bewegt werden. Ein Block kann einen oder mehrere Datensätze enthalten.
- A set of data transferred as a unit between components of a computer system. A block may include one or more records.

Blockungsfaktor blocking factor
- Anzahl der Datensätze, die in einem einzelnen Block zusammengefasst werden.
- The number of records incorporated into a single block.

Blockzwischenraum interblock gap
- Raum zwischen zwei Blöcken auf einer Banddatei. Jeder Blockzwischenraum hat eine definierte Länge, damit der Bandantrieb für Start/Stop Vorgänge ausreichende Zeiten zur Verfügung hat.
- The space on a magnetic tape between the end of one block and the beginning of another. Each gap will be of a defined length according to the tape drive so as to permit the mechanism to stop, start, and regain appropriate speed for processing.

Branch branch
- Instruktion aus der Computersprache, die den Computer dazu veranlasst, einen Prozess durchzuführen, der nicht in der logischen Folge des Programms liegt (also: "Abzweigung").
- A computer-language instruction that may cause the computer to next process an instruction other than that which is immediately following (i.e.: "branching").

Byte byte
- Ein Byte besteht aus 8 Bits, die dazu benutzt werden, ein alphanumerisches Zeichen oder zwei Dezimalziffern darzustellen.
- A set of eight adjacent bits that can be used to represent one alphanumeric character or two decimal digits.

Cobol cobol
- Abkürzung für Common Business-Oriented Language. COBOL zählt zu den höheren Quellenumwandlungsprogrammen, die für die Lösung wirtschaftlicher Aufgaben entwickelt wurden. Jedes COBOL — Quellenprogramm hat vier Segmente: Idenfikation, Environment, Data, Procedures. Die Instruktionen ähneln der englischen Sprache.
- Acronym for Common Business-Oriented Language. A high-level computer-source compiler language developed for common business functions. Every COBOL-source program has four segments: identification, environment, data, procedures. The procedure statements resemble English.

Codierung coding
- Instruktionen, die den Computer veranlassen, eine bestimmte Verarbeitung durchzuführen.
- Aufzeichnung von Werten oder Zeichen, deren Bedeutung nicht unmittelbar verständlich ist.
- Successive instructions which direct the computer to perform a particular process.
- The recording of values or characters having meanings which are not readily apparent.

Controller controller
- Eine Einheit des Computers, die für Kommunikation und Kontrollzwecke der Bediener oder Wartungsingenieure benötigt wird.
- A component of the computer used for communication and control by the operator or maintenance engineers.

CPU CPU
- Abkürzung des englischen Begriffes für Zentraleinheit.
- Abbreviation for a Central Processing Unit.

Datei file
- Eine Zusammenstellung von in Beziehung zueinander stehenden Daten.
- A set of related data records.

Dateiverwaltung file maintenance
- Zugang/Änderung/Löschung von Daten auf der Datei.
- Changing information in a file through addition, deletion, or replacement.

Daten eingeben to feed data into; to input

Datenausgabe output; data output

Datenbank data base
- Eine integrierte Datei, auf deren Daten nach unterschiedlichen Kriterien zugegriffen werden kann.
- An integrated file containing multiple record types or segments that may be accessed in a nonsequential manner.

Datenerfassung recording
- Erfassung von Daten auf Datenträgern.
- The creation of a record on some medium.

Datenfeld field
- Ein Element innerhalb eines Datensatzes; z.B. Name, Konto, Kontonummer, Wert.
- An element of data within a record that constitutes an item of information. Example: name, account, number, amount.

Datenfernübertragung tele-communication
- Übertragung von Daten über eine längere Distanz.
- Long distance data tele-transcription.

Datenfernverarbeitung teleprocessing

Datensatz record
- Gruppe von Datenfeldern
- Group of data fields; data record

Datensicherheit source custody
- Wichtige Informationen werden so sicher verwahrt wie Teile des Umlaufvermögens, usw.
- Information assets are provided security similar to tangible assets such as cash, negotiable securities, etc.

Datenspeicher data storage
- Speicherung von Daten für Abrufzwecke.
- Storage of transactions or records so that they may be retrieved upon request.

Datenträger recording medium
- Speichermedium für Daten
- A medium such as a tape reel, disc pack, etc.

Datenübermittler common carrier
- In der Datenverarbeitung sind Datenübermittler (Common Carrier) Gesellschaften, die Fernsprechleitungen für Datenübertragungen vermieten.
- In data processing, a company which rents or leases transmission lines for communication purposes such as Western Union or AT&T.

Datenübertragung transcription
- Datenübertragung von einem Datenträger auf einen anderen.
- Copying recorded information from one medium to another.

Datenverarbeitung data processing

Datum, Verfalldatum expiration
- Vergleich des Verarbeitungsdatums (Maschinendatum) mit Datum der Eingabe.
- A limit check based on a comparison of current date with the date recorded on a transaction, record, or file.

Datumsspeicherung dating
- Speicherung von Kalenderdaten für spätere Vergleichszwecke.
- The recording of calendar dates for purposes of later comparison or expiration testing.

Dienstprogramm utility program
- Standardprogramm für Verarbeitungen wie Sortieren, Mischen, Übertragung oder Drucken.
- A standard routine that performs a process required frequently such as sorting, merging, data transcription, printing, etc.

digitale Rechenanlage digital computer
- Eine Anlage zur Verarbeitung von diskreten Werten; steht im Gegensatz zu Analog-Computer.
- A device that may be used to manipulate data expressed as discrete values. Contrast with analog computer.

Direktzugriff random access
- Speicherungsverfahren, das den direkten Zugriff auf einen vorgegebenen Datensatz einer Datei erlaubt, ohne das nicht benötigte Sätze vorher gelesen werden müssen.
- A manner of storing records in a file so that an individual record may be accessed without reading other records.

Dokumentation documentation

Dokumentation von Vorgängen zwecks Kommunikation.
- Written records for the purpose of providing communication.

Druckaufbereitung editing
- Aufbereitung des Druckbildes
- Modification of the form or format of data for output/printing purposes

Drucker printer

Drucker, bandgesteuerter tape-operated printer

Druckgeschwindigkeit list speed

Durchsatz throughput
- In einer bestimmten Zeiteinheit erbrachte effektive Verarbeitungsleistung eines Computers.
- Useful work performed by a computer system during a period of time.

EBCDIC EBCDIC
- Abkürzung für extended binary-coded decimal interchange code. Ist ein 8-bit code zur Darstellung von 256 Zeichen und Ziffern.
- Abbreviation for extended binary-coded decimal interchange code. An 8-bit code used to represent up to 256 distinct characters and numerals.

Echo-Prüfung echo check
- Prüfung der Richtigkeit von Datenübertragungen durch Rückübertragung der Daten und Vergleich mit dem Original.
- A test of the accuracy of data transfer by retransmitting the data received to their source and comparing them to the original.

Echtzeitverarbeitung real time
- Computer-Verarbeitungsverfahren, dass innerhalb von Sekunden nach Erhalt einer Abfrage oder von Anweisungen die erwarteten Ergebnisse bereitzustellen ermöglicht.
- A computer system that will respond within a matter of seconds to an inquiry or a command.

Eingabe/Ausgabe (I/O) Input/Output (I/O)
- I/O ist eine Abkürzung für Input/Output (Eingabe/Ausgabe)
- Abbreviation for input/output.

Eingabe, Automatische default option
- Automatische Eingabe von vorher definierten Werten, wenn leere (blank) Eingabefelder vorhanden sind.
- The automatic utilization of a predefined value in situations where input transactions have certain values left blank.

Eingabe-/Ausgabe-prüfung edit
- Prüfung der Eingabe/Ausgabe auf Formalfehler.
- A general control term that includes format check, completeness check, check digits, reasonableness test, limit check, validity check, etc.

einmalige Erfassung simultaneous preparation
- Einmalige Erfassung von Bewegungen für alle künftigen Verarbeitungen. Erfassungsfehler werden minimiert.
- The one-time recording of a transaction for all further processing, using multiple copies, as appropriate, to prevent transcription errors.

Einzelpostenvorschub single item ejection

Elektronenrechner computer

Elektronische Datenverarbeitung (EDV) electronic data processing (EDP)

Elektronische Datenverarbeitungsanlagen electronic data processing machines

Emulator emulator
- Ein Maschinenteil, das das Betriebssystem eines Anlagentyps nachbildet, damit Programme, die nicht für dieses Betriebssystem geeignet sind, verarbeitet werden können.
- A hardware device that enables a computer to execute object language programs written for a different computer design/operating system.

Entscheidungstabelle decision table
- Eine tabellarische Auflistung aller vorkommenden Bedingungen und entsprechend vorzunehmende Aktivitäten. Damit ist es möglich, eine komplexe Logik einfach darzustellen.

Diese Methode kann an Stelle von Flussdiagrammen verwendet werden.
- A table listing all the conditions that may exist and the corresponding actions to be performed. It permits complex logic to be expressed in a concise format and may be used in lieu of flowcharts.

Entschlüsseln to decode

Falschlochungen errors in card punching

Fehler bug
- Fehler in der Programmlogik oder in der Elektronik eines Maschinenteils.
- An inadvertent mistake in the logic of a computer program or in the wiring of a circuit.

Fehlerbericht discrepancy report
- Auflistung von festgestellten Abweichungen in der Verarbeitung, die nachgeprüft werden müssen.
- A listing of items which have violated some detective control and require further investigation.

Fehlerkorrektur, Automatische automated error correction
- Automatische Fehlerkorrektur von Bewegungen oder Datensätzen, die in einer Kontrolle festgestellt wurden.
- Automatic error correction of transactions or records which violated a detective control.

Fehlerkorrektureingabe upstream resubmission
- Eingabe von Fehlerkorrekturen.
- The resubmission of corrected error transactions.

Fehlergrenze error limit

Fehlerprüfung error checking

Fehlerstatistik error-source statistics
- Zusammenstellung festgestellter Fehler nach ihrer Art und Herkunft.
- Accumulation of information on the type of error and origin.

Fehlersuche debug
- Fehlersuche in Computerprogrammen.
- To identify and to eliminate faults in computer program logic.

Fehlersuchprogramm diagnostic routine
- Ein Computerprogramm, welches dazu verwendet wird, Fehler innerhalb der Datenverarbeitungsanlagen festzustellen.
- A computer program designed to test and diagnose defects in computer machinery or violations of source program conventions.

Feld mit Vorzeichen signed field
- Ein numerisches Feld mit Vorzeichen.
- A numeric data field containing a designation of an algebraic sign.

Flussdiagramm flowchart
- Ein Diagramm zur Darstellung der logischen Struktur oder des Ablaufes der Verarbeitung mit Hilfe von Symbolen und Verbindungslinien.
- A diagram that presents through symbols and connecting lines either the logical structure of a computer program or the sequence of processes in a system.

Folgeadresse sequence link

Folgekarte trail card

Folgekontrolle sequence checking
- Kontrolle der Folge des alphanumerischen Schlüsselfeldes der zu verarbeitenden Daten.
- A verification of the alphanumeric sequence of the "key" field in items to be processed.

Folgekontrolleinheit sequence unit

Formatprüfung format check
- Formatprüfung der Eingabe (numerisch oder alphanumerisch).
- Determination that data are entered in the proper mode - numeric or alphanumeric - within designated fields of information.

Formulare, vorcodierte precoded forms
- Bestimmte Informationen werden auf dem Beleg vorcodiert, damit eine direkte Verarbeitung möglich ist. Dies geschieht um Eingabefehler von sich wiederholenden Daten zu vermeiden.
- Fixed elements of information are entered on forms in advance and sometimes in a format which permits direct machine processing so as to prevent errors in entry of repetitive data.

FORTRAN FORTRAN

- Abkürzung von FORmula TRANSlating system. FORTRAN ist eine höhere Programmiersprache, die hauptsächlich für mathematische Berechnungen verwendet wird.
- FORmula TRANSlating system. A high-level compiler-source language principally incorporating mathematical expressions.

Fortschreibung updating
- Zugang, Änderung oder Löschung von Informationen einer Datei auf Satz- und Feldebene.
- Changing information in a file through the addition or subtraction from a value in a field.

Genehmigung approval
- Freigabe eines erfassten Geschäftsvorganges zur Weiterverarbeitung.
- The acceptance of a transaction for processing after it is initiated.

Generator generator
- Ein Programm, das in einer bestimmten Programmiersprache abgefasste Programme oder Folgen von Anweisungen oder Daten erzeugt.
- A computer program designed to produce other programs. Based upon input parameters, a generator may apply decision criteria and produce a program suitable to the parameters.

Generieren generate
- Erstellung von Maschineninstruktionen ausgehend von Anwenderbeschreibungen.
- To produce machine language instructions from a set of user specifications.

Gleichzeitverarbeitung multiprocessing
- Gleichzeitige Problembearbeitung durch mehrere Rechenwerke oder Rechner.
- The simultaneous operation of more than one set of processing circuitry within a single computer.

Gleitkomma floating point

Grossraumspeicher mass memory, mass storage

Gruppenkontrolle automatic control

Gruppenunterbrechung control break

Gruppenwechsel group control change

Hauptspeicher general storage unit

Hauptspeicherschutz storage
- Programmierte Kontrolleinrichtung, die das unkontrollierte Schreiben oder Lesen von Informationen in bzw. aus dem Hauptspeicher verhindern soll.
- A provision by the software to protect against unauthorized reading or writing between portions of the general storage unit.

Initialisieren initialize
- Instruktion, welche verschiedene Register und Adressen am Anfang oder am Ende der Verarbeitung auf Null oder bestimmte Anfangswerte setzt.
- The instructions that set various registers and addresses to zero or a specific starting value at the beginning or end of a processing routine.

Karte, Loch- punch card

Kartendatei card file

Kartenablege, fach card stacker

Kartendoppler reproducer

Kartendoppler mit Zeichenmarkierungsabfühlung marksensing reproducer

Kartenleser card reader
- Ein Gerät, welches Lochkarten liest und die Daten zur Verarbeitung weitergibt.
- A device which recognizes data on punched cards and transmits them to a different device.

Kartenlocher/Stanzer card punch
- Ein Gerät welches Karten zur Datenaufnahme locht oder stanzt.
- A device which records data on a paper card in the form of a pattern of rectangular or round holes.

Kartenpaket, Kartensatz card deck

Kennwort password
- Datei- oder Verarbeitungsschutz durch einen Code, der nur authorisierten Personen bekannt ist.
- The authorization to allow access to data or to process by providing a signal or code known only to authorized individuals.

Kennzeichnung labeling
- Ist ein externes oder internes Identifikationsmerkmal von Stapeln, Dateien im Hinblick auf die Herkunft, Verarbeitung, Datum oder andere charakteristische Merkmale.
- The external or internal identification of transaction batches or files according to source application, date, or other identifying characteristics.

Kernspeicherausdruck dump
- Ausdruck des Kernspeichers, typisch zur Fehlersuche.
- A printed record of the contents of computer storage usually produced for diagnostic purposes.

Kommandoeinheit, Steuereinheit control unit

Kontrollbürstensatz control brushes

Kontrolle, Zweifachkontrolle Dual Access/Dual Control
- Zwei unabhängige gleichartige Handlungen oder Bedingungen, die Voraussetzung für die Freigabe zur Verarbeitung sind.
- Two independent, simultaneous actions or conditions required before processing is permitted.

Kontrollprogramm control program
- siehe Betriebssystem
- See 'operating system'

Kontrollpunkt check point
- Zeitpunkt der Verarbeitung, zu dem der Inhalt der Computerregister und des Hauptspeichers aufgezeichnet wird, um den Aufwand beim Wiederanlauf nach unplanmässigen Verarbeitungsabbrüchen zu minimieren.
- A point in time during processing when a record is made of the status of all the contents of the computer registers and main storage so as to minimize restart efforts should a failure subsequently occur.

Kontrollsachbearbeiter control clerk
- Sachbearbeiter, der Kontrollfunktionen innerhalb der Datenverarbeitung ausübt.
- An individual performing clerical duties associated with control over data processing operations.

Kontrollspalte control column

Kontrollsumme control total
- Summierungsergebnis bestimmter Felder gleichartiger Bewegungen z.B. Beträge oder Mengenangaben.
- Totals of homogeneous amounts for a group of transactions or records, usually dollars or quantities.

Kontrollsumme hash total
- Eine Kontrollsumme aus Zahlen ohne Wert z.B. Belegnummern.
- A meaningless total developed from the accumulated numerical amounts of non-monetary information.

Kontrollvorrichtung, Doppel- und Leerspalten double punch and blank column detection device

Kopfkarte heading card

Korrektur patch
- Die Möglichkeit, ein Computerprogramm direkt im Kernspeicher zu korrigieren.
- To correct or to modify a computer program by directly altering the object code.

laden to load

Lauf run
- Die Ausführung eines Programms.
- The execution of a single computer program.

Leerspaltensucher blank column detector

Leerzeichen, Leerstelle blank character

leitfähige Tinte electrographic ink

Leitkarte master card

Leitkartensatz master card deck

Linearplanung oder Linear planungsrechnung linear programming

Liste hard copy
- Vom Drucker eines Computers erstellte Berichte auf Endlos-Papierbahnen.
- Printed reports, listings, etc., produced by a computer on paper.

Lochbandvorschub feedtape carriage

lochen to punch

lochen und prüfen to punch and verify

locher key punch

Lochfeldsteuerung field selection

Lochkarte punched card

Lochkarte mit perforierten Abschnitten stub card

Lochkartenmagnetbandumwandler card-to-tape converter
Lochprüfer verifier
- Anlage zur Prüfung von Eingabedaten.
- A device used to check the accuracy of a data transcription operation.

Lochschriftübersetzer interpreter, transcriber
Lochstreifen punched paper tape, paper tape
Lohnarbeitsbetrieb für EDV Electronic data processing bureau
löschbarer Speicher erasable storage
Magnetbandeinheit tape unit
Magnetkern core
Magnetkernspeicher core memory, magnetic core storage
Magnetplattenspeicher magnetic disc storage
Magnetschreiblocher magnetic printing punch
Magnettrommelrechner magnetic drum computer
Makrobefehl Macroinstruction
- Eine Instruktion aus der Assemblersprache, welche mehrere vorher definierte Maschineninstruktionen generiert.
- An assembly-language instruction that generates several predetermined machine instructions.

Maschinenausfallzeit downtime
Maschinenbelastung machine load
Maschinengang machine cycle
maschinenlesbar machine-readable
Maschinenteile, Maschinenausrüstung hardware
- Maschinelle Ausrüstung der Rechenanlage, im Gegensatz zu den Programmen (= software).
- The machinery constituting a computer or peripheral devices, in contrast to programs (= software).

Mehrzeilenschreiber multiple line printing
mischen merge
- Sortierung und Zusammenführen von zwei Datenbeständen in einen physischen Datenbestand.
- To combine two files into one.

Mischen mit Aussteuern match-merge
Nachsatz trailer label
- Datensatz mit Kontrollsumme für den Vergleich von Werten bereits verarbeiteter Datensätze.
- A record providing a control total for comparison with accumulated counts or values of records processed.

Nullenunterdrückung zero suppression
Nullkontrolle zero balancing
Nullstellung, automatische clearing position
Objektprogramm object program
- Ein Computerprogramm das aus Instruktionen der Objektsprache zusammengestellt ist.
- A computer program composed of object language instructions.

Objektsprache object language
- Aus einer Quellensprache durch einen Compiler oder Assemblerprogramm erstellte Maschineninstruktion.
- Machine instructions produced from a compiler or assembler program that accepts source language.

OCR OCR
- Abkürzung für optical character recognition - eine mechanische Einrichtung, um graphische Zeichen lesbar zu machen.
- Abbreviation for optical character recognition. The mechanical facility to recognize graphic characters using devices sensitive to light.

Originaldokument source document
- Urbeleg
- a document from which data are originally acquired

Papiervorschub beim Drucker paperfeed
Paritätsprüfung parity check
Peripherie peripheral equipment
- Unter Peripherie versteht man alle Komponenten eines Computers, die nicht zur Zentraleinheit und zum Zentralspeicher gerechnet werden.
- The auxiliary storage units of a computer used for input and output of data. All components of a computer other than the central processing unit and core storage.

Plattendatei disk file
Plattenspeicher disk storage

Positionszähler line control count
- Anzahl Positionen auf Eingabebelege.
- A count of the individual line items on one or more documents.

Posten, durchlaufende suspense account
- Kontrollsumme für Daten, welche weiter verarbeitet werden.
- A control total for items awaiting further processing.

Postendatei, durchlaufende suspense file
- Datei mit Daten, welche weiter verarbeitet werden.
- A file containing unprocessed or partially processed items awaiting further action.

Programm, Herstellung eines kodierten Programms to code a program

Programmablauf routine
- Eine Gruppe von Instruktionen, die eine bestimmte Verarbeitung steuert. Ein Computerprogramm kann aus einem oder mehreren Programmabläufen bestehen.
- A set of computer instructions that will cause the performance of a particular process. A computer program may consist of one or more routines.

Programm-Ablaufdiagramm program flowchart
- Eine Darstellung der Verarbeitungsschritte oder Logik eines Computerprogramms.
- A flowchart that diagrams the processing steps or logic of a computer program.

Programmberichtigung program correction

Programmieren to program

Programmierer programmer
- Eine Person, die Computerprogramme in Quellensprache codiert.
- An individual who codes computer programs in a source language.

Programmiersprache programming language
- Eine Quellensprache für die Beschreibung von Instruktionen, die in Maschineninstruktionen übersetzt werden können.
- A source language used to define operations that can be translated by software into machine instructions.

Programmschleife loop

Programmunterbrechung interrupt

Programmverzahnung multiprogramming
- Die Verarbeitung von zwei oder mehreren Verarbeitungsprogrammen durch wechselweise Ausführung von individuellen Instruktionen.
- The processing of two or more application programs by interleaving the execution of individual instructions.

Protokoll log
- Protokoll aller Bewegungen, Verarbeitungsinstruktionen, usw. in der Reihenfolge ihres Eintreffens.
- A record on paper or machine-readable media of all transactions, operating instructions, etc., sequenced in the order they occurred.

Prüfbit check bit
- Eine binäre Prüfziffer
- a binary check digit

prüfen to verify
- Prüfen von Daten auf Richtigkeit.
- The act of determining whether data are accurate.

Prüflochung keystroke verification
- Zweifache Eingabe von Daten über den Locher, um die Vollständigkeit der ersten Eingabe zu überprüfen. Abweichungen der zweiten Eingabe von der ersten Eingabe werden angezeigt.
- The redundant entry of data into keyboards so as to verify the accuracy of a prior entry. Differences between the data previously recorded and the data entered in verification will cause a mechanical signal.

Prüfung, Grenzwertprüfung limit check, range check
- Prüfung von Wertfeldern gegen vorher festgelegte Ober- oder Untergrenzen.
- Tests of specified amount fields against stipulated high or low limits of acceptability.

Prüfung, Gültigkeitsprüfung validity check
- Prüfung der Eingabedaten auf

Gültigkeit gegen festgelegte Werte in Tabellen oder gegen vorgegebenes format, Unterkodierung oder Druckzeichen.
- The characters in a coded field are either matched to an acceptable set of values in a table or examined for a defined pattern of format, legitimate subcodes, or character values, using logic and arithmetic rather than tables.

Prüfung, periodische periodic audit
- Prüfung von Dateien oder Verarbeitungsphasen, um Probleme festzustellen und zukünftige Probleme durch Kontrollverfahren zu erkennen.
- A verification of a file or of a phase of processing intended to check for problems and encourage future compliance with control procedures.

Prüfung, programmierte programmed check
- Eine Prüfung, die durch das Program durchgeführt wird.
- An edit performed by a program.

Prüfung, Schreibtischprüfung desk checking
- Manuelle Prüfung der Programmlogik.
- The manual process in which representative data are traced through program logic to determine that the logical processing is as intended.

Prüfung, Überlaufprüfung overflow checks
- Prüfung der Eingabemengen ausgehend von der Kapazität der Speichereinheit oder Datei.
- A limit check based upon the capacity of a memory or file area to accept data.

Prüfung, visuelle visual verification
- Visuelle Prüfung von Eingabebelegen.
- The visual scanning of documents for general reasonableness and propriety.

Prüfungsspur, lückenlose Prüfbarkeit audit trail
- Verfügbarkeit eines manuell oder maschinell durchführbaren Kontrollverfahrens, dass die Verarbeitungsstati eines Geschäftsvorganges von der Erfassung bis zum Abschluss lückenlos abzustimmen ermöglicht.
- The availability of a manual or machine-readable means for tracing the status and contents of an individual transaction record backward or forward and between output, processing, and source.

Prüfziffer check digit
- Prüfziffer, die für eine vorgegebene Informationsverschlüsselung entsprechend eines bestimmten Algorithmus ermittelt wird und dadurch später die Überprüfung der einwandfreien Übermittlung der Information ermöglicht.
- A digit which is a function of the other digits within a word or number used for testing an accurate transcription.

Puffer, Zwischenspeicher buffer
- Ein Speicher für den Ausgleich der Übertragungsgeschwindigkeit zwischen einzelnen Geräten des Computersystems.
- Storage used to compensate for differences in the rates of transfer of data or in the timing of transmission of data from one device to another.

Quellenprogramm source program
- Vom Programmierer erstellte Anweisungen zur maschinellen Erstellung des Objektprogramms.
- A computer language utilized by a programmer and submitted to a translation process in order to produce object instructions.

Referenzdokumentation reference documentation
- Dokumentation von Referenzinformationen.
- Documents that serve to store information for reference.

RPG RPG
- Abkürzung von 'report program generator'. Eine höhere Programmiersprache, hauptsächlich für die Erstellung von Berichten.
- Abbreviation for report program generator. A high-level source computer language designed particularly to facilitate the rapid preparation of reports.

Rückkopplung feedback

Rücklaufbeleg turnaround documents
- Ein maschinell erstellter Beleg, der wieder als Eingabe in das System dient.
- A computer-produced document

which is intended for resubmission into the system.

Satzaufbau record layout
- Aufstellung (Diagramm) des Satzaufbaus (Länge, Format der Datenfelder).
- A diagram showing the nature, location, size, and format of fields within a record.

Satzlänge, Datensatz mit fester fixed-length record
- Datensatz mit fester Satzlänge, im Gegensatz zu variabler Satzlänge.
- A record that is the same size in all occurrences. Contrasts with variable-length record.

Satzlänge, Datensatz mit variabler variable-length record
- Variable Satzlänge, im Gegensatz zu fester Satzlänge.
- A machine-readable record that may contain a variable number of fields. Contrast with fixed-length record.

Satzmarke record mark
- Kennzeichnung von Anfang und Ende eines Datensatzes.
- A special character used by some computer systems to designate the beginning or end of a record.

Schaltkreis mit zwei stabilen Zuständen flip-flop

Schaltschema wiring diagram

Schalttafel control panel

Schaltung wiring

Schlüssel key
- Zeichen innerhalb eines Datensatzes die dazu benutzt werden, den Datensatz zu finden oder den Datensatz zu sortieren.
- Identifying characters within a record used to locate it or to control sorting.

Schlüsselwort key word

Schnelldrucker high-speed printer

Schnellspeicher zero access storage, rapid memory

Schreibring file protect ring
- Schreibring zum Beschreiben von Banddateien - Fehlt der Schreibring ist keine Beschreibung möglich.
- A plastic ring when inserted in a recess on the back of a standard magnetic tape reel, depresses a switch on the tape drive to allow the drive to write upon that particular reel. No ring - no write.

Schreibstelle printing position

Sendekontrolldokument transmittal document
- Kontrolldokument über gesandte Daten.
- The medium for communicating control totals over movement of data.

Senden transmit, to
- Daten von einem Ort zu einem anderen senden.
- To move data from one location to another.

Sicherung backup
- Dateien, Maschinen und Verarbeitungsverfahren auf die bei Ausfall oder Zerstörung als Notorganisation zurückgegriffen werden kann.
- Files, equipment, and procedures that are available if the originals are destroyed or out of service.

Simulator simulator
- Ein Computerprogramm, das die Folgen von unterschiedlichen Bedingungen, die tatsächlich auftreten können, nachahmt.
- A computer program which attempts to imitate the consequences that will be produced by variable conditions in a real-world environment.

Sofortverarbeitung real time processing

Software software
- Programme, die die "Hardware" steuern.
- All levels of computer programs that control the operation of hardware.

Sonderzeichen special characters
- z.B. $, /, *
- A visible character other than a number or letter (e.g., $, #, /).

Sortierdatei sort file

Sortieren sort
- Sortieren von Daten in eine bestimmte Reihenfolge.
- To arrange items or records into a sequence.

Sortiermaschine sorter, card sorter

Speicher storage, memory

Speicher, adressierbarer addressable memory

Speicher, akustischer acoustic memory
Speicher, Kernspeicher core storage
Speicher für Simultanverarbeitung storage for parallel processing
Speicherauszug memory dump
Speichereinheit memory unit
Speicherkapazität storage capacity
Speicherröhre storage tube
Speicherwerk storage unit
Speicherzähler storage counter
Spur track
- Kreis auf Platte oder Segment eines Bandes.
- The ring-shaped surface of a disc or drum or the segment of a magnetic tape running parallel to its edge.

Stammdatei master file
- Eine Datei, die Informationen enthält, die mehrfach verwendet werden; im Gegensatz zu Bewegungsdatei.
- A computer file containing information to be retained and reused for reference or in file maintenance. Contrast with transaction file.

Stapelabstimmung batch balancing
- Ist der Vergleich von verarbeiteten Belegen oder Daten gegen eine vorher ermittelte Kontrollsumme.
- A comparison of the items or documents actually processed against a predetermined control total.

Stapel/Kontroll Protokoll control register/batch control log
- Ein Protokoll zur Aufnahme von Stapel- oder Bewegungskontrollwerten.
- A log or register indicating the disposition and control values of batches or transactions.

Stapelnummern batch serial numbers (batch sequence)
- Stapelkontrollbelege werden fortlaufend numeriert und bei der Verarbeitung diesbezüglich geprüft.
- Batches of transaction documents are numbered consecutively and accounted for.

Stapelsummen batch totals (batch control)
- Jede Art von Kontrollsummen über eine bestimmte Anzahl oder in einer bestimmten Periode erfassten Belege.
- Any type of control total or count applied to a specific number of transaction documents or to the transaction documents that arrive within a specific period of time.

Stapelverarbeitung batch processing
- Ein System, in dem die zu verarbeitenden Daten zusammengefasst und in Gruppen verarbeitet werden.
- An application system where transactions to be processed are collected into groups (= batches) and concentrated for processing into a brief span of time.

Steuerapparat selector
Steuereinheit, Kommandoeinheit control unit
Steuerkarte für Locher drum card
- Automatische Führung von Lochkarten auf Locher.
- Automatic spacing and format shifting of data fields on a keypunch machine.

Steuerloch high order
- Führende Ziffer einer Zahl, welche die Verarbeitung steuert.
- The left-most digit within a number representing the highest order of magnitude in the number.

Steuerpult console
Steuersymbol control code
Steuerungssystem, Eingabe/Ausgabe- IOCS
- IOCS ist die Abkürzung für Input/Output Control System (Eingabe/Ausgabe-Steuerungssystem).
- Abbreviation for input/output control system. A standard set of routines to initiate and control the input and output activities of a computer system.

Stichprobe spot check
Stornierung cancellation
- Kennzeichnung von Geschäftsvorgängen, die nicht weiter verarbeitet werden sollen bzw. deren Bearbeitung abgebrochen werden soll.
- Identifies transaction documents to prevent their further or repeated use.

Streifenlocher tape punch
Summenkarte summary card
Summenlocher summary punch
Summenstanzer gang summary punch
System system
- z.B. Computersystem, Verarbeitungssystem, Betriebssystem.
- Such as: computer system, application system, operating system.

Systemanalyse systems analysis
- Feststellung von Änderungen in Geschäftsvorgängen und die Festlegung, wie diese durchgeführt werden können.
- The function of determining what and how changes should be made to a business activity.

Tastatur, Tastenfeld keyboard
Test, Gültigkeitstest Check for reasonableness
- Prüfung von Eingabedaten durch Vergleich mit Daten aus Bewegungs- oder Stammdateien.
- Tests applied to various fields of data through comparison with other information available within the transaction or master records.

Time Sharing time sharing
- Mehrere Anwender können gleichzeitig gegen Gebühr eine Anlage benutzen.
- A technique of computer operations that permits a large number of users to access computer services simultaneously.

Transistorisierte Elektronenrechner solid state computer
Trommelspeicher drum memory
Überlochung overpunch
Übersetzer compiler
- Ein Computerprogramm, das Quellenprogramminstruktionen in Objektprogramminstruktionen übersetzt.
- A computer program that compiles object language instructions from source language statements.

Umsetzer translator
- Rechenprogramm für Übersetzung von Objekt- in Maschinen- bzw. von einer Maschinensprache in eine andere.
- Computer program to 'assemble and compile'.

Umwandlung compile
- Instruktionen in Maschinensprache, die von einer höheren Programmiersprache generiert wurden, so dass mehr als eine Objektprogramminstruktion von jeder Quellenprogramminstruktion erstellt werden kann.
- Machine language instructions generated from a high-level program language so that more than one object program instruction is produced for each source program statement.

Unterprogramm subroutine
- Wird von verschiedenen Programmen aufgerufen, um eine bestimmte Verarbeitung durchzuführen.
- A routine that may be recurringly called upon by a different routine to perform a defined process.

Unterprogrammaufruf cue
Verarbeitung, redundante redundant processing
- Wiederholung der Verarbeitung und anschliessender Vergleich der Daten.
- A repetition of processing and an accompanying comparison of results for equality.

Verarbeitungskontrollsumme run-to-run totals
- Abstimmsummen zwischen Verarbeitungsläufen.
- The utilization of output control totals resulting from one process as input control totals over subsequent processing.

Verbundkarte dual card
Vergleich comparison
- Logische oder konditionale Tests von Daten auf Gleichheit oder Ungleichheit.
- The examination of data by using logical or conditional tests to determine or to identify similarities or differences.

Vergleich matching
- Vergleich von Daten aus zwei verschiedenen Dateien.
- Matching of items with others developed independently.

Verwaltung housekeeping
- Verwaltungsaufgaben eines Datenverarbeitungssystems.
- Broadly pertaining to the general upkeep and maintenance activities within an information processing facility.

Vollmacht authorization
- Beschränkt die Auslösung oder Durchführung bestimmter Geschäftsvorgänge auf ausgewählte Personen.
- Limits the initiation of a transaction or performance of a process to selected individuals.

Vollständigkeitskontrolle completeness check
- Ein Test, dass für alle zur Verarbeitung erforderlichen Felder ein gültiger Inhalt vorhanden ist.
- A test that data entries are made in fields which cannot be processed in a blank state.

Vorgelochte Karten prepunched cards
Wahrscheinlichkeitsgrad anticipation
- Erwartung eines bestimmten Vorgangs oder Ereignisses zu einem bestimmten Zeitpunkt.
- The expectation of a given transaction or event at a particular time.

Wiedereintritt (in ein Hauptprogramm) link
Wiederholungslauf rerun
- Wiederholung einer Verarbeitung aufgrund von Fehlern in der vorangegangenen Verarbeitung.
- To reprocess a computer program, usually because of a defect or error in the previous processing.

Zahlenimpuls digit impulse
Zahlenlochung digit punching
Zahlenverteiler digit selector
Zähler counter
- Eine Komponente des Computers für die Zählung von Verarbeitungsschritten.
- A component of a computer used to store numbers which may be increased or decreased to affect the process of counting.

Zeichenmarkierung, Zeichenabfühlung mark sensing, mark reading
Zeilendrucker line printer
Zeilentransport spacing
Zeilenumstellung line posting
Zeilenvorschub line spacing
Zentraleinheit central processing unit (= CPU)
- Teil des Computers, der die Instruktion interpretiert und ausführt.
- The portion of a computer system that contains the circuits controlling the interpretation and execution of instructions.

Zentralgerät processor, processing unit
Zentralrechengerät central computer
Ziffernimpuls digit impulse
Ziffernlochung digit punching
Ziffernverteiler digit selector
Zonenauswahl zone selection
Zonenlochung zone punching
Zubehör accessories
Zuführung, beschleunigte high-speed feed
Zugriff access
Zugriff, direkter direct access
Zugriff, sequentieller sequential access
- Der Zugriff auf die Daten erfolgt sequentiell.
- Data stored in a manner where all preceding records must be accessed sequentially in order to locate a specific record.

Zugriffszeit access time
- Die Zeit, die von einem Computer benötigt wird, Daten zu finden und in die Zentraleinheit zu übertragen.
- The time required for a computer to locate data and move them into the central processing unit.

Zweifachschreibung dual printing
Zwischenraum, Leerzeichen space
Zwischenspeicher buffer

Deutsch — Englische Fachausdrücke des Bankwesens

German — English Glossary of Banking Terms

Abbuchungsverfahren preauthorized payment method
- Form des Zahlungsverkehrs, bei der periodisch wiederkehrende Zahlungen auf Veranlassung des Zahlungsempfängers vom Bankkonto des Zahlungspflichtigen nach dessen vorheriger Ermächtigung abgebucht werden.
- Method of payment whereby the payee is authorized in advance by the debtor to have recurring amounts directly charged to the debtor's bank account.

Abrechnungssystem clearing system
Abrechnungstag settling day
abrufbar callable
Abschlussbenachrichtigung closing statement
Abschlusstag cut-off date
Akkreditiv letter of credit
- Zahlungsversprechen eines Kreditinstitutes, bis zu einem bestimmten Betrag und unter bestimmten Voraussetzungen für Rechnung eines Dritten an den Akkreditivbegünstigten Zahlung zu leisten.
- Promise of a bank to make payment up to a certain amount to the beneficiary of the letter of credit on behalf of a third party if certain requirements are met.
- ein Akkreditiv stellen.
- to open a letter of credit

Akkreditiv, bestätigtes/ unwiderrufliches confirmed/ irrevocable letter of credit
Akkreditivbegünstigter beneficiary of a letter of credit
Akkreditivinhaber accreditee
Akzeptkredit acceptance credit, banker's acceptance credit
- Kredit, den eine Bank gewährt, indem sie die von einem Kunden auf sie gezogenen Wechsel akzeptiert.
- Credit granted to the bank's customer by accepting notes drawn on the bank.

Akzeptprovision accepting commission
Arbitrage arbitration, arbitrage
- Gleichzeitiger Kauf und Verkauf ein- und desselben börsengängigen Gutes (z.B. Wertpapiere, Devisen) an verschiedenen Börsenplätzen, um aufgrund der Preis-bzw. Kursunterschiede einen Gewinn zu erzielen.
- The simultaneous buying and selling of the same marketable securities or foreign currencies in two or more stock exchanges or currency markets to take advantage of price variations between the different locations.

Aufgeld agio, premium
Ausfuhrkredite export financing
Auslandsguthaben foreign balances
Ausleihungssatz loan rate, borrowing rate
Aussenhandelsbank foreign trade bank
Auszug, Bankauszug bank statement
Aval aval, guarantee of a bill of exchange
- Bürgschaft, insbesondere für eine Wechselverpflichtung.
- Guarantee, typically for the payment of a note.

Avalkredit surety acceptance, surety credit
Bank bank
Bankabstimmung bank reconciliation
Bankakzept bank acceptance
Bankauszug bank statement
Bankbestätigung bank confirmation
Bankbuch, bei Sparkonten passbook
Bankdiskont bank discount
Bankdiskontsatz bank discount rate
Bankeinzahlung bank deposit
Bankeinziehungsauftrag draft attached
Bankengesetz banking law, banking act

bankfähig discountable, eligible
Bankgarantie banker's guarantee
Bankgeheimnis banker's discretion
Bankguthaben cash in bank
Bankkassierer teller
Bankkredit (Überziehungkredit) bank loan (overdraft facility)
Banknote bill
Bankprovision banker's commission
Banksaldenbestätigung confirmation of bank balance
Bankscheck banker's check
Bankschulden amounts due to banks
Bankspesen bank charges
Banküberziehungskredit bank overdraft facility
Bankzinsen bank interest
Bardepot bardepot
- Zinslose Bareinlage, die aufgrund einer Anordnung der deutschen Bundesregierung in der Zeit von 1972-1974 von inländischen Firmen für Auslandskredite (einschliesslich Lieferantenkredite) unterhalten werden musste.
- Interest-free cash deposit which had to be put up by German companies against loans or extended payment terms from abroad during the period 1972-1974, upon ordinance of the German government.

Barscheck open check
Barüberweisung cash transfer, bank transfer
Bereitstellungsprovision commitment fee
Bestens at best
- Ausführungsbedingung für einen Börsenauftrag, d.h. ohne Preislimit.
- Instructions to a bank to buy or sell at the most favorable price available.

Bezogener drawee
Blankoindossament endorsement in blank
Blankoscheckformular counter check
Börse exchange
Börsenmakler exchange broker
- Vermittler für Wertpapier- oder Devisengeschäfte zwischen Banken.
- A person or firm who arranges for the purchase or sale of securities or foreign currencies between banks but is not a principal to the transaction.

Bretton Woods System Bretton Woods System
- System des internationalen Zahlungsverkehrs, das auf festen Währungsparitäten beruhte und von den Mitgliedsstaaten des Internationalen Währungsfonds (IWF) von 1946 bis 1971 angewandt wurde.
- The international payments system based on fixed parities, utilized by the members of the International Monetary Fund (IMF) from 1946 until 1971.

Bundesbank Federal Reserve Bank
bundesbankfähig discountable at the Federal Reserve Bank
Clearing clearing
- Abrechnungsverfahren, bei dem Forderungen und Gegenforderungen zwischen Banken eines Platzes aufgerechnet und nur die Salden ausgeglichen werden.
- A system to offset claims and counterclaims between banks at the same banking place so as to reduce the movement of funds to the remaining net balances.

Clearingstelle clearing house
Courtage courtage
- Gebühren des Börsenmaklers
- synonymous with brokerage

Darlehen loan
- (a) Darlehen mit festen einzelnen Tranchen
- (b) Darlehen mit festen einzelnen Tranchen und einer vorgesehenen Umwandlung in ein Termindarlehen
- (c) Termindarlehen mit festen einzelnen Tranchen und - wahlweise - Zusatzbetrag
- (d) Termindarlehen mit fester Laufzeit und vereinbarter Rückzahlung
- (e) Überziehungskredit
- (a) revolving credit loan
- (b) revolving credit with term loan
- (c) loan with optional portion
- (d) term loan
- (e) overdraft loan

Deckungsgeschäft hedge
- Geschäft, das zur Absicherung von Währungskursrisiken abgeschlossen wird.
- Any action taken to eliminate or offset exchange risks in foreign

currency-denominated assets/ liabilities.

Depotgebühren deposit fees

Deport forward discount
- Kursdifferenz im Devisenterminhandel zwischen Kassakurs und dem niedrigeren Terminkurs.
- Difference between the spot rate and the lower forward rate of a foreign currency.

Depotwechsel bill in pension, bill on deposit
- Wechsel (meist Solawechsel) der als Sicherheit für einen Kredit beim Gläubiger hinterlegt wird.
- A bill or a promissory note which is deposited with the lender as collateral for a loan.

Deutsche Bundesbank German Federal Bank

Devisen foreign exchange, foreign currency

Devisen, nicht frei konvertierbare blocked currencies, nonconvertible currencies

Devisenarbitrage exchange arbitrage

Devisenausländerkonten non-resident accounts
- Konten, deren Inhaber ihren Wohnsitz im Ausland haben und damit nicht direkt der Devisenkontrolle unterliegen.
- Accounts or balances owned by non-residents and thus not directly subject to foreign exchange controls.

Devisenbeschränkungen foreign exchange restrictions

Devisenbörse foreign exchange market, "forex" (for short)

Devisenengagements, Aufstellung der position sheet
- Aufstellung aller Devisengeschäfte, anhand der die Höhe der offenen Devisenpositionen zu den jeweiligen Fälligkeiten bestimmt werden kann.
- Listing of all foreign exchange transactions which permits the bank to determine the magnitude of open positions at various maturities.

Devisengeschäfte foreign exchange transactions

Devisenhandel foreign exchange business, "forex" (for short)

Devisenkassahandel spot exchange transactions
- Kauf und Verkauf von Fremdwährungen bei sofortiger Abwicklung des Geschäftes (in der Regel zwei Wertstellungstage später).
- Purchase and sale of foreign currencies for immediate delivery and payment (usually two value days forward).

Devisenkassakurs spot rate

Devisenkurs exchange rate
- Wertverhältnis zwischen verschiedenen Währungen, ausgedrückt als der Betrag einer Währung, der für eine Einheit einer anderen Währung gekauft werden kann.
- The measure of the relative value of different currencies, expressed as the number of units of one currency which may be purchased for one unit of another currency.

Devisenmakler foreign exchange broker

Devisenposition foreign exchange position

Devisenposition, aktive exposed net asset position, long position
- Überschuss der Fremdwährungsaktiva über die Fremdwährungspassiva (jeweils zu Stichtagskursen bewertet).
- The excess of assets measured or denominated in foreign currency over liabilities measured or denominated in foreign currency, both translated at the current rate.

Devisenposition, passive exposed net liability position, short position
- Überschuss der Fremdwährungspassiva über die Fremdwährungsaktiva (jeweils zu Stichtagskursen bewertet).
- The excess of liabilities measured or denominated in foreign currency over assets measured or denominated in foreign currency, both translated at the current rate.

Devisentermingeschäft forward exchange contract

Devisenterminhandel forward exchange transactions
- Kauf und Verkauf von Fremdwährungen bei Abwicklung zu

einem in der Zukunft liegenden Zeitpunkt.
- Buying or selling foreign currencies for future delivery against payment on delivery.

Devisenterminkurs forward rate
Devisenverluste und -gewinne exchange losses and gains
Einlage, befristete time deposit, fixed deposit
Einzahlungsbeleg deposit slip
Eurodevisenmärkte eurocurrency markets
- Devisenmärkte ausserhalb der USA (hauptsächlich in London) auf denen mit Dollar und anderen Währungen aus Guthaben gehandelt wird, die ausserhalb des jeweiligen Ursprungslandes unterhalten werden.
- A group of markets outside the United States (principally in London) that deal in dollar and other currency deposits maintained outside their country of origin.

Eurokredite eurocredits, euroloans
Factoring factoring
- Verkauf von Forderungen
- sale of receivables

Falschgeld counterfeit money
Festbestand, bei Kassen imprest fund
Festgeld time deposit
Finanzierungswechsel finance bill
Fluchtgeld hot money
- in das Ausland zur Umgehung von Inflation, Währungsunsicherheiten, Besteuerung, Devisenbestimmungen etc. verbrachte Gelder.
- Funds transferred abroad to avoid inflation or monetary instability at home or to avoid taxation, exchange controls or other regulations.

Forfaitierung non-recourse financing (typically of export transactions)
Freiverkehrsbörse curb exchange
Fremdwährung foreign currency, foreign exchange
Fremdwährungskonto foreign currency account
Fremdwährungsumrechnung foreign currency translation
Fremdwährungsverpflichtung foreign currency commitment
- Verpflichtung zu einem zukünftigen Zeitpunkt einen bestimmten Betrag in fremder Währung abzunehmen oder zu liefern.
- A commitment to pay or receive a specified amount of foreign currency at a future date.

Garantie guaranty
Gefälligkeitsindossament accommodation endorsement
Gefälligkeitscheck accommodation check
Gegenguthaben compensating balance (US)
gegenseitige Bankguthaben interbank deposits
gegenseitige Bankverpflichtungen interbank balances
Geld festlegen (auf Konto) to put on time deposit
Geldkurs bid, buying rate
- Kurs, zu dem ein Wertpapier oder eine Fremdwährung vom Nachfragenden gekauft wird.
- Price or exchange rate at which a buyer is willing to purchase a given foreign currency or marketable security.

Geldmarkt money market
Geldüberweisung money transfer
Geldüberweisung, telegrafische cable transfer
gesperrtes Guthaben blocked account
Hinterlegung deposit
Hinterlegungsbescheinigung certificate of deposit
Importkredite import financing
Indossament endorsement
Indossament, Blankoindossament blank endorsement
Indossament, Gefälligkeitsindossament accommodation endorsement
Indossament mit Weitergabeverbot restrictive endorsement
Indossament ohne Obligo endorsement without recourse
Indossament, übertragbar durch negotiable, endorsable
Indossamentverbindlichkeit contingent liability from endorsements
indossieren to endorse
Internationaler Währungsfonds (IWF) International Monetary Fund (IMF)

Intervention intervention
- Eingreifen von Regierungen oder Regierungsstellen in Devisenmärkte, um Änderungen der Devisenkurse zu verhindern, zu begrenzen oder zu beeinflussen.
- Intervention by governments or their agencies in the foreign exchange markets to prevent, limit or influence changes in exchange rates.

Interventionspunkte intervention points
Interventionswährung intervention currency
- Fremdwährung, die von Regierungsstellen zum Eingreifen in den Devisenmarkt benutzt werden, um Wechselkursveränderungen der eigenen Währung unter Kontrolle zu halten.
- A foreign currency utilized by a government agency to intervene in a foreign exchange market so as to control or stabilize changes in the exchange value of its currency.

Kabelauftrag cable order
Kabelüberweisung cable or telegraphic transfer
Kassakurs spot rate
Kaufkurs buying rate
Konsortialbank member bank of a syndicate
Konsortialgeschäfte syndicate business, business on joint account
Kontoabschluss closing statement
Kontokorrentkredit overdraft, open credit
konvertierbare Währung convertible currency
Konvertierung conversion
- Tausch einer Währung gegen eine andere Währung.
- The exchange of one currency for another.

Korrespondenzbank correspondent bank
Kredit, durchlaufender transmitted loan
Kredit, eingefrorener frozen loan
Kredit, laufender standing credit
Kredit, revolvierender revolving credit
Kreditprolongation renewal of credit
Kreditwesengesetz banking law
Kundengelder customers' deposits
Kündigungsgeld time deposit
Kursdifferenzbuchung foreign exchange adjustment
Kursgewinn exchange profit
Kursrisiko exchange risk, exchange exposure
- Risiko eines Verlustes aus einer offenen Fremdwährungsposition bei Änderung des Wechselkurses.
- The possibility of loss arising from an open position when the related exchange rate rises or falls or the currency is devalued or revalued.

Kurssicherung cover, hedge
- Devisenterminkäufe oder -verkäufe zur Ausschaltung des Wechselkursrisikos im Zusammenhang mit zukünftigen Zahlungseingängen oder Zahlungsausgängen in Fremdwährung.
- The purchase or sale of forward exchange to offset the risk of fluctuation in an exchange rate when payments are to be made or received in foreign currency in the future.

Kursumrechnung currency conversion
Kursverlust exchange loss
Kurswert market price, quoted value
Landeswährung local currency
Landwirtschaftsbank agricultural bank
Lorokonten loro accounts
- Von anderen Kreditinstituten bei einer Bank unterhaltene Einlagekonten.
- Deposit accounts of other banks with a bank.

Maklerprovision brokerage
Marge spread
- (a) Differenz zwischen Ankaufs- und Verkaufskurs einer Fremdwährung
- (b) Differenz zwischen Kassa- und Terminkurs einer Fremdwährung
- (c) Unterschied zwischen Soll- und Habenzinsen
- (a) difference between the selling and buying rates for a given currency
- (b) difference between spot and forward rates for a given currency
- (c) difference between debit interest and credit interest

Mindestreserve statutory reserve, minimum reserve
Mindestreservevorschriften reserve requirements
Nostrokonto nostro account
- von einer Bank bei einem anderen Kreditinstitut unterhaltenes Guthabenkonto
- account of a bank with another bank

Notenbank bank of issue, central bank
Outright- Geschäft futures
Parität parity
- Wechselkursverhältnis, das zwischen den Regierungen oder Nationalbanken der betroffenen Länder vereinbart und auf dem Devisenmarkt durch Interventionen der Zentralbanken gestützt wird, oder Wechselkurs, der von einer Regierung mit Zustimmung des IWF festgelegt wird.
- Exchange rate agreed between governments or central banks of the countries concerned, supported in the market by the intervention of the central banks. Also, the exchange rate established by a government with the agreement of the IMF.

Postüberweisung money transfer through the postal banking system (D)
Reisescheck traveler's check
Report premium
- Differenz zwischen dem Devisenkassakurs und dem höheren Devisenterminkurs.
- Difference between the spot rate and a higher forward rate.

revolvierend revolving
Rückscheck returned check
Sammeldepot custody account
Scheck check
Scheck, Bankscheck certified check
Scheck, Barscheck open check
Scheck, Bilanzposten checks on hand
Scheck, einen Scheck ausstellen to issue a check
Scheck, einen Scheck zu Protest gehen lassen to protest a check
Scheck, eingelöster cancelled check
Scheck mit anhängendem Zahlungsnachweis voucher check
Scheck, nicht eingelöster unclaimed check
Scheck, noch nicht zur Einlösung vorgelegter outstanding check
Scheck, unbrauchbar gemachter voided check
Scheck, Verrechnungscheck crossed check
Schecks, zum Inkasso gegebene cashed checks
Scheckanforderung check request
Scheckausgangsbuch check register
Schecksperre stop payment order
Schliessfach bei einer Bank safe deposit box
Sichteinlage demand deposit
Sonderziehungsrechte special drawing rights
Sorten foreign notes and coins
Spareinlage savings deposit
Spareinlage, Wertpapier für eine savings certificate
Sparkasse savings bank
Sperrkonto blocked account, frozen account
Spesen, Bankspesen bank charges
Sterling Block sterling area
- Eine Gruppe von Ländern, deren Währung an das Pfund gebunden ist, die ihre Währungsreserven in London unterhalten, und deren Devisenbeschränkungen mit denen Grossbritanniens identisch sind.
- A group of countries that transact their international business in sterling, maintain their international reserves in London, and apply exchange controls similar to those of the United Kingdom.

Sterling Block, Mitglieder des scheduled territories
Stichtagskurs current rate
Swapgeschäft swap
- Gleichzeitiger Kauf (per sofort) und Verkauf (auf Termin) einer Fremdwährung.
- Simultaneous purchase (at once) and sale (at a future date) of a foreign currency.

Tagesgeld call money
Tagesgeldzinssatz call rate
Termindevise forward exchange
Termineinlage time deposit, fixed deposit
Termingeschäfte futures

Terminkurs forward rate
Trassat drawee
Überweisung, Banküberweisung bank transfer
Überweisungsanzeige remittance advice
Überweisungsauftrag transfer order
Überweisungsempfänger recipient payee
Überweisungsverkehr bank transfers
Überzeichnung oversubscription
Überziehung overdraft
Überziehungskredit overdraft loan
Überziehungsprovision overdraft fee
Umrechnungskurs rate of exchange
unrealisierte Währungsgewinne oder -verluste (aus der Bewertung von Devisenpositionen) unrealized translation gains or losses (arising on revaluation of unmatured foreign exchange contracts)
Unterschriftsprobe specimen signature
Usance-Kurs cross rate
- Verhältnis zweier Währungen, das sich aus deren Umrechnungskursen gegenüber einer dritten Währung ergibt.
- The ratio of two currencies derived from their exchange rates in terms of a third currency.

Verbindlichkeiten gegenüber Kreditinstituten amounts due to banks
vereinbartes Gegenguthaben compensating balance
Verrechnungsscheck crossed check
Verrechnungsstelle clearing house
Verrechnungsverkehr der Banken clearing
Verwahrer depositary
Vostrokonto vostro account
- identisch mit Lorokonto
- the same as loro account

Währungsabwertung devaluation
- Wertminderung einer Währung gegenüber einer oder mehreren anderen Währungen.
- A decline in the value of a given currency in terms of one or more other currencies.

Währungsaufwertung revaluation
- Wertsteigerung einer Währung gegenüber einer oder mehreren anderen Währungen.
- An increase in the value of a given currency in terms of one or more other currencies.

Währungsfonds, Internationaler (IWF) International Monetary Fund (IMF)
Währungsgeschäft foreign exchange business
Währungsgewinne und -verluste exchange gains and losses
Währungsklausel currency clause
- Bindung an eine (andere) Bezugswährung
- tie-in to (another) defined currency

Währungskontrolle exchange control
Währungsrisiko exchange risk
Wechselbürgschaft aval, guarantee of a bill of exchange
Wechselkurs exchange rate
Wechselkurs, direkter direct quotation
- Angabe des Betrages der Landeswährung, der einer Einheit der Fremdwährung entspricht.
- Exchange rate expressed as the number of units of the local currency per unit of the foreign currency.

Wechselkurs, indirekter indirect quotation
- Angabe des Betrages der Fremdwährung, der einer Einheit der Landeswährung entspricht.
- Exchange rate expressed as the number of units of the foreign currency per unit of the local currency.

Wechselkurse, feste fixed exchange rates
- System verhältnismässig fester Währungsparitäten in dem Wechselkursschwankungen nur innerhalb festgelegter geringer Bandbreiten möglich sind.
- A system of relatively fixed parities in which exchange rate fluctuations are confined to a specified spread above and below par.

Wechselkurse, flexible flexible exchange rates
- System, in dem Wechselkursschwankungen innerhalb grosser Bandbreiten möglich sind oder Währungsparitäten ständig angepasst werden.
- A system in which wide exchange rate

fluctuations are permitted above and below par or in which the parities are frequently adjusted.

Wechselkurse, floatende floating exchange rates
- System ohne oder ohne festgelegte Währungsparitäten, in dem Wechselkursschwankungen ohne Begrenzung möglich sind.
- A system in which either there are no parities, or the parities are not enforced and the rate of exchange is allowed to fluctuate freely.

Wechselkursdifferenz difference in exchange rates

Wechselkursschwankungen exchange rate fluctuation

Zentralnotenbank central bank

Zurückziehung withdrawal

VERZEICHNIS AUSGEWÄHLTER ZAHLEN UND BRÜCHE

0
Null Zero
1
Eins One
2
Zwei Two
3
Drei Three
4
Vier Four
5
Fünf Five
6
Sechs Six
7
Sieben Seven
8
Acht Eight
9
Neun Nine
10
Zehn Ten
11
Elf Eleven
12
Zwölf Twelve
13
Dreizehn Thirteen
14
Vierzehn Fourteen
15
Fünfzehn Fifteen
16
Sechzehn Sixteen
17
Siebzehn Seventeen
18
Achtzehn Eighteen
19
Neunzehn Nineteen
20
Zwanzig Twenty
21
Einundzwanzig Twenty-one
22
Zweiundzwanzig Twenty-two
23
Dreiundzwanzig Twenty-three
30
Dreissig Thirty
31
Einunddreissig Thirty-one
32
Zweiunddreissig Thirty-two
40
Vierzig Forty
41
Einundvierzig Forty-one
50
Fünfzig Fifty
51
Einundfünfzig Fifty-one
60
Sechzig Sixty
61
Einundsechzig Sixty-one
70
Siebzig Seventy
71
Einundsiebzig Seventy-one
80
Achtzig Eighty
81
Einundachtzig Eighty-one
90
Neunzig Ninety
91
Einundneunzig Ninety-one
100
Einhundert One hundred
101
Einhunderteins
One hundred and one
112
Einhundertzwölf
One hundred and twelve
137
Einhundertsiebenunddreissig
One hundred and thirty-seven
200
Zweihundert Two hundred
300
Dreihundert Three hundred
400
Vierhundert Four hundred

500
Fünfhundert Five hundred
600
Sechshundert Six hundred
700
Siebenhundert Seven hundred
800
Achthundert Eight hundred
900
Neunhundert Nine hundred
1,000
Eintausend One thousand
1,762
Eintausendsiebenhundert-zweiundsechzig One thousand seven hundred and sixty-two
2,000
Zweitausend Two thousand
5,000
Fünftausend Five thousand
7,500
Siebentausendfünfhundert Seven thousand five hundred
10,000
Zehntausend Ten thousand
20,000
Zwanzigtausend Twenty thousand
50,000
Fünfzigtausend Fifty thousand
100,000
Einhunderttausend One hundred thousand
400,000
Vierhunderttausend Four hundred thousand
1,000,000
Eine Million One million
1,000,000,000
Eine Milliarde One billion
1st
Erster First
2nd
Zweiter Second
3rd
Dritter Third
4th
Vierter Fourth
5th
Fünfter Fifth
6th
Sechster Sixth
7th
Siebenter Seventh
8th
Achter Eighth
9th
Neunter Ninth
10th
Zehnter Tenth
11th
Elfter Eleventh
12th
Zwölfter Twelfth
13th
Dreizehnter Thirteenth
14th
Vierzehnter Fourteenth
15th
Fünfzehnter Fifteenth
20th
Zwanzigster Twentieth
30th
Dreissigster Thirtieth
40th
Vierzigster Fortieth
50th
Fünfzigster Fiftieth
60th
Sechzigster Sixtieth
70th
Siebzigster Seventieth
80th
Achtzigster Eightieth
90th
Neunzigster Ninetieth
1/2
Einhalb One half
1/3
Ein Drittel One third
1/4
Ein Viertel One fourth
3/4
Drei Viertel Three fourths
1/5
Ein Fünftel One fifth
2/5
Zwei Fünftel Two fifths
1/6
Ein Sechstel One sixth
3/7
Drei Siebentel Three sevenths
7/8
Sieben Achtel Seven eighths
2/9
Zwei Neuntel Two ninths

1/10
Ein Zehntel One tenth
.1
Ein Zehntel One tenth
.3
Drei Zehntel Three tenths
.10
Zehn Hundertstel Ten hundreths
.35
Fünfunddreissig Hundertstel Thirty-five hundreths

.004
Vier Tausendstel Four thousandths
.0009
Neun Zehntausendstel Nine ten thousandths
.00007
Sieben Hunderttausendstel Seven hundred thousandths
.000001
Ein Millionstel One millionth

GEWICHTE UND MASSE

Gewichte
Weights

Metric		U.S.
Zentigramm centigram	,01 g.	0,1543 **Grain**
Dezigramm decigram	,1 g.	1,5432 **Grain**
Gramm (g.) gram	1 g.	15,432 **Grain**
Kilogramm (kg.) kilogram	1.000 g.	2,2046 **Pfund**
Zentner quintal	50 kg.	110,23 **Pfund**
Tonne metric ton	1.000 kg.	2.204,6 **Pfund**

U.S.		Metric
Grain grain		0,0648 **Gramm**
Unze (avoirdupois) ounce	437,5 Grain	28,3495 **Gramm**
Pfund (avoirdupois) pound	16 Unze	453,59 **Gramm**
Zentner hundredweight	100 Pfund	45,359 **Kilogramm**
Kleine Tonne short ton	20 Zentner or 2.000 Pfund	907,18 **Kilogramm**
Grosse Tonne long ton	2,240 Pfund	1.016,05 **Kilogramm**

Längenmasse
Linear Measure

Metric		**U.S.**
Millimeter millimeter (mm.)	,001 Meter	0,03937 **Inch**
Zentimeter centimeter (cm.)	,01 Meter	0,3937 **Inch**
Dezimeter decimeter (dm.)	,1 Meter	3,937 **Inches**
Meter meter (m.)	1 Meter	39,37 **Inches**
Meter	1 Meter	3,2808 **Fuss**
Kilometer kilometer (km.)	1.000 Meter	0,62137 **Meile**
Kilometer kilometer (km.)		0,5396 **Seemeile**
U.S.		**Metric**
Zoll inch		2,540 **Zentimeter**
Fuss foot	12 Zoll	0,3048 **Meter**
Yard yard	3 Fuss	0,9144 **Meter**
Meile mile	1.760 Yards	1.609,34 **Meter**
Seemeile nautical mile	6.080 Fuss	1.852 Meter

Flächenmasse
Surface Measure

Metric		U.S.
Quardatzentimeter square centimeter (cm^2)	,0001 m^2	0,15499 **Quadratzoll**
Quadratdezimeter square decimeter (dm^2)	,01 m^2	15,499 **Quadratzoll**
Quadratmeter square meter (m^2)		1.549,9 **Quadratzoll**
Quadratmeter		1,196 **Quadratyard**
Hektar hectare (ha)	10.000 m^2	2,471 **Morgen**
Quadratkilometer square kilometer	100 Hektar	247,104 **Morgen**
Quadratkilometer		0,3861 **Quadratmeile**

U.S.		Metric
Quadratzoll square inch		6,451 **Quadratzentimeter**
Quadratfuss square foot	144 Quadratzoll	929,03 **Quadratzentimeter**
Quadratyard square yard	9 Quadratfuss	0,8361 **Quadratmeter**
Morgen acre	43.560 Quadratfuss	0,4047 **Hektar**
Quadratmeile square mile	640 Morgen	258,998 **Hektar**
Quadratmeile		2,58998 **Quadratkilometer**

Raummasse
Cubic Measure

Metric	**U.S.**
Kubikzentimeter cubic centimeter (cm^3)	0,061024 **Kubikzoll**
Kubikdezimeter cubic decimeter (dm^3)	61,024 **Kubikzoll**
Kubikmeter cubic meter (m^3)	35,315 **Kubikfuss**
Kubikmeter	1,308 **Kubikyards**

U.S.		**Metric**
Kubikzoll cubic inch		16,387 **Kubikzentimeter**
Kubikfuss cubic foot	1.728 Kubikzoll	0,0283 **Kubikmeter**
Kubikyard cubic yard	27 Kubikfuss	0,7646 **Kubikmeter**

Hohlmasse
Measure of Capacity

Metric		**U.S.**
Liter liter		0,9081 **Quart, trocken**
Liter		1,0567 **Quart, flüssig**
Hektoliter hectoliter	100 Liters	26,418 **Gallone**
Hektoliter		2,838 **Scheffel**

U.S.		**Metric**
Pinte, flüssig pint		0,4732 **Liter**
Quart, flüssig quart, liquid	2 Pinte	0,9463 **Liter**
Quart, trocken quart, dry	2 Pinte	1,1012 **Liter**
Gallone gallon	4 Quart, flüssig	3,7853 **Liter**
Scheffel bushel	32 Quart, flüssig	35,238 **Liter**

WÄHRUNGEN DER MITGLIEDSLÄNDER DES INTERNATIONALEN WÄHRUNGSFONDS

Afghanistan		
	Afghani	AFS
Algeria		
	Dinar	AD
Argentina		
	Peso	m$m
Australia		
	Dollar	A$
Austria		
	Schilling	Sch.
Bahrain		
	Dinar	BD
Belgium		
	Franc	BFr.
Bolivia		
	Peso Boliviano	B$
Botswana		
	Rand	R.
Brazil		
	New Cruzeiro	N.Cr.$
Burma		
	Kyat	K
Burundi		
	Franc	BFU
Cameroon		
	CFA Franc	CFA F.
Canada		
	Dollar	Can. $
Central African Republic		
	CFA Franc	CFA F.
Ceylon		
	Rupee	CRs
Chad		
	CFA Franc	CFA F.
Chile		
	Escudo	E*u* (Esc.)
China - Taiwan		
	N.T. Dollar	NT$
Colombia		
	Peso	(Col.)$
Congo (Brazzaville)		
	CFA Franc	CFA F.
Congo, Dem. Rep. of		
	Zaïre	Z.
Costa Rica		
	Colón	*I*C
Cyprus		
	Pound	C£
Dahomey		
	CFA Franc	CFA F.
Denmark		
	Krone	D. Kr.
Dominican Republic		
	Peso	(R.D.)$
Ecuador		
	Sucre	S/.
El Salvador		
	Colon	C.
Ethiopia		
	Dollar	Eth$
Finland		
	Markka	F. MK.
France		
	Franc	Fr.
Gabon		
	CFA Franc	CFA F.
Gambia, The		
	Pound	£G
Germany—Fed. Rep.		
	Deutsche Mark	DM
Ghana		
	New Cedi	N¢
Greece		
	Drachma	Drs.
Guatemala		
	Quetzal	Q
Guinea		
	Franc	GFr.
Guyana		
	Dollar	G.$
Haiti		
	Gourde	Gde.
Honduras		
	Lempira	L.
Iceland		
	Krona	(Icel.) Kr.
India		
	Rupee	Rs.
Indonesia		
	Rupiah	Rp.

Iran		
	Rial	Rls.
Iraq		
	Dinar	ID.
Ireland		
	Pound	Ire£
Israel		
	Pound	Is£
Italy		
	Lira	Lit.
Ivory Coast		
	CFA Franc	CFA F.
Jamaica		
	Dollar	J$
Japan		
	Yen	Y
Jordan		
	Dinar	JD.
Kenya		
	Shilling	EASh.
Korea, Rep. of		
	Won	W.
Kuwait		
	Dinar	KD.
Laos		
	Kip	K.
Lebanon		
	Pound	LL
Liberia		
	Dollar	Lib.$
Libya		
	Pound	L£
Luxembourg		
	Franc	Lux Fr
Malagasy Republic		
	Franc	CFA F.
Malawi		
	Pound	M£
Malaysia		
	Dollar	M$
Mali		
	Franc	M Fr
Mauritania		
	CFA Franc	CFA F.
Mauritius		
	Rupee	Rs.
Mexico		
	Peso	$
Morocco		
	Dirham	DH.
Nepal		
	Rupee	N.Rs.
Netherlands		
	Guilder	Gls. (fl.)
New Zealand		
	Dollar	NZ$
Nicaragua		
	Córdoba	C$
Niger		
	CFA Franc	CFA F.
Nigeria		
	Pound	N£
Norway		
	Krone	N Kr.
Pakistan		
	Rupee	(Pak) Rs.
Panama		
	Balboa	B/.
Paraguay		
	Guaranf	₲s.
Peru		
	Sol	S/.
Philippines		
	Peso	P
Portugal		
	Escudo	Esc.
Rwanda		
	Franc	F.R.W.
Saudi Arabia		
	Riyal	S. RLS.
Senegal		
	CFA Franc	CFA F.
Sierra Leone		
	Leone	LE
Singapore		
	Dollar	S.$
Somalia		
	Shilling	So.Shs.
South Africa		
	Rand	R.
Spain		
	Peseta	Ptas.
Sudan		
	Pound	£S.
Sweden		
	Krona	S Kr.
Switzerland		
	Franc	S. Fr.
Syria		
	Pound	£S.
Tanzania		
	Shilling	EA Sh.
Thailand		
	Baht	Bht.

Togo
CFA Franc — CFA F.

Trinidad and Tobago
TT Dollar — T.T.$

Tunisia
Dinar — D.

Turkey
Lira — TL.

Uganda
Shilling — U. Sh.

United Arab Republic
Pound — £E

United Kingdom
Pound — £

United States
Dollar — $

Upper Volta
CFA Franc — CFA F.

Uruguay
Peso — Ur$

Venezuela
Bolivar — Bs.

Yugoslavia
Dinar — Din.

Zambia
Kwacha — K.

VORGESCHRIEBENE FORM DES JAHRESABSCHLUSSES EINER DEUTSCHEN AKTIENGESELLSCHAFT

XYZ A.G.
BILANZ
ZUM 31. DEZEMBER 19--

AKTIVA

I. Ausstehende Einlagen auf das Grundkapital;
   davon eingefordert:
II. Anlagevermögen:
   A. Sachanlagen und immaterielle Anlagewerte:
      1. Grundstücke und grundstücksgleiche Rechte mit Geschäfts-, Fabrik- und anderen Bauten;
      2. Grundstücke und grundstücksgleiche Rechte mit Wohnbauten;
      3. Grundstücke und grundstücksgleiche Rechte ohne Bauten;
      4. Bauten auf fremden Grundstücken, die nicht zu Nummer 1 oder 2 gehören;
      5. Maschinen und maschinelle Anlagen;
      6. Betriebs- und Geschäftsausstattung;
      7. Anlagen im Bau und Anzahlungen auf Anlagen;
      8. Konzessionen, gewerbliche Schutzrechte und ähnliche Rechte sowie Lizenzen an solchen Rechten.
   B. Finanzanlagen:
      1. Beteiligungen;
      2. Wertpapiere des Anlagevermögens, die nicht zu Nummer 1 gehören;
      3. Ausleihungen mit einer Laufzeit von mindestens vier Jahren;
         davon durch Grundpfandrechte gesichert:
III. Umlaufvermögen:
   A. Vorräte:
      1. Roh-, Hilfs- und Betriebsstoffe;
      2. unfertige Erzeugnisse;
      3. fertige Erzeugnisse, Waren.
   B. Andere Gegenstände des Umlaufvermögens:
      1. geleistete Anzahlungen, soweit sie nicht zu II A Nr. 7 gehören;
      2. Forderungen aus Lieferungen und Leistungen;
         davon mit einer Restlaufzeit von mehr als einem Jahr:
      3. Wechsel;
         davon bundesbankfähig:
      4. Schecks;
      5. Kassenbestand, Bundesbank- und Postscheckguthaben;
      6. Guthaben bei Kreditinstituten;
      7. Wertpapiere, die nicht zu Nummer 3, 4, 8 oder 9 oder zu II B gehören;
      8. eigene Aktien unter Angabe ihres Nennbetrags;
      9. Anteile an einer herrschenden oder an der Gesellschaft mit Mehrheit beteiligten Kapitalgesellschaft oder bergrechtlichen Gewerkschaft unter Angabe ihres Nennbetrags, bei Kuxen ihrer Zahl;
      10. Forderungen an verbundene Unternehmen;
      11. Forderungen aus Krediten, die
         a) unter 89,
         b) unter §115
         fallen;
      12. sonstige Vermögensgegenstände.
IV. Rechnungsabgrenzungsposten
V. Bilanzverlust

FINANCIAL STATEMENTS PRESCRIBED FOR A GERMAN PUBLIC STOCK CORPORATION

XYZ A.G.
BALANCE SHEET
DECEMBER 31, 19--

ASSETS

I. CAPITAL STOCK SUBSCRIPTIONS RECEIVABLE, thereof DM ______ called in
II. FIXED AND FINANCIAL ASSETS:
  A. Tangible and Intangible Assets:
    1. Land and leasehold rights together with office, factory, and other buildings thereon
    2. Land and leasehold rights together with dwellings thereon
    3. Land and leasehold rights without buildings
    4. Buildings constructed on land owned by third parties not included in 1. or 2.
    5. Machinery and equipment
    6. Fixtures, furniture and office equipment
    7. Construction in progress and advance payments on fixed assets
    8. Franchises, patents, licenses, trademarks, and similar rights and licenses to such rights
  B. Financial Assets:
    1. Investments representing not less than 25% equity in other business enterprises
    2. Other security investments, not included in 1.
    3. Loans made for a term of at least four years (thereof DM ______ secured by mortgage)
III. REVOLVING ASSETS:
  A. Inventories:
    1. Raw materials and supplies
    2. Work-in-process
    3. Finished goods and merchandise
  B. Other Revolving Assets:
    1. Advances to suppliers other than those included in II.A.7.
    2. Accounts receivable (trade), of which DM ______ is due after one year
    3. Notes receivable (thereof DM ______ discountable at the Federal Reserve Bank)
    4. Checks on hand
    5. Cash on hand and on deposit with the Federal Reserve Bank and in postal checking accounts
    6. Cash at other banks
    7. Securities other than those included under items 3., 4., 8., or 9 or under II.B.
    8. Treasury stock, par value DM ______
    9. Shares in a controlling or majority shareholder's company, par value DM ______
    10. Amounts due from affiliated companies
    11. Loans and advances granted under the provisions of:
      a) Section 89 of the corporation law (receivables from members of the management board)
      b) Section 115 of the corporation law (receivables from members of the supervisory board)
    12. Other assets
IV. PREPAID EXPENSES AND DEFERRED CHARGES
V. ACCUMULATED DEFICIT

XYZ A.G.
BILANZ
ZUM 31. DEZEMBER 19--

VERBINDLICHKEITEN

I. Grundkapital

II. Offene Rücklagen:
1. gesetzliche Rücklage;
2. andere Rücklagen (freie Rücklagen)

III. Wertberichtigungen

IV. Rückstellungen:
1. Pensionsrückstellungen;
2. andere Rückstellungen;

V. Verbindlichkeiten mit einer Laufzeit von mindestens vier Jahren:
1. Anleihen;
davon durch Grundpfandrechte gesichert:
2. Verbindlichkeiten gegenüber Kreditinstituten;
davon durch Grundpfandrechte gesichert:
3. sonstige Verbindlichkeiten;
davon durch Grundpfandrechte gesichert:
Von Nummern 1 bis 3 sind vor Ablauf von vier Jahren fällig:

VI. Andere Verbindlichkeiten:
1. Verbindlichkeiten aus Lieferungen und Leistungen;
2. Verbindlichkeiten aus der Annahme gezogener Wechsel und der Ausstellung eigener Wechsel;
3. Verbindlichkeiten gegenüber Kreditinstituten, soweit sie nicht zu V gehören;
4. erhaltene Anzahlungen;
5. Verbindlichkeiten gegenüber verbundenen Unternehmen;
6. sonstige Verbindlichkeiten.

VII. Rechnungsabgrenzungsposten

VIII. Bilanzgewinn

XYZ A.G.
BALANCE SHEET
DECEMBER 31, 19--

LIABILITIES

I. CAPITAL STOCK AT PAR VALUE (with the par value of each class of shares stated separately)

II. APPROPRIATED SURPLUS
1. Legal reserve
2. Other reserves (free reserves)

III. VALUATION RESERVES

IV. ACCRUED LIABILITIES:
1. Pension reserves
2. Other reserves (for estimated liabilities and accrued expenses)

V. LIABILITIES CONTRACTUALLY PAYABLE AFTER FOUR YEARS:
1. Loans, thereof DM ______ secured by mortgages
2. Liabilities to banks, thereof DM ______ secured by mortgages
3. Other liabilities, thereof DM ______ secured by mortgages

Amounts included in 1. through 3. above due within four years

VI. OTHER LIABILITIES:
1. Accounts payable (trade)
2. Notes payable
3. Due to banks (other than those included in V., above)
4. Advance payments received
5. Due to affiliated companies
6. Other liabilities

VII. DEFERRED INCOME

VIII. UNAPPROPRIATED RETAINED EARNINGS

XYZ A.G.
GEWINN- UND VERLUSTRECHNUNG
FÜR DAS AM 31. DEZEMBER 19-- ENDENDE GESCHÄFTSJAHR

1. Umsatzerlöse
2. Erhöhung oder Verminderung des Bestands an fertigen und unfertigen Erzeugnissen
3. andere aktivierte Eigenleistungen
4. Gesamtleistung
5. Aufwendungen für Roh-, Hilfs- und Betriebsstoffe sowie für bezogene Waren
6. Rohertrag/Rohaufwand
7. Erträge aus Gewinngemeinschaften, Gewinnabführungs- und Teilgewinnabführungsverträgen
8. Erträge aus Beteiligungen
9. Erträge aus den anderen Finanzanlagen
10. sonstige Zinsen und ähnliche Erträge
11. Erträge aus dem Abgang von Gegenständen des Anlagevermögens und aus Zuschreibungen zu Gegenständen des Anlagevermögens
12. Erträge aus der Herabsetzung der Pauschalwertberichtigung zu Forderungen
13. Erträge aus der Auflösung von Rückstellungen
14. sonstige Erträge;
    davon ausserordentliche
15. Erträge aus Verlustübernahme
16. Löhne und Gehälter
17. soziale Abgaben
18. Aufwendungen für Altersversorgung und Unterstützungen
19. Abschreibungen und Wertberichtigungen auf Sachanlagen und immaterielle Anlagewerte
20. Abschreibungen und Wertberichtigungen auf Finanzanlagen mit Ausnahme des Betrags, der in die Pauschalwertberichtigung zu Forderungen eingestellt ist
21. Verluste aus Wertminderungen oder dem Abgang von Gegenständen des Umlaufvermögens ausser Vorräten (§ 151 Abs. 1 Aktivseite III B) und Einstellung in die Pauschalwertberichtigung zu Forderungen
22. Verluste aus dem Abgang von Gegenständen des Anlagevermögens
23. Zinsen und ähnliche Aufwendungen
24. Steuern
    a) vom Einkommen,
       vom Ertrag und
       vom Vermögen
    b) sonstige
25. Aufwendungen aus Verlustübernahme
26. sonstige Aufwendungen
27. auf Grund einer Gewinngemeinschaft, eines Gewinnabführungs- und eines Teilgewinnabführungsvertrags abgeführte Gewinne
28. Jahresüberschuss/Jahresfehlbetrag
29. Gewinnvortrag/Verlustvortrag aus dem Vorjahr
30. Entnahmen aus offenen Rücklagen
    a) aus der gesetzlichen Rücklage
    b) aus freien Rücklagen
31. Einstellungen aus dem Jahresüberschuss in offene Rücklagen
    a) in die gesetzliche Rücklage
    b) in freie Rücklagen
32. Bilanzgewinn/Bilanzverlust

XYZ A.G.
STATEMENTS OF INCOME AND UNAPPROPRIATED RETAINED EARNINGS
FOR THE YEAR ENDED DECEMBER 31, 19--

1. Net sales
2. Increase or decrease in work-in-process and finished goods
3. Other manufacturing costs capitalized
4. Total output
5. Raw materials, supplies and purchased merchandise
6. Gross profit/loss (before items listed below)
7. Profits transferred from subsidiaries under profit and loss transfer agreements
8. Income from investments representing not less than 25% equity in other enterprises
9. Income from other financial assets
10. Other interest and similar income (from temporary investments)
11. Gains on sales and write-up of fixed and financial assets
12. Income from reduction or dissolution of lump sum allowances on receivables
13. Income from reduction or dissolution of pension and other reserves for estimated liabilities and accrued expenses
14. Other income (thereof DM ______ of extraordinary income)
15. Losses transferred to parent company under profit and loss transfer agreement
16. Wages and salaries
17. Social security levies
18. Cost of pension plans and related benefits
19. Depreciation and write-offs of tangible and intangible fixed assets
20. Depreciation and write-offs of financial assets
21. Losses from devaluation or retirement of revolving assets other than inventories and amounts added to a lump-sum allowance for receivables
22. Losses from sale or retirement of fixed and financial assets
23. Interest and similar expenses
24. Taxes:
    a) On income and net assets
    b) Other
25. Losses transferred from subsidiaries under profit and loss transfer agreements
26. Other expenses
27. Profits transferred to parent company under a profit and loss transfer agreement
28. Net income/loss for the year
29. Unappropriated retained earnings/deficit at beginning of year
30. Withdrawals from appropriated surplus:
    a) From the legal reserve
    b) From free reserves
31. Additions to appropriated surplus out of net income for the year:
    a) To the legal reserve
    b) To free reserves
32. Unappropriated retained earnings/deficit at end of year

XYZ A.G.
ENTWICKLUNG DES ANLAGEVERMÖGENS UND DER RÜCKLAGEN FÜR DAS AM 31. DEZEMBER 19-- ENDENDE GESCHÄFTSJAHR

	Jahres-anfang DM	Zu-gänge DM	Ab-gänge DM	Zuschrei-bungen DM	Umbu-chungen DM	Abschrei-bungen DM	Jahres-ende DM
A. Sachanlagen und immaterielle Anlagewerte: 1. Grundstücke und grundstücksgleiche Rechte mit Geschäfts-, Fabrik- und anderen Bauten; 2. Grundstücke und grundstücksgleiche Rechte mit Wohnbauten; 3. Grundstücke und grundstücksgleiche Rechte ohne Bauten; 4. Bauten auf fremden Grundstücken, die nicht zu Nummer 1 oder 2 gehören; 5. Maschinen und maschinelle Anlagen; 6. Betriebs- und Geschäftsausstattung; 7. Anlagen im Bau und Anzahlungen auf Anlagen; 8. Konzessionen, gewerbliche Schutzrechte und ähnliche Rechte sowie Lizenzen an solchen Rechten.							
B. Finanzanlagen: 1. Beteiligungen; 2. Wertpapiere des Anlagevermögens, die nicht zu Nummer 1 gehören; 3. Ausleihungen mit einer Laufzeit von mindestens vier Jahren; davon durch Grundpfandrechte gesichert:							

	Jahres-anfang DM	Aus dem Bilanzgewinn eingestellte Beträge: Früherer Jahre DM	Aus dem Bilanzgewinn eingestellte Beträge: Des Geschäfts-jahres DM	Für das Geschäftsjahr entnommene Beträge DM	Jahres-ende DM
Offene Rücklagen: 1. gesetzliche Rücklage; 2. andere Rücklagen (freie Rücklagen)					

XYZ A.G.
ANALYSIS OF TANGIBLE AND INTANGIBLE FIXED ASSETS
FINANCIAL ASSETS AND OF DISCLOSED RESERVES
YEAR ENDED DECEMBER 31, 19--

	Beginning of Year DM	Additions DM	Retirements DM	Appreciation DM	Transfers DM	Depreciation DM	End of Year DM
A. Tangible and Intangible Assets:							
1. Land and leasehold rights together with office, factory, and other buildings thereon							
2. Land and leasehold rights together with dwellings thereon							
3. Land and leasehold rights without buildings							
4. Buildings constructed on land owned by third parties not included in 1. or 2.							
5. Machinery and equipment							
6. Fixtures, furniture and office equipment							
7. Construction in progress and advance payments on fixed assets							
8. Franchises, patents, licenses, trademarks and similar rights and licenses to such rights							
B. Financial Assets-							
1. Investments representing not less than 25% equity other business enterprises							
2. Other security investments, not included in 1.							
3. Loans made for a term of at least four years (DM ______ secured by mortgage)							

	Beginning of Year DM	Transferred from Unappropriated Retained Earnings of Prior Years DM	Transferred from Unappropriated Retained Earnings of Current Year DM	Withdrawn During Current Year DM	End of Year DM
Disclosed Reserves-					
1. Legal reserve					
2. Appropriated retained earnings					

JAHRESABSCHLUSS EINER U.S. INDUSTRIEGESELLSCHAFT

AKTIVA

UMLAUFVERMÖGEN:
- Flüssige Mittel—
  - Kasse
  - Bankguthaben
- Forderungen—
  - Aus Warenlieferungen und Leistungen an Dritte
  - Gegenüber Konzerngesellschaften
  - Sonstige
  - Abz.—Wertberichtigung auf Forderungen
- Vorräte, zum Niederstwert—
  - Rohstoffe
  - Hilfs— und Betriebsstoffe
  - Unfertige Erzeugnisse
  - Fertige Erzeugnisse
  - Abz.— Wertberichtigung auf Vorräte
- Aktive Rechnungsabgrenzung—
  - Vorausbezahlte Miete
  - Vorausbezahlte Versicherungsbeiträge

Umlaufvermögen insgesamt

ANLAGEVERMÖGEN, zu Anschaffungs— bzw. Herstellkosten:
- Grundstücke
- Grundstückseinrichtungen
- Gebäude—
  - Gebäude
  - Gebäudeeinrichtungen und —ausstattung
- Maschinen und Einrichtungen—
  - Maschinen und maschinelle Anlagen
  - Büromobiliar, —einbauten und —maschinen
  - Fahrzeuge
  - Hand— und Maschinenwerkzeuge
- Im Bau befindliche Anlagen
  - Abz.—Wertberichtigung (wie oben)

Anlagevermögen insgesamt

SONSTIGES VERMÖGEN, zu Anschaffungskosten abz. Abschreibungen:
- Firmenwert, Markenrechte, Patente und Lizenzen
- Sonstige Aktiva, netto

Sonstiges Vermögen insgesamt

Vermögen insgesamt

FINANCIAL STATEMENTS OF A U.S. INDUSTRIAL CORPORATION

ASSETS

CURRENT ASSETS:
- Cash—
  - Petty cash
  - Cash in banks
- Accounts receivable—
  - Trade
  - Affiliates
  - Other
  - Less— Allowance for doubtful accounts
- Inventories, at the lower of cost (first-in, first-out) or market—
  - Raw materials
  - Supplies
  - Work in process
  - Finished goods
  - Less— Inventory valuation adjustments
- Prepaid expenses—
  - Prepaid rent
  - Unexpired insurance

Total current assets

PROPERTY, PLANT AND EQUIPMENT, at cost:
- Land
- Land improvements
- Buildings—
  - Buildings
  - Building fixtures and equipment
- Machinery and equipment—
  - Machinery and equipment
  - Office furniture, fixtures and equipment
  - Automobiles
  - Tools and dies
- Construction in progress
- Less— Accumulated depreciation (as above)

Total property, plant and equipment

OTHER ASSETS, at cost less amortization:
- Goodwill, trademarks, patents and rights
- Other assets, net

Total other assets

Total assets

VERBINDLICHKEITEN EINSCHLIESSLICH REINVERMÖGEN DER GESELLSCHAFTER

KURZFRISTIGE VERBINDLICHKEITEN:
- Verbindlichkeiten gegenüber Banken
- Kurzfristiger Teil langfristiger Verbindlichkeiten
- Verbindlichkeiten—
  - Aufgrund von Warenlieferungen und Leistungen an Dritte
  - Gegenüber Konzerngesellschaften
  - Einbehaltene Lohnsteuer und Sozialabgaben
  - Sonstige
- Rückstellungen—
  - Löhne und Gehälter
  - Urlaubsgeld
  - Provision
  - Zinsen
  - Sonstige Steuern
  - Gewinnbeteiligung (Tantiemen)
  - Sonstige

TRANSITORISCHE PASSIVA (Vereinnahmte, aber noch nicht verdiente Erträge)

LANGFRISTIGE VERBINDLICHKEITEN:
- Gegenüber Banken
- Hypothekarisch gesicherte Schuldverschreibungen

PENSIONSRÜCKSTELLUNGEN

Verbindlichkeiten insgesamt

REINVERMÖGEN DER GESELLSCHAFTER:
- Stammkapital
- "Gesetzliche" Rücklagen
- "Freiwillige" Rücklagen und Gewinnvortrag, lt. Anlage

Reinvermögen der Gesellschafter

LIABILITIES AND SHAREHOLDERS' EQUITY

CURRENT LIABILITIES:
- Due to banks
- Current portion of long-term debt
- Accounts payable—
  - Trade
  - Affiliates
  - Payroll deductions
  - Other
- Accrued liabilities—
  - Wages and salaries
  - Vacation pay
  - Commissions
  - Interest
  - Other taxes
  - Profit sharing plan
  - Other accrued liabilities

DEFERRED INCOME

LONG-TERM DEBT:
- Due to banks
- Mortgage bonds

PENSION RESERVES

Total liabilities

SHAREHOLDERS' EQUITY:
- Capital stock
- Capital surplus
- Earned surplus, as per attached

Shareholders' equity

GEWINN— UND VERLUSTRECHNUNG
EINSCHLIESSLICH GEWINNVORTRAG

VERKÄUFE:
Bruttoerlöse—
An Konzerngesellschaften
An Dritte

ABZÜGLICH— ERLÖSSCHMÄLERUNGEN:
Retouren und Nachlässe
Kassenskonto
Handelsrabatte
Ausgangsfrachten

Nettoerlöse

HERSTELLKOSTEN DER VERKAUFTEN WAREN:
Rohstoffe
Fertigungslohn
Fertigungsgemeinkosten
(Zunahme) Abnahme der Vorräte

Bruttogewinn

BETRIEBSAUFWENDUNGEN:
Forschung und Entwicklung—
Gehälter und Löhne
Gesetzliche Sozialabgaben
Betriebsstoffe
Reisekosten
Porti, Telefon und Telegramme
Sonstige Steuern
Verkauf und Werbung—
wie oben
Verwaltung—
wie oben

Betriebsausgaben insgesamt

Betriebsgewinn

Fortsetzung nächste Seite

STATEMENT OF INCOME
AND RETAINED EARNINGS

SALES:
  Gross sales—
    Intercompany
    To third parties

LESS— SALES DEDUCTIONS:
  Returns and allowances
  Cash discounts
  Trade discounts
  Freight-out

Net sales

COST OF GOODS SOLD:
  Raw materials
  Direct labor
  Manufacturing overhead
  (Increase) decrease in inventories

Gross profit

OPERATING EXPENSES:
  Research and development—
    Salaries and wages
    Social security expenses
    Operating supplies
    Travel expenses
    Postage, telephone and telegraph
    Taxes, other than income
  Selling and advertising—
    as above
  Administration—
    as above

Total operating expenses

Operating income

GEWINN— UND VERLUSTRECHNUNG EINSCHLIESSLICH GEWINNVORTRAG

SONSTIGE ERTRÄGE UND AUFWENDUNGEN:
Zinserträge
Sonstige Erträge
Zinsaufwendungen und Bankgebühren
Sonstige Aufwendungen

"Jahresüberschuss" vor Ertragsteuern

AUFWAND FÜR ERTRAGSTEUERN:
Körperschaftsteuer
Gewerbeertragsteuer

"Jahresüberschuss" vor Sonderposten

SONDERPOSTEN:
Ausserordentliche Abschreibung auf das Werk XYZ, nach Abzug der entsprechenden Ertragsteuerminderung

"Jahresüberschuss" und Sonderposten

GEWINNVORTRAG (einschliesslich der freien Rücklagen):
Anfangssaldo
Abz.— Genehmigter Dividenden

Endsaldo

STATEMENT OF INCOME AND RETAINED EARNINGS

OTHER INCOME AND EXPENSES:
- Interest income
- Miscellaneous income
- Interest expenses and bank charges
- Miscellaneous expenses

Net income before income taxes

PROVISION FOR INCOME TAXES:
- Federal
- Municipal

Net income before special items

SPECIAL ITEMS:
- Extraordinary write-down of XYZ plant, net of related income tax effect

Net income and special items

EARNED SURPLUS: (including free reserves)
- Opening balance
- Less— Dividends declared

Closing balance

XYZ CORP.
MITTELHERKUNFTS- UND MITTELVERWENDUNGSRECHNUNG
FÜR DAS AM 31. DEZEMBER 19-- ENDENDE GESCHÄFTSJAHR

MITTELHERKUNFT:

Zunahme des Netto-Umlaufvermögens aud der Geschäftstätigkeit
Jahresüberschuss
Zuzüglich - Posten, die das Netto-Umlaufvermögen nicht mindern:
Abschreibungen und Wertberichtigungen auf
Sachanlagen und immaterielle Anlagewerte
Zuführung zu den Pensionsrückstellungen
Zunahme (Abnahme) langfristiger Verbindlichkeiten
Verkauf und Abgang von Anlagevermögen, zum Nettobuchwert
Zunahme transitorischer Passiva

MITTELVERWENDUNG:

Dividendenausschüttung
Zugänge zum Anlagevermögen
Erhöhung der sonstigen Vermögensgegenstände
Verminderung der Pensionsrückstellungen

ERHÖHUNG (VERMINDERUNG) DES NETTO-UMLAUFVERMÖGENS:

Flüssige Mittel
Forderungen aus Lieferungen und Leistungen
Vorräte
Aktive Rechnungsabgrenzungsposten
Verbindlichkeiten gegenüber Kreditinstituten
Kurzfristiger Teil langfristiger Verbindlichkeiten
Verbindlichkeiten aus Lieferungen und Leistungen
Rückstellungen

XYZ CORP.
STATEMENT OF CHANGES IN FINANCIAL POSITION
FOR THE YEAR ENDED DECEMBER 31, 19--

SOURCE OF FUNDS:

Working capital provided from operations -
  Net income
  Add - items not using working capital:
    Provision for depreciation and amortization of
      property, plant, equipment and intangible assets
    Provision for pension reserve
Increase (decrease) in long-term debt
Sale and retirement of property, at net
  book value
Increase in deferred income

APPLICATION OF FUNDS:

Dividends declared
Additions to property, plant and equipment
Additions to other assets
Pension payments

ANALYSIS OF INCREASE (DECREASE) IN WORKING CAPITAL:

Cash
Accounts receivable
Inventories
Prepaid expenses
Bank overdrafts and loans
Current portion of long-term debt
Accounts payable
Accrued liabilities

English-German

Englisch-Deutsch

Preface to the second edition

The growing integration of world business has led to a greater exchange of information in the international business scene. This applies to both reporting systems and companies' self presentation abroad. More and more large German companies present an English translation of their financial statements and annual reports. Such translations are helpful in seeking business connections in the United States - often they are a must.

This dictionary shall help translators to quickly find a correct translation for accounting and business terms. It is primarily designed for companies and translators in German speaking countries and it shall contribute to facilitate the understanding of such accounting and business terms. But it should also be of help to companies and translators in English speaking countries.

In order to hold this volume to a readily usable size, many less common business and accounting words and phrases have been omitted. Emphasis has been placed on words and phrases most commonly found in daily practice.

Terms related to electronic data processing and banking are not given in the main section but have been summarized in a separate section of this dictionary.

Some words and phrases have different meanings in the various English speaking countries, particularly as they relate to financial terminology. For this dictionary, the English terms used are the ones that are most common in the United States. Also included are, however, some terms which are common in other English speaking countries. These are shown with an indication of the country where they are used.

This dictionary has developed ove the years in a daily bilingual practice and is now for the first time made available to the German public.

Suggestions for additions are appreciated by the publisher. They would be considered for a third edition of this dictionary.

Düsseldorf/Stuttgart
Oktober 1981

The Publisher

DICTIONARY OF GERMAN-ENGLISH ACCOUNTING AND BUSINESS TERMS

Table of Contents

SUGGESTIONS FOR THE USE OF THE GERMAN-ENGLISH SECTION OF THIS DICTIONARY (pages 7 — 135)

In this section of the dictionary the German terms appear, as a rule, in alphabetical sequence. However, similar and related terms have been grouped under the respective key term, resulting in exceptions to the alphabetical order in several instances.

As an example, under the key term STEUER there are listed all words which contain the word STEUER. This applies specifically to the various types of taxes, such as:

Steuer, Beförderungsteuer
Steuer, Börsenumsatzsteuer

These words are listed only under the key word STEUER and not in alphabetic sequence under Beförderungsteuer and Börsenumsatzsteuer.

The key words referred to above include the following:

Abschreibung	Gemeinkosten	Produkt
Aktien	Geschäft	Prüfung
Arbeit	Gesellschaft	Rechnung
Bar	Gesetz	Recht
Bestand	Gewinn	Scheck
Betrieb	Grund	Schuld
Buch	Handel	Steuer
Einkünfte	Kapital	Verkauf
Fabrik	Konto	Vermögen
Fertigung	Kosten	Versicherung
Forderungen	Kredit	Wechsel
Geld	Kurs	Wert
	Lohn	Zahlung

In using the German-English section of the dictionary, the reader should decide whether the word is part of or related to a key word; if this is the case, he should first look for it under the most probable key term. This difficulty should be overcome quickly with repeated use.

The German "Umlaute": Ä, Ö and Ü appear alphabetically as: A, O und U.

SUGGESTIONS FOR THE USE OF THE ENGLISH-GERMAN SECTION OF THIS DICTIONARY (pages 145 — 255)

In this section of the dictionary, the English terms appear, as a rule, in alphabetical sequence. However, similar and related terms have been grouped under the respective key term, resulting in exceptions to the alphabetical order in certain instances.

As an example, under the key term AUDITOR, there appears "Auditors' certificate" and "Auditors' report"; these terms are not listed again under "Certificate, auditors'" or "Report, auditors'".

In using the English-German section of the dictionary, the reader should decide whether the word is part of or related to a key word commonly used in accounting or business; if this is the case, he should first look for it under the most probable key term. This difficulty should be overcome quickly with repeated use.

The English-German section does not include the English equivalents of those accounting and business terms which are commonly used only in Germany; for instance, "Transportation tax" as a translation of the German term "Beförderungsteuer" is not included under this section since the translated term is not commonly used in English-speaking countries.

A

abandonment Aufgabe, Preisgabe
abatement Ermässigung einer veranlagten Steuer
ability to pay Zahlungsfähigkeit
above par über pari, über dem Nennwert
absence rate Abwesenheitsrate
absenteeism Fehlen der Arbeitnehmer, Abwesenheit
absorbed burden (or: absorbed overhead expenses, absorbed indirect cost) verrechnete Fertigungsgemeinkosten
abstract Auszug
abstract of minutes Auszug aus Sitzungsprotokollen
abstract of title Grundbuchauszug
accelerated depreciation Sonderabschreibung, die über die normale Abschreibung hinausgeht
acceptable as collateral beleihbar
acceptance Akzept, Wechsel; Annahme
acceptance credit Akzeptkredit, Wechselkredit
acceptance liability Wechselobligo
acceptor Akzeptant
accessory; to the fact Zubehör; Mittäter
accident and health insurance Unfall- und Krankenversicherung
accident insurance benefit Unfallrente
accommodation Gefälligkeit
accommodation loan, stand-by credit Überbrückungskredit
accommodation note Gefälligkeitswechsel
accord Übereinstimmung, Vergleich
accord and satisfaction vergleichsweise Erfüllung einer schuldrechtlichen Verpflichtung; Zahlung im Vergleichsverfahren
account Konto
account classification Kontengliederung
account distribution Kontierung von Belegen
account for, to Rechnung ablegen über
account of settlement Schlussabrechnung
accountability Rechenschaftspflicht
accountancy Rechnungswesen
accountant Fachmann des Rechnungswesens, Buchhalter
accounting Buchhaltung, Rechnungswesen
accounting cycle Buchungskreislauf
accounting department Buchhaltungsabteilung
accounting machine Buchungsmaschine, Tabelliermaschine
accounting on a cash basis Einnahmen-Ausgabenrechnung; Buchführung, die nur die Bewegung der Barmittel festhält
accounting on an accrual basis periodengerechte Buchführung (mit Abgrenzungen)
accounting period Abrechungszeitraum
accounting principles Bilanzierungsgrundsätze, Rechnungslegungsvorschriften
accounting procedures Verfahren der Rechnungslegung
accounting rules Bilanzierungsvorschriften
accounts (G.B.) Jahresabschluss (G.B.)
accounts payable Verbindlichkeiten, Kreditoren
accounts payable - intercompanies, amounts due to affiliated companies, accounts payable (associated companies) Verbindlichkeiten gegenüber verbundenen Unternehmen
accounts payable, other sonstige Verbindlichkeiten
accounts payable, trade Verbindlichkeiten aus Warenlieferungen und Leistungen
accounts receivable Forderungen, Debitoren

accounts receivable from affiliates Forderungen gegenüber verbundenen Unternehmen
accounts receivable, other sonstige Forderungen
accounts receivable, trade Forderungen aus Warenlieferungen und Leistungen
accounts receivable turnover Forderungsumschlag
accrual passive Rechnungsabgrenzung, Rückstellung
accrual basis of accounting periodengerechte Buchführung mit Abgrenzungen
accrual for income taxes, income tax reserve Rückstellung für Ertragssteuern
accrual for interest expense (interest income) Abgrenzung von Zinsaufwand (Zinsertrag)
accrual for necessary repairs Rückstellung für unterlassene Instandhaltung
accrual for vacation pay Urlaubsgeldrückstellung
accrued rückgestellt, abgegrenzt; aufgelaufen
accrued commissions Rückstellung für Vertreterprovisionen
accrued expenses passive Rechnungsabgrenzung, siehe: "Rechnungsabgrenzungsposten"
accrued income, accrued revenues aktive Rechnungsabgrenzung, siehe: "Rechnungsabgrenzungsposten"
accrued interest expense (income) Abgrenzung von Zinsaufwand (-ertrag)
accrued liabilities Rückstellungen
accrued receivables, unbilled receivables Forderungen aus noch nicht abgerechneten Leistungen
accumulated angesammelt, aufgelaufen
accumulated amortization Wertberichtigung auf immaterielle Vermögenswerte, aufgelaufene Tilgung
accumulated deficit aufgelaufener Reinverlust
accumulated depletion Wertberichtigung auf Bodenschätze
accumulated depreciation aufgelaufene Abschreibungen, Wertberichtigung auf das Sachanlagevermögen
accumulated losses Bilanzverluste, Defizit
accumulation of capital Thesaurierung
accumulator Akkumulator (addierender und subtrahierender Zahlenspeicher)
accuracy (clerical) Genauigkeit (rechnerische Richtigkeit)
acid test ratio Ermittlung des Verhältnisses der Barmittel und Forderungen zu den kurzfristigen Verbindlichkeiten; Liquidität 1. Grades
acknowledgment Bestätigung
acknowledgment of debt Schuldanerkenntnis
acquisition Erwerb, Anschaffung
acquisition cost Einstandskosten, Anschaffungskosten
acquisition of an interest in Beteiligungserwerb
acquisition, take-over Übernahme
act of God höhere Gewalt
action for damages Schadenersatzklage
actual cash value Barwert
actual cost Ist-Kosten, Nachkalkulation
actual cost system Vollkostenrechnung
added value tax on imports Einfuhrumsatzsteuer
adder Addiervorrichtung
adding counter Additionszähler
addition Zugang, Addition
addition tape Additionsstreifen
addition to, provision for depreciation Zuführung zu den Abschreibungen
address counter Adressfolgezähler
address file Adressregister, Adressdatei
adequacy Angemessenheit
adjudication of bankruptcy Konkurseröffnung
adjusting entry Berichtigungsbuchung

adjustment Berichtigung
administration Verwaltung
administrative expenses Verwaltungskosten
administrative manager Verwaltungsdirektor
administrator in receivership cases, receiver Vergleichsverwalter
admission tax Vergnügungsteuer
ad valorem duty Wertzoll
advance Vorschuss
advance on payroll Lohnvorschuss
advance payment Vorauszahlung
advance payments made Anzahlungen, geleistete
advance payments on fixed assets Anzahlungen auf Anlagen
advances received Anzahlungen, erhaltene
adverse balance negativer Saldo
advertising Werbung, Reklame
advertising expenses Werbekosten
affidavit eidesstattliche Erklärung
affiliate, affiliated company Konzerngesellschaft, nahestehende Gesellschaft (unter 50%)
affiliation Organschaft (D), Zugehörigkeit
affiliation privilege (German tax law) Schachtelprivileg
after-tax profit Gewinn nach Steuern
aged receivable trial balance nach dem Alter aufgeschlüsselte Saldenliste der Forderungen
aged receivables nach dem Alter aufgeschlüsselte Forderungen
aggregate amount Gesamtbetrag
aging schedule nach dem Alter aufgeschlüsselte Saldenliste der Forderungen
agreement Vertrag, Abkommen
agrees to verpflichtet sich
alien corporation ausländische Kapitalgesellschaft
allied company nahestehende Gesellschaft, Konzerngesellschaf
all-inclusive income statement Erfolgsrechnung, die auch Posten des 'earned surplus'-Rechnung mit einschliesst (also mit Entnahmen oder Einstellungen in Rücklagen)
all-plant burden rate einheitlicher Gemeinkostensatz auf Basis des Gesamtbetriebes
allocation Zuteilung; Kostenumlage
allowance Rabatt, Vergütung
allowance for doubtful accounts Wertberichtigung auf Forderungen
allowance for loss in the value of securities Wertberichtigung auf den Wertpapierbestand
alphanumerical type bars alphanumerische Typenstangen
alternative procedures alternatives Verfahren, ergänzende Prüfungshandlungen
amalgamation Verschmelzung, Fusion
amendment Ergänzung, Nachtrag, Verbesserung
amortization Abschreibung auf immaterielle Vermögenswerte
amortized cost Buchwert
analysis of fixed assets Anlagespiegel
analyze an account, to ein Konto dem Inhalt nach aufschlüsseln
annual jährlich
annual accounting period Geschäftsjahr
annual balance sheet Abschlussbilanz
annual financial statements Jahresabschluss
annual reports jährliche Geschäftsberichte
annuity Rente, Annuität
annuity bond Rentenschuldverschreibung
anti-trust law Kartellgesetz
aperiodic aperiodisch
appeal Berufung
appendix Anhang, Zusatz
application of funds Mittelverwendung; Teil der Herkunfts-und Verwendungsrechnung
applied indirect cost verrechnete Gemeinkosten
apportionment anteilmässige Zurechnung, Umlage
appraisal Schätzung, Bewertung
appraisal increment durch Schätzung entstandener Mehrwert
appraisal surplus Rücklage aus dem durch Schätzung entstandenen Mehrwert
appraise, to bewerten

appreciation Wertzuwachs
appropriate earnings to surplus, to Bildung von zweckgebundenen Rücklagen
appropriated retained earnings (appropriated earned surplus) zweckgebundene Rücklage
appropriation of funds Bereitstellung von Geldmitteln für bestimmte Zwecke
approval Genehmigung, Bewilligung
approximated geschätzt, aufgerundet
arithmetic unit Rechenwerk
array Datenfeld
arrears; dividend in arrears, premium in arrears Rückstände; rückständige Dividende für kumulative Vorzugsaktien, Prämienrückstand
articles of incorporation Gründungsurkunde einer Kapitalgesellschaft, Satzung
articles of partnership Gesellschaftsvertrag einer Personengesellschaft (OHG, KG)
ask, selling rate Kurs, Briefkurs
assembly Montage
assess besteuern
assessed valuation, assessed value festgesetzter Wert, Einheitswert
assessment Steuerveranlagung
assets Aktiva, Vermögensteile
assets, e.g. leases equivalent to fixed assets grundstücksgleiche Rechte
assignation of a claim, assignment of accounts receivable (US) Forderungsabtretung
assigned value zugeteilter Wert
assignment Zession; Auftrag
assignment of security Sicherheitsabtretung
associated company nahestehende Gesellschaft, Konzerngesellschaft
assumption of debt Schuldübernahme
at par zum Nennwert; Nominalbetrag
at sight bei Sicht
attachment Pfändung
attorney Anwalt
audit Buchprüfung
audit certificate Bestätigungsvermerk des Abschlussprüfers
audit date Prüfungsstichtag
audit engagement Prüfungsauftrag
audit fees Prüfungsgebühren
audit scope Prüfungsumfang
auditing Prüfungswesen, Rechnungsprüfung
auditing procedures Prüfungsverfahren, -handlungen
auditing standards Prüfungsgrundsätze
auditor Prüfer, Revisor
auditor's certificate Bestätigungsvermerk des Abschlussprüfers
auditor's report Prüfungsbericht
authorization Bevollmächtigung
authorized agent Handlungsbevollmächtigter
authorized capital stock genehmigtes Grundkapital
automatic carriage automatische Vorschubeinrichtung, automatischer Transport
automatic control Gruppenkontrolle
automatic controller Steuerwerk, Regelgerät
auxiliary account Hilfs-, Unterkonto
auxiliary expenses (costs), additional charges Nebenkosten
auxiliary expenses in connection with the acquisition of fixed assets Nebenkosten des Anlageerwerbs
auxiliary records Hilfsbücher, -konten
auxiliary wages Hilfslöhne
available assets unbelastete Vermögenswerte
available, disposable verfügbar
available (earned) surplus nicht zweckgebundener Gewinnvortrag
available funds, disposable funds Mittel, verfügbare
average Durchschnitt
average burden (overhead) rate Durchschnittsgemeinkostensatz
average collection period durchschnittliche Zahlungseingangsfrist
average cost Durchschnittsherstell- oder Einstandskosten
average useful life durchschnittliche betriebsgewöhnliche Nutzungsdauer
avoidance Vermeidung (gesetzlich zulässig)

B

back order Lieferungsrückstand
back pay Lohnnachzahlung
back-to-back credit Gegenakkreditiv
backer Bürge, Indossant
backlog Rückstand
backspace, to zurücksetzen
backvalue Rückvaluta
bad debt uneinbringliche Forderung
bad debt expense Forderungsausfälle (Kostenkonto), Abschreibungen auf zweifelhafte Forderungen
bad debts recovered Eingang abgeschriebener Forderungen
bad debt reserve Wertberichtigung für zweifelhafte Forderungen (Bilanz)
bad money Falschgeld
balance Saldo, Restbestand
balance, to abstimmen; saldieren
balance card Bestandskarte, Bestandsvortragskarte
balance carried forward Saldovortrag
balance selection Saldenauswahl
balance sheet Bilanz
balance sheet account Bilanzkonto
balance sheet as of date of reorganization Umwandlungsbilanz
balance sheet date Bilanzstichtag
balance sheet item Bilanzposition
balance sheet total Bilanzsumme
bankrupt Konkurs, Bankrott
bankruptcy Bankrott
bankruptcy proceedings Konkursverfahren
base register Adressenregister, Grunddatenregister
base salary Grundgehalt
base stock eiserner Bestand
base value Festwert
basic piece rate unveränderlicher Stücklohnfaktor
basic quantity standard Mengenstandard
basic wiring Grundschaltung
basis Grundlage
basis (of assessment) Bemessungsgrundlage
bearer Überbringer
bearer bonds Inhaberschuldverschreibungen
bearer shares Inhaberaktien
below par unter pari, unter dem Nennwert
below the line den Reingewinn der Periode nicht beeinflussend
benefit Nutzen; Zuwendung
betterment Verbesserung; Aufwand, durch den die Nutzungsdauer verlängert, die Kapazität vergrössert oder die Kosten gesenkt werden
bid - ask - close Geld - Brief - Schlusskurs
bill Wechsel; Rechnung
bill, addressed Domizilwechsel
bill, after-sight Nach-Sichtwechsel
bill, commercial Handelswechsel
bill discounting Wechseldiskontierung
bill of exchange Wechsel
bill of lading Frachtbrief, Konnossement
bill of material Materialschein; Stückliste
bill of sale Kaufurkunde
bill, sight Sichtwechsel
bill, time Zeitwechsel
billed expenses Kosten, weiterbelastete
billing Fakturierung
billing department Rechnungsabteilung
billing rate Gebührensatz
bills receivable Wechselforderungen
bin card Lagerfachkarte
binder Ordner
biweekly zweiwöchentlich, vierzehntäglich
blank advance, unsecured credit Blankokredit
blind entry Buchung ohne Beschreibung des Geschäftsvorfalls
block vouching test lückenlose Prüfung einer ausgewählten Beleggruppe
blocked account Sperrkonto
blue chips besonders sichere und wertbeständige Aktien

blueprint Blaupause; Entwurf
board of directors Aufsichtsrat, Verwaltungsrat
body corporate Kapitalgesellschaft, Körperschaft
bona fide gutgläubig, echt
bond Schuldverschreibung, Obligation
bond discount Disagio bei Ausgabe von Schuldverschreibungen
bond issue Anleihenemission
bond market Anleihemarkt
bond premium Agio bei Ausgabe von Schuldverschreibungen
bond sinking fund Obligationstilgungsfond
bond yield table Zinsertragstabelle für Obligationen
bonded goods Ware unter Zollverschluss
bonded warehouse Zollager
bonus Sondervergütung, Tantieme
bonus stock Gratisaktie
book depreciation Abschreibung, buchmässige
books of original entry Grundbücher
book value Buchwert
bookkeeper Buchhalter
boom Hausse
borrowed capital Fremdkapital
borrowing costs Kreditkosten
borrowings fremde Mittel
bottleneck Engpass
bracketed figure Klammerzahl; im Amerikanischen häufig: Haben- oder negativer Saldo
branch Zweigniederlassung
branch office Zweigbüro, Geschäftsstelle
branch sales office Verkaufsbüro
brand Handelsmarke
break-even point Ertragschwelle
breakdown Maschinenausfall; Unterteilung
broker Makler, Kommissionär
brokerage Maklergebühr
brokerage, brokerage business Vermittlungsgeschäft
budget Finanzplan, Budget
budget variance Budgetabweichung
budgetary accounting Vorschaurechnung, Finanzplanung
budgetary control Budget-, Finanzkontrolle
buildings Gebäude
building improvements Gebäudeeinrichtungen und -ausstattung
building permit Baugenehmigung
burden absorption rate, burden rate Gemeinkostenverrechnungssatz
burden center Kostenstelle
burden costs Fertigungsgemeinkosten
burden overabsorbed Gemeinkostenüberdeckung
burden underabsorbed Gemeinkostenunterdeckung
burglary insurance Einbruchversicherung
business Geschäft
business consultant Betriebsberater
business deduction, business expense Betriebsausgabe
business form Geschäftsformular
business income Einkünfte aus Gewerbebetrieb
business interruption insurance Betriebsunterbrechungsversicherung
business transaction Geschäftsvorfall
business usage Handelsbrauch
buying office Einkaufsbüro
buying rate Kaufkurs
by-product Nebenprodukt
bylaws Statuten, Gesellschaftsstatuten

C

calculation Berechnung
calculation of interest Zinsrechnung
call in, to Forderungen einziehen, Darlehen kündigen
call loan vom Kreditgeber jederzeit kündbarer Kredit
call money Tagesgeld
call option Kaufoption
call rate Tagesgeldzinssatz
callable bonds vom Kreditnehmer vorzeitig rückzahlbare Schuldverschreibungen
cancel, to streichen, entwerten; stornieren
cancel key Löschtaste
capacity variance Kapazitätsgradabweichung
capital Kapital
capital and retained earnings, shareholders' equity Kapital, Rücklagen und Gewinnvortrag
capital budget Investitionsplan
capital employed Kapital, betriebsnotwendiges
capital expenditures, capital outlay Anschaffungen von Anlagevermögen, Investitionen
capital gain Kapitalgewinn (U.S. Steuer)
capital increase Kapitalerhöhung
capital loss Kapitalverlust (U.S. Steuer)
capital, not paid-in Einlagen, ausstehende
capital paid-in eingezahltes Grund- oder Stammkapital
capital share Kapitaleinlage
capital stock Aktien; Grund- oder Stammkapital
capital stock, authorized genehmigtes Aktienkapital
capital stock, issued ausgegebenes Aktienkapital
capital stock, outstanding ausstehendes Aktienkapital
capital stock register Aktienbuch
capital surplus Rücklage aus Agio (eingezahltes Aufgeld); "gesetzliche" Rücklagen
capital transaction tax Kapitalverkehrsteuer
capitalization Aktivierung; Kapitalstruktur
capitalize, to aktivieren
capitalized costs, capitalized expenditures aktivierte Kosten
capitalized leases aktivierte Mietanlagen
capitalized own production aktivierte Eigenleistung
caption Titel, Überschrift
carriage control Vorschubkontrolleinrichtung
carriage, paper Papiervorschub (im Drucker)
carry-back steuerlicher Verlustnachtrag (durch Verrechnung mit Gewinnen der Vorjahre)
carry-forward steuerlicher Verlustvortrag
carry on the books, to in den Büchern führen
carrying value Buchwert
cartage Rollgeld, Fuhrlohn
cash Bargeld, flüssige Mittel; Bilanzposition: Kasse, Postscheck- und Bankguthaben
cash and trade discounts Skonti und Rabatte
cash audit Prüfung der Kassen- und Banktransaktionen
cash balance, cash position Bestand an flüssigen Mitteln
cash basis, accounting on a Einnahmen - Ausgabenrechnung; Buchführung, die nur die Bewegung der Barmittel festhält
cash budget Einnahmen- und Ausgabenplan
cash disbursement Auszahlung durch Kasse, Bank oder Postscheck; Geldausgänge
cash dividend Bardividende
cash on delivery Nachnahme
cash on hand (petty cash) Kassenbestand, Bargeld (Kleine Kasse)
cash over or short Kassenmehr- oder -fehlbetrag; Kossendifferenz

cash purchase Barkauf
cash receipt Kassen-, Bank- oder Postscheckeinnahme; Geldeingang
cash remittance Überweisung
cash requirement Finanzbedarf
cash surrender value of life insurance policies Rückkaufswert von Lebensversicherungen
cash transaction Bargeschäft, Kassageschäft
cash value Barwert
cashbook, cash journal Kassenbuch, einschl. Bankverkehr
cashier Kassierer
casualty insurance Unfallversicherung
ceiling, limit Plafond
certificate of incorporation Gründungsbestätigung einer Kapitalgesellschaft
certificate of indebtedness Schuldschein
certified beglaubigt, geprüft
certified financial statements Jahresabschluss, versehen mit dem Bestätigungsvermerk des Wirtschaftsprüfers; geprüfter Jahresabschluss
certified public accountant amerikanischer Wirtschaftsprüfer
certified true copy beglaubigte Abschrift
cession Abtretung, Zession
chairman of the board Aufsichtsratsvorsitzender
chamber of commerce Handelskammer
change as compared to prior year Veränderung gegenüber dem Vorjahr
changes in inventory Bestandsveränderungen
change in stock (increase-decrease) Bestandsveränderung
change of articles Satzungsänderung
change of title Eigentumsübertragung
character Zeichen
charge Belastung, Kostenbelastung (buchhalterisch); Ladung (technisch)
charge, to; to debit belasten
charge-off (write-off) Ausbuchung (typisch bei uneinbringlichen Forderungen)
charge sales Kreditverkäufe
chart Übersicht, Tabelle
chart of accounts Kontenplan
chartered accountant "Wirtschaftsprüfer" (GB und Commonwealth-Länder)
chartered right, legal right verbrieftes Recht
chattel bewegliche Sache
chattel mortgage, chattel loan Sicherungsübereignung, Eigentumsvorbehalt
check, to prüfen, durchsehen
check against, to vergleichen mit, gegenprüfen
check protector Zahlenschriftmaschine, die den Scheckbetrag vor Fälschungen sichert; Protectograph
chief accountant Leiter des Rechnungswesens
Christmas bonus Weihnachtsgratifikation
church tax Kirchensteuer
circuit Stromkreis
circularization Einholung von (Salden-) Bestätigungen
civil law Zivilrecht
claim Anspruch, Forderung
claim for damages Schadenersatzanspruch
claim for refund Erstattungsanspruch
claim, preferred bevorrechtigte Forderung
classify, to klassifizieren, kontieren
clause Klausel, Vertragsbestimmung
clear, to löschen
clearing account Verrechnungskonto, Durchgangskonto
clearing device Automatische Nullstellung
clerical accuracy rechnerische Richtigkeit
clerical error Schreib- oder Rechenfehler
clock card Kontrollkarte, Stechkarte
clock unit Zeiteinheit
closed account abgeschlossenes Konto
closed shop Gewerkschaftszwang

closed transaction file Kartei abgeschlossener Geschäftsvorfälle
closely-held corporation personenbezogene Kapitalgesellschaft
closing balance Endsaldo
closing date Abschlusstermin
closing entry Abschlussbuchung
closing the books Abschluss der Bücher und Konten zum Jahresende
coin Münze
coinsurance Versicherung mit Selbstbeteiligung
collate, to zuordnen, mischen
collateral Sicherheiten
collateral loan Lombardkredit
collateral trust bonds gesicherte Schuldverschreibungen
collator Kartenmischer
collectibility Einzugsfähigkeit von Forderungen
collection Inkasso, Einzug, Einziehung
collection period Dauer der Kreditinanspruchnahme durch Kunden
collective bargaining gewerkschaftliche Tarifverhandlungen
column Spalte
column indicating device Spaltenanzeiger
columnar sheet Kolonnenbogen, Spaltenbogen
combine Konzern, Trust, Pool
come into force, to in Kraft treten
commercial code Handelsgesetzbuch
commercial domicile Geschäftssitz
commercial expenses Verwaltungsgemeinkosten
commercial law Handelsrecht
commercial paper Form der Selbstfinanzierung durch Ausgabe kurzfristiger, markthandelbarer Eigenwechsel (USA)
commercial papers Handelswechsel (GB)
commercial register Handelsregister
commercial transactions Handelsgeschäfte
commercial usage, commercial custom Handelsbrauch
commercial value Handelswert, Marktwert
commission Provision, Vermittlungsgebühr
commitments Verpflichtungen; Bestellobligo
commodity card Artikelkarte
commodity exchange Warenbörse
common Mitte (im Steuerapparat)
common stock Stammaktien
community of interests Interessengemeinschaft
company law Gesellschaftsrecht
comparison unit Vergleichseinheit
comparative financial statements Jahresabschluss mit Vergleichszahlen
comparative presentation Vergleichsübersicht
compatibility Verträglichkeit
compensation for damages Schadensersatz
complaint Mängelrüge, Reklamation
composite rate method of depreciation Abschreibung nach Durchschnittssätzen, Gruppenabschreibung
composition, accord Vergleich (mit Gläubigern)
composition proceedings Vergleichsverfahren
compound entry zusammengesetzter Buchungssatz
compound interest Zinseszins
comptroller, controller Leiter des Rechnungswesens
compulsory obligatorisch
compulsory insurance Pflichtversicherung
compulsory settlement Zwangsvergleich
computation Berechnung, Errechnung
conclusion Schlussfolgerung
condensed balance sheet zusammengefasste Bilanz
condition Bedingung, Voraussetzung
condition precedent aufschiebende Bedingung
condition subsequent auflösende oder nachfolgende Bedingung
conditional sale Verkauf unter Eigentumsvorbehalt
confidential vertraulich

confirmation (letter) Bestätigung von Dritten, (Bestätigungsschreiben)
conservative approach Imparitätsprinzip
conservative valuation vorsichtige Bewertung
consideration Gegenleistung, Gegenwert
consignment Konsignation
consignment goods Konsignationsware
consignment sales Konsignationsverkäufe, Kommissionsverkauf
consignment stock Konsignationslager
consistency Kontinuität, Anwendung gleicher Grundsätze
consolidated balance sheet Konzernbilanz, konsolidierte Bilanz
consolidated companies Konsolidierungskreis
consolidated financial statements Konzernabschluss
consolidated profit and loss account Konzerngewinn- und Verlustrechnung
consolidation Konsolidierung, Kapitalkonsolidierung
consolidation of debts Schuldenkonsolidierung
construction in progress Im Bau befindliche Anlagen
consultant Berater
consumption Verbrauch
consumption of materials Materialverbrauch
contingency Zufälligkeit, Zufall
contingent fee Erfolgshonorar
contingent liabilities from bills of exchange Wechselobligo
contingent liability Eventualverbindlichkeit, Haftung
contingent liability from endorsements Indossamentverbindlichkeit
continuing audit file (CAF) Dauerakte, bei einer Prüfung
continuous forms Endlosformulare
continuous production Fortlaufende Fertigung; Fliessbandfertigung
contra account Gegenkonto
contra entry Gegenbuchung
contract Vertrag, Kontrakt
contract for material and labor Werklieferungsvertrag
contract note Schlussnote
contract retentions Einbehaltungsrechte, vertragliche
contractor Vertragslieferant
contractual liability Vertragshaftung
contractual obligations Vertragspflichten
contractual rights Vertragsrechte
contributed capital eingebrachtes Grundkapital
contribution Spende, Beitrag
contribution in kind Sacheinlage
contributory pension plan Pensionsplan, bei dem Arbeitgeber und -nehmer gemeinsam Beiträge leisten
control account Sammelkonto, Kontrollkonto
controllable costs variable Kosten
controlled company beherrschte Gesellschaft, Tochtergesellschaft
controller, comptroller Leiter des Rechnungswesens
controlling company Obergesellschaft, Muttergesellschaft
conversion Umkodierung, Übersetzung; Umrechnung
conversion costs Umarbeitungskosten, Fertigungskosten
conversion (of securities) Wandlung (von Wertpapieren)
convertible bond Wandelschuldverschreibung
convey, to übertragen, übereignen, auflassen
conveyance of real estate Grundstücksübereignung
cooling-off period Friedenspflichtzeitraum bei lohnpolitischen Auseinandersetzungen
cooperative association Genossenschaft
co-ownership Miteigentum
co-partner Gesellschafter, Teilhaber
copyright Urheberrecht
corporate body juristische Person
corporate income tax Ertragsteuer für Körperschaften, Körperschaftsteuer
corporate organization Organisationsplan

corporate ownership chart Übersicht über die Beteiligungsverhältnisse im Konzern
corporation Gesellschaft
corporation law Gesellschaftsrecht
cost Kosten
cost accountant Kostenrechner, Betriebsabrechner
cost accounting Kostenrechnung, Betriebsabrechnung
cost allocation Kostenumlage
cost center Kostenstelle
cost center overhead rate Kostenstellenzuschlag, Fertigungsgemeinkostenzuschlag
cost data Kostenangaben, Kostendaten
cost department Kalkulationsabteilung, Betriebsabrechnung
cost distribution Kostenumlage
cost-effective wirtschaftlich
cost estimate Vorkalkulation
cost ledger Kontenbuch der Betriebsbuchhaltung
cost of financing Finanzierungskosten
cost of goods manufactured Kosten der hergestellten Waren, Herstellungskosten
cost of goods purchased Wareneinstandskosten
cost of goods sold Herstellkosten der verkauften Ware
cost of operation Betriebskosten
cost of production Fertigungskosten
cost of sales Herstellkosten der verkauften Ware
cost or market, whichever is lower Bewertung zu Anschaffungs- (Herstellungs-) Kosten oder zum Marktpreis, je nachdem, was niedriger ist; Niederstwertprinzip
cost per item, unit cost Stückkosten
cost-plus Kosten plus vereinbartem Gewinn
cost-plus contract Vertrag mit Preis auf Basis von Selbstkosten plus Gewinnzuschlag
cost price Selbstkostenpreis
cost recovery Kostendeckung, Kostenerstattung
cost reduction Kostensenkung
cost saving Kosteneinsparung
cost sharing Kostenbeteiligung
cost sheet Kostenanalyse
cost variation Kostenabweichung
costing Kostenermittlung
costs, cost price Selbstkosten
count sheet Aufnahmeblatt (körperliche Inventur), Zählblatt
counter Zähler
counter capacity Zählerkapazität
counter entry Zählereingang
counter offer Gegenangebot
counter position Zählerstelle
counter receipts Bareinnahmen
counter storage Speicherzähler
coupon Zinsschein, Gewinnanteilschein
coupon sheet Kouponbogen
court of jurisdiction Gerichtsstand
court order (for payment) Zahlungsbefehl
coverage Deckung
covering entry fiktive Buchung
created goodwill Goodwill, originärer
credit against tax Steueranrechnung
credit department Kreditabteilung
credit entry Habenbuchung
credit facilities Kreditfazilitäten
credit folder Kreditakte
credit grantor Kreditgeber
credit guarantee Kreditbürgschaft
credit investigation Kreditwürdigkeitsprüfung
credit limit Kreditgrenze, Kreditlinie
credit line Rahmenkredit
credit line quota Kreditrahmenkontingent
credit loss Kreditausfall
credit manager Leiter der Abteilung Kreditzusagen
credit memo, credit note Gutschriftsanzeige
credit order Kreditauftrag
credit record, credit standing Kreditwürdigkeit, Bonität
credit risk Kreditrisiko
credit symbol Habenzeichen
credit terms Kreditkonditionen
cross-checking, crossfooting Querkontrolle, Queraddition
cross-reference, cross-index Verweisung; Nachweis der Übereinstimmung
cumulative kumulativ

cumulative preferred dividends in arrears rückständige Dividenden auf Vorzugsaktien
cumulative preferred stock kumulative Vorzugsaktien
cumulative voting Abstimmung mit kumulativem (Mehr-) Stimmrecht
curb exchange Freiverkehrsbörse
curb market Nachbörse
currency Währung
current laufend
current account Verrechnungskonto, Kontokorrentkonto, laufendes Konto
current assets Umlaufvermögen
current liabilities kurzfristige Verbindlichkeiten
current maturity, current portion of long-term debt Teil einer langfristigen Verbindlichkeit, der innerhalb der nächsten 12 Monate fällig wird
current price Tagespreis
current ratio Liquiditätskennzahl (Umlaufvermögen: kurzfristige Verbindlichkeiten)
current receivables noch nicht fällige Forderungen
current reproduction cost Wiederbeschaffungskosten
custodian Vermögensverwalter, Treuhänder
customer service Kundendienst
customers with credit balance kreditorische Debitoren
customs duty Zollabgabe
cycle Maschinengang
cycle billing Monatsabrechnung; Sammelfaktura einmal monatlich, und zwar jeweils für bestimmte Kundengruppe an einem bestimmten Tag
cycle count of inventories permanente Inventur, bei der jede Position mindestens einmal jährlich gezählt wird
cycle delay Gangverzögerung

D

daily cash receipts tägliche Kasseneinnahmen
daily cash report täglicher Kassenbericht
daily expense allowance Tagegeld
daily performance record täglicher Arbeitsnachweis
date issued Ausstellungsdatum
dateline Datumsgrenze
day work Lohnarbeit
deadline Termin, vorgegebener Zeitpunkt
debenture Obligation, Schuldverschreibung
debit entry Sollbuchung, Belastung
debit interest Debitoren
debit note, debit memo Belastungsanzeige
debt discount Disagio, Damnum
debt instrument Schuldbrief
debtor Schuldner
debtor in respect of a bonded debt Anleiheschuldner
declaration of assignment Abtretungserklärung
declared dividend erklärte Dividende
declining balance depreciation degressive Abschreibung
deductible abzugsfähig, absetzbar
deed of assignment Abtretungsurkunde
deed of conveyance Grundstücksübereignungsvertrag, Auflassungsurkunde
defalcation Unterschlagung, Betrug
default Verzug, Nichterfüllung einer Verpflichtung
deferred zurückgestellt (passivisch); aufgeschoben (aktivisch abgegrenzt)
deferred annuity aufgeschobene Leibrente
deferred charges aktive Rechnungsabgrenzung (siehe: Rechnungsabgrenzungsposten)
deferred income vereinnahmte, aber noch nicht verdiente Erträge (siehe: Rechnungsabgrenzungsposten)
deferred income tax aufgeschobene Einkommensteuerverbindlichkeit (in der Bilanz passiviert), hervorgerufen z.B. durch Abzug höherer Abschreibungen für steuerliche Zwecke als in den Handelsbilanzen erscheinen (USA); Steuerstundung (als Begriff)
deferred payment Terminzahlung
deferred stock nicht sofort dividendenberechtigte Aktie
deficit Fehlbetrag, Verlust; Bilanzposition: Verlustvortrag
delay Verzug, Verzögerung
delete, to löschen
delinquent account receivable überfälliges Debitorenkonto, überfällige Forderung
delivery cost Versandkosten
demand/energy (electrical) Leistung/Arbeit (elektrische)
demand note Sichtwechsel
denial Verneinung, Verweigerung
denomination Stückelung (bei Aktien)
density Dichte (Zeichendichte)
departmental burden (overhead) Stellengemeinkosten, Abteilungsgemeinkosten
departmental costing Kostenstellenrechnung, Abteilungskostenrechnung
dependency agreement Beherrschungsvertrag
depletion Abschreibung wegen Substanzverzehr (von Bodenschätzen)
deposit, caution money Kaution
depreciable cost abschreibbare Kosten eines Wirtschaftsgutes
depreciable property abschreibbares Anlagevermögen
depreciation Abschreibung
depreciation expense Abschreibungsaufwand
depreciation for tax purposes steuerliche Abschreibung
depreciation, imputed kalkulatorische Abschreibung
depreciation method Abschreibungsmethode
desk calculator Tischrechenmaschine

detail accounts receivable ledger Debitorenunterkonten, Debitorenkontokorrent
detail test lückenlose Prüfung
devalue, to abwerten
development expenses Entwicklungskosten
deviation from standards Standardkostenabweichung
device Gerät
diagram graphische Darstellung
die casting mold Gussform
die cost Maschinenwerkzeugskosten
differential cost Grenzkosten
digit Ziffer, Stelle
direct costing Kostenverrechnungsprinzip,bei dem alle fixen Kosten sofort und direkt dem Aufwand belastet und nur die variablen auf das Stück umgelegt werden; Grenzkostenrechnung
direct depreciation Abschreibung, direkte
direct labor Fertigungslöhne
direct material Fertigungsmaterial
direct overhead Fertigungsgemeinkosten
director Aufsichtsratsmitglied
directors' fees Aufsichtsratsvergütungen
disagio Disagio, Abschlag
disallow, to zurückweisen, abweisen
disbursement Bezahlung mit Bargeld oder durch Scheck, Auszahlung
disbursement voucher Zahlungsbeleg
discharge in bankruptcy Konkursaufhebung
discharge of debt Schuldbegleichung; Schulderlass
discharge, release Entlastung (des Vorstands)
disclose, to ausweisen; aufdecken
disclosure Hinweis, Anmerkung; Enthüllung
disclosure requirement Ausweispflicht
discount Diskont, Skonto, Rabatt
discount, cash Skonto
discount credit Diskontkredit
discount factors Abzinsungsfaktoren
discounts granted gewährte Skonti
discount on notes Wechseldiskont
discount, quantity Mengenrabatt
discount rate Abzinsungssatz
discount, trade Handelsrabatt
discounted note Wechsel, diskontierter
discounting Abzinsung; Diskontierung von Wechseln
discrepancy Abweichung
discretionary clause Kannvorschrift
discretionary order ''Bestens'' -Auftrag
dishonoured bill notleidender Wechsel
dismantling cost Abbruchkosten
disposal Veräusserung, Verkauf
dispossession Enteignung
dissolve a corporation, to eine Kapitalgesellschaft auflösen
distortion Verzerrung
distributed dividend Dividende, ausgeschüttete
distribution of charges Kostenumlage
distribution of income Ausschüttung, Dividende
distribution of payroll Verteilung der Löhne und Gehälter auf Kostenstellen
distribution of profit, distribution of earnings Gewinnausschüttung
dividends in arrears rückständige Dividende (bei kumulativen Vorzugsaktien)
dividend income Dividendenertrag
dividend payable Verbindlichkeit aus erklärter Dividende
dividends received (earned) Dividendenerträge
dividend, to declare a dividend eine Dividende genehmigen
division Unternehmensbereich; Sparte
documentary acceptance credit Wechselrembours
documentary evidence, documentary support Belegunterlage; Dokumente oder Belege, die einer Buchung zugrunde liegen
domestic business Inlandsgeschäft
domicile Sitz
donated asset kostenfreier Erwerb eines Vermögenswertes
donated surplus Rücklage aus kostenlosem Vermögenserwerb
donation Schenkung, Spende

dormant partner stiller Teilhaber
double taxation Doppelbesteuerung
double taxation agreement Doppelbesteuerungsabkommen
doubtful accounts zweifelhafte Forderungen
doubtful debtors, doubtful trade receivables zweifelhafte Kunden
down payment; installment payment Anzahlung, Abschlagzahlung
draft Entwurf; gezogener Wechsel
drawee Bezogener
drawer Aussteller
drawings Entnahmen
drawing account Entnahmekonto
drop shipment Direktlieferung (vom Hersteller)
due fällig
dues Beitrag, Gebühren
due date Verfalltag
due date of tax returns Einreichungstermin für Steuererklärungen
due notice Vertrags- oder satzungsgetreue Ladung oder Benachrichtigung
dummy note Kellerwechsel
dummy transaction Scheingeschäft
dunning letter Mahnbrief
duplicate, to abschreiben, ablichten
duty Zollabgabe
duty drawback Zollerstattung
duty-free zollfrei

E

earmarked cash zweckgebundenes Bankguthaben
earned surplus unverteilter Reingewinn (als Bilanzposition i.d.R.: Offene Rücklagen und Bilanzgewinn)
earnings Gewinne
earning power Ertragskraft
earnings statement Gewinn- und Verlustrechnung, Erfolgsrechnung
earnings summary zusammengefasste Erfolgsrechnung für mehrere Jahre
earnings value Ertragswert
easement Grunddienstbarkeit
editing Druckaufbereitung
effectiveness Wirksamkeit
efficiency Nutzeffekt, Wirkungsgrad
eliminate, to ausschalten, weglassen
eliminating entry Ausscheidungsposten bei Konsolidierungen
elimination of intercompany profit Zwischengewinneliminierung
embezzlement Unterschlagung
emergency facilities Reserveanlagen der Rüstungsindustrie (USA)
eminent domain Zwangsenteignungsrecht
emission Ausgabe, Emission
employee Angestellter, Arbeitnehmer
employees' welfare expense Unterstützungsaufwand für Arbeitnehmer
employer Arbeitgeber
employment Anstellungsverhältnis
employment application Bewerbung
employment contract Arbeitsvertrag
enactment Verordnung, Verfügung
encumbrance Hypothekarische Belastung
ending balance Endsaldo
endowment Stiftung
engineering department technische Abteilung
enter, to buchen
enterprise Unternehmen
entertainment expenses Bewirtungskosten
entitled to berechtigt zu
environmental protection Umweltschutz
equalization levy Ausgleichsabgabe
equipment Einrichtung, Ausrüstung
equity capital Eigenkapital
escrow Aufbewahrung durch einen Dritten
estate Nachlass
estate (death) duty Erbschaftsteuer
estimated actual cost system Standardkostenrechnung auf der Basis von historischen Kosten
evaluate bewerten
evaluation Bewertung
evasion Gesetzesumgehung
evidence Beweis
ex dividend Börsenwert der Aktie ausschliesslich der erklärten Dividende
ex rights Aktien ohne Bezugsrecht
examine, to prüfen, untersuchen
exception Ausnahme, Beanstandung
excessive valuation, overvaluation, overestimate Überbewertung
exchange transaction, foreign Devisengeschäft
excise tax Verbrauchsteuer
exclusions from gross income steuerfreie Einkünfte
execution, foreclosure Vollstreckung, Zwangsvollstreckung
executive board, executive committee Führungsausschuss des Aufsichtsrates
executive vice president stellvertretender Generaldirektor
exemption for dependents persönliche Freibeträge
exhibit Anlage
exhibit to financial statements Anlage zum Jahresabschluss
exhibition Ausstellung, Messe
expansion Ausbreitung, Erweiterung
expected useful life voraussichtliche Nutzungsdauer eines Wirtschaftsgutes
expedite, to beschleunigen
expenditure Ausgabe
expense Aufwand

expenses "Spesen"; Aufwendungen
expense account Kostenkonto; Spesenkonto
expense allowances Aufwandsentschädigung
expense distribution Umlage von Aufwendungen
expense report Spesenabrechnung
expert Fachmann
expert opinion Gutachten
expiration date Verfalltag
expired cost Aufwand, von dem kein weiterer Nutzen zu erwarten ist
exploitation Ausnutzung, Ausbeutung
exploration expenses Aufschlusskosten (i.d.R. geologische und geophysikalische)
export credit Ausfuhrkredit
extension Verlängerung, Stundung
extensions, improvements Ausbauten
extinguishment of debt Schuldenerlass
extraordinary depreciation ausserordentliche Abschreibung
extraordinary expense ausserordentlicher Aufwand

F

face amount, face value Nominalbetrag, Nennwert
face value of policy Versicherungswert
facsimile posting machine Postenumdrucker
facsimile signature faksimilierte Unterschrift
factorage Kommissionsgebühr
factoring Verkauf von Forderungen, Factoringgeschäft
factory cost Herstellkosten
failure of performance Nichterfüllung
fair dealing Kulanz
fair market value gemeiner Wert, Marktwert
feasibility Durchführbarkeit
feasibility study Planungsstudie, Einsatzstudie
federal gazette Bundesanzeiger
federal income tax return Einkommensteuererklärung, Körperschaftsteuererklärung des Bundes (USA)
federal tax Bundessteuer
fee Honorar, Gebühr
fee simple unbeschränktes Grundstückseigentum
feed, to zuführen, eingeben
FICA taxes (Federal Insurance Contribution Act) Beiträge zur gesetzlichen Sozialversicherung (Arbeitgeber- und Arbeitnehmeranteil) (USA)
fidelity bond, fidelity insurance Unterschlagungsversicherung
fiduciary Treuhänder
fiduciary, in trust treuhänderisch
field auditor Aussenprüfer
field work Aussendienst
field work standards Prüfungsnormen im Aussendienst
FIFO (first in – first out) Inventurbewertung nach dem 'first in – first out' Prinzip, FIFO-Verfahren
figure Zahl, Zeichen
file Datei, Datengruppe; Ablage
file, to einordnen, ablegen; einreichen
file maintenance Bestandspflege (Stammdaten)
fill in, to ausfüllen
final payment Abschlusszahlung
finance bill Finanzierungswechsel
financial budget Finanzplan
financial difficulties finanzielle Schwierigkeiten, Überschuldung
financial position Vermögenslage, finanzielle Lage
financial statements Abschlussbilanz, einschliesslich Ertragsrechnung und Rechnung des Bilanzgewinns, Anmerkungen, sowie der Mittelherkunfts- und Verwendungsrechnung; Jahres- oder Monatsabschluss (U.S.A.)
financial syndicate Konsortium
financing Finanzierung
financing, self- Eigenfinanzierung
financing with borrowed funds Fremdfinanzierung
fine Geldstrafe
finished goods fertige Erzeugnisse
firm price Festpreis
first-class name erste Adresse
fiscal fiskalisch
fiscal period Abrechnungszeitraum
fiscal year Abrechnungsjahr, Wirtschaftsjahr, Geschäftsjahr
fixed fix, fest
fixed assets Anlagevermögen, Sachanlagen
fixed asset account Anlagekonto
fixed assets register Anlagenkartei
fixed cost, fixed charge Fixkosten, Fixe Belastung
fixed point Festkomma
fixed value Festwert
fixtures Einbauten
flash report Blitzmeldung
flyleaf Vorsatzblatt
folder Akte, Ordner
follow up, to verfolgen (einen Vorgang)
foolproof betriebssicher
foot, to addieren
footing Addition
footnote Fussnote, Anmerkung

force majeure höhere Gewalt
forced liquidation Zwangsauflösung
forced sale value Zwangsverkaufswert
forecast Vorschau
foreclosure sale Zwangsverkauf
foreign exchange Devisen
foreign investment tax law Auslandsinvestitionsgesetz
foreign trade financing Export- und Importfinanzierung
foreman Vorabeiter
forfeiture Verlust (eines Rechtes)
forfeiture of shares Kaduzierung von Aktien
forgery Fälschung
form Formular
form feeding device Formularführungseinrichtung
formal requirement Formvorschrift
formation Gründung
forward exchange Termindevisen
forward rate Terminkurs
forward transaction, future contract Termingeschäft, Börsentermingeschäft
forwarding agent Spediteur
foundation Gründung, Stiftung
founder Gründer
foundry Giesserei
fraction Bruchteil, Bruch
franchise Konzession
free-of-charge frei, umsonst, ohne Berechnung
free-of-charge replacement kostenlose Ersatzlieferung
free sales agent Handelsvertreter
"free" stores (i.e. not part of the perpetual inventory system) Freiläger (d.h. nicht der Bestandsfortschreibung unterworfen)
free surplus freie Rücklage einschliesslich Bilanzgewinn
freehold land Grundstücke
freight-in Eingangsfracht
freight-out Ausgangsfracht
fringe benefits sämtliche Vergütungen an Arbeitnehmer ausser Lohn oder Gehalt
fuel tax Mineralölsteuer
full coverage volle Deckung, voll versichert
full endorsement Vollindossament
fully paid capital stock volleingezahltes Grundkapital
fund Fonds
funded debt durch einen Tilgungsfonds besicherte Schuld, bzw. Schuldverschreibung
fund statement Herkunft und Verwendungsrechnung
furniture and fixtures Büromobiliar und Einbauten
futures Termingeschäfte
futures exchange Terminbörse

G-H

gain Nettoergebnis, Gewinn
gain from sale Veräusserungsgewinn
gang job card Gruppenakkordkarte
gang punch Schnellstanzer
gap Lücke
garnishment Pfändung einer Forderung, Lohnpfändung
general and administrative expenses allgemeine und Verwaltungskosten
general business conditions allgemeine Geschäftsbedingungen
general ledger Hauptbuch
general ledger accounts Hauptbuchkonten
general manager Generaldirektor, Geschäftsführer
general representation letter Vollständigkeitserklärung
generally accepted accounting principles Grundsätze ordungsmässiger Buchführung und Bilanzierung
generally accepted auditing standards Grundsätze ordungsmässiger Abschlussprüfung
geological and geophysical expenses Geologische und geophysikalische Aufschlusskosten
gift tax Schenkungsteuer
'going concern' concept Bilanzierungsprinzip das von der Annahme ausgeht, dass der Geschäftsbetrieb fortgeführt wird, also z.B eine Liquidierung nicht bevorsteht
goods in process unfertige Erzeugnisse
goodwill Ertragswert, Firmenwert
grace period gewährte Verzugstage, Schonfrist
grand total Endsumme
grant of pension Pensionszusagen
gross brutto
gross amount bruttobetrag
gross income, gross revenue Bruttoeinkommen, Umsatz
gross presentation Bruttoausweis
gross proceeds Bruttoertrag
gross profit Bruttogewinn, Rohüberschuss
gross profit margin Bruttogewinnspanne
gross sales Umsatzerlöse, Bruttoumsatz
gross wage Bruttolohn
group Konzern; Gruppe
group item Datengruppe
grouping sheet Sammelblatt
guarantee, guaranty Garantie, Bürgschaft, Aval
guarantee claim Garantieforderung
guarantee for notes or bills of exchange Wechselbürgschaft
guarantor Bürge
guard against, to absichern

handling time Materialtransportzeit (im Betrieb)
hedges Termingeschäfte, Fixgeschäfte
hereditary leasehold Erbpacht
hidden profit distribution verdeckte Gewinnausschüttung
hidden reserve stille Reserve
high-spot review Kurzprüfung (ohne Erteilung eines Bestätigungsvermerks)
highlights Kurzüberblick
hire-purchase business Ratenkreditgeschäft
historical cost urspüngliche Anschaffungskosten
hypothecated asset hypothekarisch belasteter Vermögenswert (Grundstück)
hypothecation bond Pfandbrief

I

idle assets betrieblich nicht genutzte Vermögenswerte
idle plant expense Leerkosten, Stillstandskosten
idle plant, idle equipment stillgelegte Anlagen
impairment of capital Überschuldung, Gefährdung des Eigenkapitals
import credit Einfuhrkredit, Importkredit
import duty Einfuhrzoll
imprest cash fund Kasse mit festem Bestand
improvement, leasehold Einbauten in gemieteten Räumen, Gebäudemeliorationen
imputed cost kalkulatorische Kosten
in bond unter Zollverschluss
incidental acquisition expenses Anschaffungsnebenkosten
incidental purchasing costs Bezugskosten (bei Waren)
income Ertrag
income bond Schuldverschreibung, bei der Zinsen nur gezahlt werden, wenn ein Jahresüberschuss besteht; Besserungsschein
income earned verdienter Gewinn
income from disposal of fixed assets Erträge aus dem Abgang von Anlagevermögen
income from investments Beteiligungserträge
income from reversal of accruals Erträge aus der Auflösung von Rückstellungen
income, gross Bruttoertrag, Bruttoumsatz
income, net Jahresüberschuss
income tax, personal income tax, corporate income tax Ertragssteuer, Einkommensteuer, Körperschaftsteuer
income, taxable steuerpflichtiges Einkommen
incorporated, Inc. Gesellschaft (A.G., G.m.b.H) mit beschränkter Haftung
incorporation Gesellschaftsgründung
increment Zuwachs
indebtedness Verbindlichkeit; Verschuldung; Verpflichtung
indemnification Entschädigung, Schadensersatzleistung
indemnity Abfindung
indenture Vertragsurkunde (häufig für Schuldverschreibungen)
index Verzeichnis, Sachregister
indexing Nummerierung, Katalogisierung
indirect depreciation indirekte Abschreibung
indirect labor indirekte Löhne, Fertigungsgemeinkostenlöhne
indirect ownership mittelbar im Besitz
individual costs Einzelkosten
individual earnings record Gehaltsblatt eines Angestellten
individual piecework Einzelakkord
industrial right gewerbliches Schutzrecht
infringement Rechtsverletzung
infringement suit Klage wegen Verletzung vertraglicher Abmachungen (häufig von Patentrechten)
inheritance tax Erbschaftssteuer
initial rate of pay Anfangsgehalt
in-process work unfertige Erzeugnisse
insolvency Insolvenz, Zahlungsunfähigkeit
inspection department Abnahme, Wareneingangskontrolle
inspection report Prüfbericht, Kontrollbericht
installment Rate, Teilzahlung
installment contract Abzahlungsvertrag
installment credit Abzahlungskredit, Teilzahlungskredit
installment debt in Raten rückzahlbare Schuld
installment loan Ratenkredit
installment method of accounting Buchungsmethode, bei der die Rohgewinne nach dem Bareingang der Teilzahlungen ermittelt und ausgewiesen werden

installment sales Teilzahlungsverkäufe
installment transaction Abzahlungsgeschäft
institutional holdings Aktienbesitz von Banken, Versicherungen, Pensionsfonds u.s.w.
instruction Befehl, Anweisung
insurance coverage Versicherungsdeckung
intangible assets immaterielle Vermögenswerte
intangible development costs Bohr- und Erschliessungskosten (ohne Anlagegüter)
integer ganze Zahl
intercompany elimination zwischenbetriebliche Eliminierungen
intercompany profit Zwischengewinn
intercompany transactions Konzerngeschäftsvorfälle
interest and similar charges Zinsen und ähnliche Aufwendungen
interest and similar income Zinsen und ähnliche Erträge
interest balance Zinssaldo
interest bearing verzinslich
interest coupon Zinskupon
interest expense Zinsaufwand
interest, imputed kalkulatorisches Zins
interest income Zinsertrag
interest margin Zinsspanne
interest on current account Kontokorrentzinsen
interest rate Zinssatz
interface Verzahnung
interim audit Zwischenprüfung
interim dividend Zwischendividende
intermediate control Hauptgruppenkontrolle, Zwischenkontrolle
intermittent production Intervall- oder stossweise Fertigung
internal audit Innenrevision
internal control procedures innerbetriebliche Kontrollmassnahmen
internal revenue service (IRS) Finanzbehörde (USA)
international business Auslandsgeschäft
intracompany sales Innenumsatz
intracompany transactions innerbetriebliche Geschäftsvorfälle
intrinsic value innerer Wert
invalidate, to ungültig machen
inventories Vorräte, Vorratsvermögen
inventory count körperliche Bestandsaufnahme der Vorräte
inventory cutoff periodengerechte Erfassung der Vorräte
inventory listing Bestandsverzeichnis
inventory location Lagerort
inventory records, permanent laufende Inventuraufzeichnungen
inventory shrinkage Bestandsverlust, Schwund
inventory tag Inventurzettel (bei Zählung)
inventory turnover rate Bestandsumschlagshäufigkeit
inventory turnover Lagerumschlag
investigation Nachforschung, Untersuchung
investment Beteiligung; Investition
investment allowance Steuerfreibetrag für Investitionen
investment company Beteiligungsgesellschaft, Investmentgesellschaft
investment consultant Anlageberater
investment credit Investitionskredit
investment premium Investitionszulage
investment securities Wertpapiere mit Anlagecharakter
investment tax Investitionsteuer
investment tax credit Investitionszuschuss (durch Steuerermässigung)
investor Anleger
invitation to tender Ausschreibung
invoice Rechnung
involuntary bankruptcy proceedings Zwangskonkursverfahren
irredeemable unkündbar
irregularity Unregelmässigkeit
issue Emission
issue a check, to einen Scheck ausstellen
issue price Emissionskurs
issued stock, issued share ausgegebene Aktie
item Posten, Gegenstand
itemization spezifizierte Aufstellung, detaillierte Aufgliederung

J-K

job Auftrag; EDV-Maschinenlauf
job costs Kosten, die auf einen Auftrag entfallen
job cost estimate Auftragskalkulation
job order cost system Kostenrechnung nach Einzelaufträgen, Auftragsabrechnung
job order record (Einzel-) Auftragskostenblatt
job time ticket Zeitaufwandszettel, Akkordzettel (per Auftrag)
joint gemeinschaftlich
joint liability Gesamthaftung
joint product Kuppelprodukt
joint return gemeinsame Steuererklärung
joint venture BGB-Gesellschaft, Arbeitsgemeinschaft
journal entry Journalbuchung, Konsortialgeschäft
journal tape Journalstreifen
jurisdiction in fiscal (tax) matters Steuerhoheit

kiting Unterschlagungsform, bei der durch Scheckziehung und -einreichung der Bestand in Bankkonten verschleiert wird

L

label Etikett
labor Arbeit, Arbeitskosten
labor contract Tarifvertrag
labor cost distribution Lohnverteilung, Arbeitskostenverteilung
labor, direct Fertigungslohn
labor disputes Tarifstreitigkeiten
labor efficiency variance Leistungsgradabweichung (bei Standardkostenrechnung)
labor management committee Arbeitnehmer-Arbeitgeber Ausschuss, Arbeitsvermittlungsausschuss
labor union Gewerkschaft
land Grundstücke
land acquisition tax Grunderwerbsteuer
land and buildings Grundstücke und Gebäude
land charge (mortgage) Grundschuld
land improvements Grundstücksverbesserungen
lapping Unterschlagungsform, bei der Zahlungseingänge auf Forderungskonten entnommen und aus neuen Eingängen gedeckt und verzögert verbucht werden
lapsing schedule Aufgliederung der Abschreibungen nach Jahren des Zugangs
lawsuit Prozess
lead time Lieferzeit
lease agreement Mietvertrag
lease, to verpachten, vermieten
leasehold improvements Einbauten (oder Ausbauten) in gemieteten Räumen
ledger card, ledger sheet Kontenblatt
ledger, general Hauptbuch
legal gesetzlich
legal and professional fees Rechts- und Beratungskosten
legal claim Rechtsanspruch
legal gazette entspr.: Bundesgesetzblatt
legal provision gesetzliche Bestimmung
legal requirements gesetzliche Vorschriften
legal reserve gesetzliche Rücklage
lend against security, to beleihen
letter of indemnity Ausfallbürgschaft
letter of inquiry Auskunftersuchen
liabilities Passiva, Verbindlichkeiten
liability, commitment Obligo
license Lizenz
license fee, royalty Lizenzgebühr
license income Lizenzeinnahmen
lien Zurückbehaltungsrecht, Pfandrecht
LIFO (last in - first out) Inventurbewertung nach dem 'last in - first out' Prinzip
limited partnership Kommanditgesellschaft
line of credit Kreditlimit; verfügbarer Kredithöchstbetrag
liquid assets Bargeld sowie sonstige Vermögensteile, die jederzeit verflüssigt werden können; liquide Vermögensteile
liquid funds flüssige Mittel
liquidity position, cash position Liquiditätslage
listed stock an der Börse notierte Aktie
loan Darlehen
loan against a promissory note Schuldscheindarlehen
loan conversion Anleihekonversion
loan interest Anleihezinsen
loans payable Darlehensverbindlichkeiten
loans receivable Darlehensforderungen
loan redemption Anleihetilgung
loan terms Anleihebedingungen
long-form reconciliation Prüfungsverfahren, bei dem sämtliche Bankbewegungen eines Zeitraumes laut Journal mit dem Bankauszug abgestimmt werden
long-term debt, long-term liabilities langfristige Verbindlichkeiten
long-term lease langfristiger Miet- oder Pachtvertrag

loss absorption Verlustausgleich, Verlustdeckung
loss allocation Verlustzuweisung
loss carryback Verlustrücktrag (auf die Vorjahre)
loss carryforward Verlustvortrag (auf die Folgejahre)
loss carryover remaining verbleibender Verlustvortrag
loss from sale Veräusserungsverlust
low value items geringwertige Wirtschaftsgüter
lower of cost or market Niederstwert zwischen Anschaffungs- oder Herstellungskosten und Marktpreis
lump-sum price Pauschalbetrag, -preis
lump-sum reserve Pauschalwertberichtigung, Sammelwertberichtigung

M

machinery and equipment Maschinen und maschinelle Anlagen
machine shop Werkstatt
mail transfer Postüberweisung
maintenance Wartung
maintenance and repairs Instandhaltung und Reparaturen
maintenance cost Erhaltungsaufwand; Unterhaltungskosten
major hauptsächlich, wesentlich
majority Mehrheit
majority holding Mehrheitsbeteilgung, Majoritätsbesitz
maker, of a note Aussteller eines Wechsels
makeup of balance Zusammensetzung eines Saldos
management Geschäftsleitung
management by exception Unternehmensführung mittels Ermittlung der Gründe für Ausnahmen und Abweichungen von Planzielen
management by objective Unternehmensführung mittels Zielsetzung
manning table Stellenbesetzungsplan
manual, accounting Buchhaltungshandbuch für Verfahrensfragen
manufactured part selbstgefertigtes Teil
manufacturing Herstellung, Fertigung
manufacturing burden Fertigungsgemeinkosten
manufacturing cost, manufacturing expense Herstellungskosten, Fertigungskosten
manufacturing facilities Fertigungseinrichtungen
manufacturing overhead Fertigungsgemeinkosten
margin Spanne
margin of profit Gewinnspanne
marginal cost Grenzkosten
mark up and mark down Preisaufschlag und -abschlag
market price Marktpreis, Wiederbeschaffungspreis
market quotation Preisnotierung (der Börse)
market value gemeiner Wert, Marktwert
marketable securities börsengängige Wertpapiere
marketing Vertriebslehre, Vertriebstechnik, Vertrieb
matching of income and expense periodisch vergleichbare Abgrenzung von Aufwand und Ertrag
material Material; wesentlich, grundlegend
material, bill of Stückliste
material overheads Materialgemeinkosten
material transaction register Materialbewegungsliste
materiality relative Bedeutung, Wichtigkeit
matured liability fällige Schuld
maturity value Fälligkeitswert
means, funds Mittel
means of financing Finanzierungsmittel
medium & long-term liabilities mittel- und langfristige Verbindlichkeiten
meeting, session Sitzung
memo account statistische Buchung
memorandum invoice Proforma-Rechnung
merchandise Handelswaren
merchandise in transit unterwegs befindliche Handelsware
merchandise inventory Handelswarenbestand
merger Verschmelzung, Fusion
merit rating Leistungsbewertung
methods engineer Betriebsorganisator, Verfahrensingenieur
minimum capital Mindestkapital
minimum nominal amount Mindestnennbetrag
mining claims Bergbaurechte
minor geringfügig, unwesentlich
minority equity Anteil der Minderheitsaktionäre am Eigenkapital
minutes Protokoll
minute representation letter Vollständigkeitserklärung über die Vorlage der Versammlungsprotokolle

miscellaneous expense verschiedene Aufwendungen
misstatement falsche Angabe
module Baustein, Baugruppe
monetary/non-monetary (assets) monetäre/nicht-monetäre (Aktiva)
monetary transactions Zahlungsverkehr
monitor, to überwachen
mortgage Hypothek
mortgage bond hypothekarisch gesicherte Schuldverschreibung (entspr: Hypothekenpfandbrief)
mortgage loan hypothekarisch gesichertes Darlehen
multinational multinational
multi-stage tax Mehrphasensteuer
municipal payroll tax Lohnsummensteuer
municipal trade tax Gewerbesteuer
municipal trade tax on capital Gewerbekapitalsteuer
municipal trade tax on income Gewerbeertragsteuer
municipality Gemeinde
mutual fund Kapitalanlagegesellschaft 'auf Gegenseitigkeit'

N

negative confirmation Saldenbestätigung, bei der eine Rückantwort nur im Falle einer Abweichung erbeten wird
negotiable verkäuflich, begebbar
net netto
net assets Eigenkapital (Kapital, Rücklagen und Bilanzgewinn), Reinvermögen
net asset value Substanzwert
net book value Nettobuchwert, Restbuchwert
net gain Reingewinn (häufig bei einer Transaktion)
net income, net profit Jahresüberschuss
net loss Jahresfehlbetrag, Reinverlust
net presentation Nettoausweis
net proceeds Reinertrag
net realizable value Nettoerlöswert
net sales Netto-Verkaufserlöse, Nettoumsatz
net, to saldieren
net worth Eigenkapital (Kapital, Rücklagen und Gewinnvortrag)
new share junge Aktie
nominal nominal, nominell
nominal account Erfolgskonto
nominal amount Nennbetrag
nominal capital Grundkapital
nominal value Nennwert
noncompetition clause Wettbewerbs(verbots) klausel
noncontrollable cost nicht kontrollierbare Kosten
non-interest-bearing securities unverzinsliche Wertpapiere
nonlisting cycle Sammelgang
nonoperating expense betriebsfremder Aufwand
nonoperating income betriebsfremder Ertrag
non-recourse financing Forfaitierung
nonresident taxpayer beschränkt Steuerpflichtiger
no-par value share Quotenpapiere, nennwertlose Aktien
normal capacity Normalbeschäftigung
notary public Notar
notation Ammerkung
note register Wechselkopiebuch
notes due, matured note fälliger Wechsel
notes payable Schuldwechsel, Wechselverbindlichkeiten
note, promissory note Wechsel, Sola-Wechsel
notes receivable Besitzwechsel, Wechselforderungen
notes receivable discounted zum Diskont gegebene Besitzwechsel
notes receivable given for collection zum Inkasso gegebene Besitzwechsel
notes to financial statements Anmerkungen zum Abschluss
notional (royalty) gedachte (Lizenz)

O

objection Einwendung
objective Zielsetzung; objektiv
obligation Verbindlichkeit, Schuld, Verpflichtung; Schuldverschreibung
obsolescence Veralterung; Wertminderung wegen Veralterung oder sonstige Schwerverkäuflichkeit
obsolete veraltet
odd ungerade
offering (and sale) Emission (von Wertpapieren)
office Büro
office furniture and equipment Büromobiliar und -maschinen
office supplies Bürobedarf, Büromaterial
officer Vorstandsmitglied, Mitglied der Geschäftsleitung
officers' remuneration Vorstandsbezüge
"off-the-top" (share in income) Vorab (gewinn)
old age exemption Altersfreibetrag
old age pension Altersrente
on consignment Fremdlager
on hand (amount) Bestand
on-the-job training Ausbildung am Arbeitsplatz
open account laufendes Konto
open items offenstehende Beträge
open order jederzeit widerruflicher Auftrag
opening balance Anfangssaldo
opening balance sheet Eröffnungsbilanz
opening entry Eröffnungsbuchung
operand Rechengrösse, Operand
operating budget Budget der betrieblichen Aufwendungen und Erträge
operating cost Betriebskosten
operating cycle Geschäftszyklus, Betriebskreislauf
operating expenses Betriebsaufwendungen
operating features Arbeitselemente (der Maschine)
operating income Betriebsgewinn
operating supplies Betriebsstoffe
operations research Unternehmensforschung (auf mathematischer Grundlage)
operator Maschinenbediener
option Bezugsrecht
option bond Schuldverschreibung verbunden mit einem Bezugsrecht auf Aktien
optional capitalization Aktivierungswahlrecht
oral agreement mündlicher Vertrag
order Auftrag
order backlog Auftragsbestand
order book Auftragsbuch
order confirmation, order acknowledgment Auftragsbestätigung
order inflow Auftragseingang
order number Auftragsnummer
order of rank, ranking Rangfolge
organization chart Organisationsplan
organization cost (incorporation and initial issue expenses), start-up expenses Organisationskosten (Aufwendungen für Gründung und Kapitalbeschaffung)
organization manual Organisationshandbuch
original Original; ursprünglich
original acquisition cost ursprüngliche Anschaffungskosten
original capital Gründungskapital
original entry Erstaufzeichnung
original investment Erstinvestition
other accruals sonstige Rückstellungen
other deductions sonstige Aufwendungen
other income sonstige Erträge
out-of-balance Abstimmungsdifferenz; nicht stimmend
out-of-pocket expenses Barauslagen, Spesen
outlay, cash Barauslage
outlay, window Schaufenster-, Auslagendekoration
outside capital Fremdkapital
outstanding unausgeglichen, offenstehend, nicht eingezahlt

outstanding capital stock nicht eingezahltes Grundkapital, ausstehende Einlagen
outstanding check unbezahlter Scheck (noch nicht zur Einlösung vorgelegt)
outstanding debts Schulden
overabsorbed overhead Gemeinkostenüberdeckung
overage Bestandsüberschuss
overall basis Gesamtbasis
overapplied manufacturing overhead Fertigungsgemeinkostenüberdeckung
overdraft, loan Banküberziehungskredit
overdue notleidend
overflow Zeilenbegrenzung, Überlauf
overhead costs Gemeinkosten
overlap Überlappung
overstatement zu hoch ausgewiesener Betrag
over-the-counter business ausserbörslicher Effektenhandel, Schaltergeschäft
overtime premium Überstundenprämie, -zuschlag
own funds Mittel, eigene
owner Eigentümer
ownership Eigentum

P

pack of cards Kartenstapel
pack, to in gepackte Darstellungsweise übertragen
paid bezahlt
paid-in capital eingezahltes Kapital
paid-in share capital Aktienkapital, eingezahltes
paid-in surplus (gesetzliche) Rücklage aus Aufgeld (Agio) bei Aktienemissionen
paid-invoice file Ablage bezahlter Rechnungen
paid-up capital volleingezahltes Grund- oder Stammkapital
par value Nominalwert, Nennwert
par value capital stock Grundkapital, dessen Aktien über einen bestimmten Nennbetrag lauten
parent company Muttergesellschaft, Konzernobergesellschaft
parity Parität
participating preferred stock Vorzugsaktien, die neben einer Vorrechtsdividende Anspruch auf weitere Beteiligung am verbleibenden Gewinn haben
participating share Aktie, dividendenberechtigte
participating unit Anteil an einem "joint venture" oder "fund"
participation in profits Gewinnbeteiligung
partner, general Komplementär
partner, limited Kommanditist
partner, silent stiller Gesellschafter
partnership capital Gesellschaftskapital
partnership (general) offene Handelsgesellschaft (OHG)
partnership (limited) Kommanditgesellschaft (KG)
parts, accessories and spare parts Zubehör und Ersatzteile
pass title, to Eigentum übertragen
past due überfällig
patchboard, patch panel Schalttafel
patent infringement suit Rechtsstreit wegen Patentverletzung
pattern Muster
pay rate Stundenlohnsatz
pay slip Lohnstreifen
payee Zahlungsempfänger
payment record Zahlungsweise
payment terms Zahlungsbedingungen
payments made Zahlungsausgang
payments received Zahlungseingang
pay-out Kapitalrückfluss
payroll Lohnliste, Lohnabrechnung
payroll account Lohnkonto
payroll deductions einbehaltene Lohnsteuer und Sozialabgaben, Gehaltsabzüge
payroll register Lohnjournal
payroll taxes gesetzliche Sozialabgaben
peak load Spitzenbelastung
penalty Verzugsstrafe
penalty for breach of contract Konventionalstrafe
pending transactions schwebende Geschäfte
pension liability Pensionsverpflichtung
pension reserve Pensionsrückstellung
pension right Pensionsanwartschaft
per diem, per diem allowance pro Tag, Tagegeld
performance rating Leistungsbeurteilung
period Punkt; Zeitraum
permanent establishment (tax) Betriebsstätte (Steuer)
perpetual inventory records laufende Inventuraufzeichnungen
personal loan, advance Personalkredit, Vorschuss
personal loan company Abzahlungs-Finanzierungsgesellschaft
personal property persönliches Eigentum
personnel costs Personalaufwand
personnel department Personalabteilung
personnel manager Personalchef
personnel records Personalakten
personnel, staff Personal
petty cash kleine Kasse

petty cash voucher Ausgabenbeleg für kleine Kasse
physical inventory count körperliche Bestandsaufnahme der Warenvorräte
piece Stück
piece rate Stücklohnsatz, Stückakkord
piecework Akkordarbeit
pilferage Bestandsverlust durch kleine Diebstähle
placing, placement Plazierung
plant Betrieb, Fabrikanlage
plant and equipment Betriebseinrichtung
plant and maintenance engineer Betriebsingenieur
plant expansion Betriebserweiterung
plant manager Betriebsleiter
plant records Inventarbücher, Einzelkonten des Anlagevermögens
plant site Fabrikgrundstück
pledged verpfändet
pledged asset durch Verpfändung belastetes Wirtschaftsgut
pledging and assigning of accounts receivable Verpfändung und Abtretung von Forderungen
plotter programmgesteuertes Kurvenzeichengerät
pocket Ablagefach
point Punkt, (bei Zahlen) Komma
points (last few digits of a full quotation) Punkte (bezieht sich auf die letzten Ziffern eines Börsenkurses)
policy Geschäftspolitik, -grundsatz
policy, insurance Versicherungspolice
pooling of interests Fusion; im Amerikanischen: Buchungsverfahren beim Zusammenschluss zweier oder mehrerer Unternehmen, bei dem die bisherigen Buchwerte der fusionierten Unternehmen fortgeführt werden, typisch unter Vermeidung eines "goodwill"
portfolio Portefeuille
positive confirmation Saldenbestätigung, bei der die Rückantwort des Kunden erforderlich ist
postage, telephone and telegraph Porto, Telefon und Telegramme
postal cheque account Postscheckkonto
posting, entering Verbuchung
posting to an account Verbuchung auf einem Konto
power of attorney Vollmacht, Prokura
power of two quadratisch
predetermined cost vorkalkulierte Kosten
preemptive right Vorkaufsrecht, Bezugsrecht auf Aktien
preemptive shares Bezugsaktien
preferred stock Vorzugsaktien
prefinancing Vorfinanzierung
preliminary work, preliminary audit Vorprüfung, Zwischenprüfung
prepaid expenses vorausbezahlte Aufwendungen (siehe: Rechnungsabgrenzungsposten)
premium Aufgeld, Agio
premium stock mit einem Agio abgegebene Aktie
prepaid insurance premiums vorausbezahlte Versicherungsbeiträge
present value Gegenwartswert, Barwert
present value of annuity Gegenwartswert einer zukünftigen Rente, Rentenbarwert
presentation Ausweis, Vorlage
price level Preisniveau, Preisindex
price reduction Preisermässigung
prime contractor Hauptlieferant
principal and interest Kapital und Zinsen
private company GmbH = Gesellschaft mit beschränkter Haftung
pro rata pro rata
procedure Verfahren
proceeds Einnahme, Erlös
process cost system Divisionsstufenkalkulation, -kostenrechnung
processing costs Fertigungskosten
processing section Operationsbereich
procurement Vermittlung, Beschaffung
production control Fertigungssteuerung
production cost Herstellkosten
production scheduling Fertigungsplanung

production under license Lizenzfertigung
production unit Produktionsstätte; Produktionseinheit
productivity Produktivität
professional fees Honorare
professional standards Berufsgrundsätze
profit Gewinn
profit and loss statement Gewinn- und Verlustrechnung, Erfolgsrechnung
profit available for distribution ausschüttungsfähiger Gewinn
profit before taxes on income Gewinn vor Ertragsteuern
profit/loss absorption agreement Ergebnisabführungsvertrag
profit margin Gewinnspanne
profit sharing Gewinnbeteiligung, Erfolgsbeteiligung
profitableness Rentabilität
profits and losses on sale of fixed assets Gewinne und Verluste aus dem Abgang von Gegenständen des Anlagevermögens
pro-forma invoice Proforma-Rechnung
progress billing Zwischenrechnung
progressive total Staffelsumme
project costs Projektkosten
prolongation, renewal Prolongation
property account Anlagenkonto
property ledger Anlagenbuch
property, plant and equipment Anlagevermögen
property tax Vermögensteuer
proprietorship Einzelkaufmann
protest fee Protestspesen
provide a reserve, to eine Reserve bilden
provide for an accrual to eine Rückstellung bilden
provision for income taxes Aufwand für Ertragsteuer
proxy Handlungsvollmacht
proxy statement Bevollmächtigung eines Dritten zur Abgabe einer Stimme in der Hauptversammlung
public öffentlich
public accounting öffentliches Prüfungswesen, Wirtschaftsprüfung
public corporation Körperschaft des öffentlichen Rechts
public liability insurance Haftpflichtversicherung, Betriebshaftpflichtversicherung
public utility öffentlicher Versorgungsbetrieb
publication Veröffentlichung
purchase commitment Kaufverpflichtung, Abnahmeverpflichtung
purchase cutoff zeitliche Abgrenzung der Einkaufsrechnungen
purchase investigation Sonderprüfung zu Übernahmezwecken
purchase journal, purchase register Einkaufsbuch
purchase on credit Zielkauf
purchase order Bestellung, Bestellschein
purchase price Kaufpreis
purchase request, purchase requisition Bedarfsmeldung
purchased part Kaufteil
purchasing agent Einkäufer
purchasing department Einkaufsabteilung
put Verkaufsoption
put option Rückprämie

Q

qualified certificate eingeschränkter Bestätigungsvermerk des Wirtschaftsprüfers
qualified minority interest Schachtelbeteiligung
quantity standard Mengenvorgabe, Mengenstandard
quantity rebate Mengenrabatt
quasi-reorganization Sanierung
quick assets Flüssige Mittel und Forderungen
quick current ratio Verhältnis der Barmittel und Forderungen zu den kurzfristigen Verbindlichkeiten; Liquidität 1. Grades
quotation (bid) Preisangabe, Kostenanschlag, (Börsennotierung)
quotation record Börsenkurstabelle
quoted flat ohne Zinsen notiert

R

raffle Auslosung (von Wertpapieren)
random access direkter Zugriff
random, at willkürlich (statistisch: nach der Zufallszahlenmethode)
rate of dividend Dividendensatz
rate setting, for a public utility Festsetzung der Abgabepreise bei Versorgungsbetrieben
rating Bewertungsstufe, Leistungsbewertung
ratio Verhältniszahl
rationalization Rationalisierung
raw materials, supplies and purchased merchandise used Aufwendungen für Roh-, Hilfs- und Betriebsstoffe sowie für bezogene Waren
reading station Abfühlstation
real account Bilanzkonto
real earnings Realeinkommen
real estate Immobilien, Grundbesitz; Grundstücke und Gebäude
real estate tax Grundsteuer
realizable realisierbar
realization and liquidation statement (US) Konkursbilanz
realize, to realisieren
realized gain realisierter Gewinn
reappraisal, revaluation, reassessment Neubewertung
rebate Rabatt
recapitulation sheet Sammelbogen
receipt Empfangsbestätigung, Quittung
receipt of merchandise Eingang (Waren)
receivables Forderungen
receivership Konkursverwaltung
receiving Annahme, Warenannahme
receiving report Eingangsmeldung
reclassification Umgruppierung
reconciliation Abstimmung
reconciling item Differenzposten in der Abstimmung
record Aufzeichnung, Akte
record of meetings Protokoll
recourse Rückgriff, Regress
recourse claims Regressansprüche
recovery of bad debts Einbringung von bereits abgebuchten Forderungen
recruiting expense Rekrutierungsaufwand
red tape Bürokratismus
redeemable einlösbar, rückzahlbar
redemption Ablösung, Tilgung, Rückzahlung
redemption fund Tilgungsfonds
redemption rate Rückkaufskurs
rediscount Rediskont
rediscount credit Rediskontkredit
rediscount rate Rediskontsatz
reduction of share capital, capital reduction (US) Kapitalherabsetzung
redundancy payments, severance payments Entlassungsgelder
referencing Überprüfung von Berichtsdaten
referencing, cross- Hinweis auf die Quelle einer Angabe, Rückverweisung
refinancing Refinanzierung
refund Rückvergütung
register, to eintragen
registered office Gesellschaftssitz
registrar Führer des Namensregisters der Aktionäre (USA)
registration statement Prospekt, der bei der Securities- and Exchange Commission (S.E.C.) bei Beantragung der Börsenzulassung von Wertpapieren einzureichen ist (USA)
regular depreciation planmässige Abschreibung
reimbursement Erstattung
reinvestment Wiederanlage, Reinvestition
relating to other periods periodenfremd
relation test Vergleich
release Freigabe, Entlastung; Veröffentlichung
remittance Überweisung
remittance advice Überweisungsanzeige

remodelling Umbauten
remuneration, employee compensation Entlohnung
renewal note prolongierter Wechsel
rent paid in advance Mietvorauszahlung
rent, rental expense Mietaufwand
reorganization Neuordnung; Sanierung
repair and maintenance costs Instandhaltungskosten
replacement cost Wiederbeschaffungswert (derzeitige Einstandskosten für Handelsware und Rohmaterial, Herstellkosten für Halb- und Fertigware)
replacement value Wiederbeschaffungswert
replenishment Auffüllung
reporting Berichterstattung
reporting period Berichtszeitraum
reporting standards Berichtsnormen
representation Erklärung
representation letter Vollständigkeitserklärung
representative, agent Vertreter
reproduction cost Wiederherstellungskosten (derzeitige Herstellungskosten für Halb- und Fertigware)
requisition Anforderung
research and development Forschung und Entwicklung
reserve Wertberichtigung eines Vermögenswertes; Rückstellung; zweckgebundene Rücklage
reserve account Rückstellung; Rücklage
reserve for bad debts Delkredererückstellung
reserve for contingencies Rücklage für Eventualverbindlichkeiten
reserve for depreciation of fixed assets Aufgelaufene Wertberichtigung auf das Anlagevermögen
reserve for doubtful accounts Wertberichtigung für zweifelhafte Forderungen
reserve for pensions Pensionsrückstellung
reserve for price increases Rücklage für Preissteigerungen
reserve for severance payments Rückstellung für Entlassungsentschädigungen
reserve for sinking fund Tilgungsrücklage
reserve, free freie Rücklage
reserve, legal gesetzliche Rücklage
residual cost Restbuchwert
residual security Aktionärspapier
resources, financial verfügbare Geldmittel
resources, natural Bodenschätze
responsibility accounting Verrechnung der beeinflussbaren Kosten nach Verantwortungsbereichen
restore, to wiedereinspeichern; wiederherstellen
results of operations Betriebsergebnis
retail Einzelhandel
retail method of inventory pricing Bestandsermittlung durch retrograde Kalkulation von den Verkaufspreisen
retail sales tax Endverbrauchersteuer, die in den USA haüfig von den Staaten und/oder Städten erhoben und offen ausgewiesen wird
retained earnings, earned surplus unverteilter Reingewinn (als Bilanzposition i.d.R.: Offene Rücklagen und Bilanzgewinn)
retainer fee Festhonorar
retirement Stillegung von Anlagevermögen; Pensionierung
retirement benefits Altersversorgung und -unterstützung
retirement compensation Ruhegeld
returns Ware, retournierte
returns and allowances Retouren und Nachlässe
return on investment Kapitalverzinsung; Reinertrag des angelegten Eigenkapitals
revaluation Aufwertung
revaluation of assets Aufwertung von Vermögenswerten durch Schätzung
revenues Einnahmen; Erträge, Umsatz
revenue bond öffentliche

Schuldverschreibung zur Finanzierung eines Staatsbetriebes
reversal of reserves Auflösung von bestehenden Reserven
reverse an entry, to eine Buchung stornieren
review Überprüfung, Durchsicht
revocation Widerruf
revolving revolvierend
revolving fund zweckbestimmter Fonds, dem Geld laufend entnommen und wieder zugeführt wird
ribbon Farbband
right of use, beneficial interest Niessbrauch
road tax Kraftfahrzeugsteuer
roll forward Bestandsfortschreibung; Darlehensverlängerung
rollover credit Verlängerungskredit (i.d.R.: von vornherein vereinbart)
royalty Lizenzgebühr
run Lauf, Durchlauf

S

safe deposit box Schliessfach zur Verwahrung von Wertpapieren
salary Gehalt
salaries and wages Gehälter und Löhne
sales Umsatzerlöse
sales allowance Verkaufsrabatt
sales analysis Umsatzstatistik
sales backlog Auftragsrückstand
sales book Verkaufsbuch
sales branch Verkaufsniederlassung
sales commitment Lieferverpflichtung
sales cutoff periodengerechte Abgrenzung der Verkäufe
sales deductions Erlösschmälerungen
sales force Verkaufsaussendienst
sales invoice Verkaufsrechnung
sales manager Verkaufsleiter
sales of merchandise Umsatz an Handelswaren
sale on credit Verkauf auf Ziel
sales order Verkaufsauftrag
sales price Abgabepreis
sales promotion Verkaufsförderung
sales register Verkaufsjournal
sales returns Rücksendungen, Retouren
sales stock Vertriebslager
salvage value Bergungswert, Schrottwert
schedule Tabelle, Verzeichnis, Aufstellung
scheduling Planung
scope of audit Prüfungsumfang
scrap value Schrottwert
scrip Interimschein, Berechtigungsschein
secondary liability Mithaftungsschuld
secured gesichert, besichert
security Sicherheit, Kaution
securities Wertpapiere, Effekten
Securities and Exchange Commission (SEC) amerikanische Börsenaufsichtsbehörde
security clause Sicherheitsklausel
security count Zählung von Wertpapieren
securities dealer Börsenhändler
securities in default Wertpapiere, für die Zins- oder Dividenden-Zahlungen eingestellt wurden
segment of business Geschäftsbereich
segment reporting Darstellung bestimmter Daten nach Geschäftsbereichen im Tahsesabschluss (USA)
segregated assets abgesonderte Vermögenswerte
selective list wahlweise Schreibung
self-insurance reserve Rückstellung für Selbstversicherung
selling expenses Vertriebskosten, Verkaufskosten
seniority höheres Dienstalter; Vorrang
sense, to abfühlen, abtasten
service bureau (EDP) EDV-Buchführung ausser Haus
service fee Gebühr für Dienstleistungen
set Gerät; Gruppe
set-up time Einrichtungszeit (bei Maschinen)
settlement Übereinkommen; Liquidierung; Abrechnung
share Aktie, Anteil
share certificate Aktie (Zertifikat)
share index Aktienindex
share of capital Kapitalanteil
share valuation Anteilsbewertung
shareholder Aktionär, Anteilseigner
shareholders' equity Reinvermögen der Gesellschafter; Eigenkapital (Grund- oder Stammkapital plus gesetzlicher und freier Rücklagen plus Bilanzgewinn)
shareholders' meeting Hauptversammlung, Gesellschaftsversammlung
shelves Regale
shift Verschiebung, Stellenversetzung
shipment Lieferung
shipping Versand
shipping department Versandabteilung
shipping order Versandauftrag

shipping ticket Versandschein, Lieferschein
short sale Börsentermingeschäft (Verkauf), Leerverkauf
short-term debts (Br.), short-term receivables (US) kurzfristige Forderungen
short-term liability kurzfristige Verbindlichkeit
short-term investments Wertpapiere des Umlaufsvermögens
showing a deficit Verlustausweis
sight test Prüfung 'auf Sicht'
signature authorization Zeichnungsberechtigung
signed trial balance unterschriebene, endgültige Saldenbilanz
silent partnership stille Beteiligung
single-entry bookkeeping einfache Buchführung
single-item ejection Einzelpostenvorschub
sinking fund Tilgungsfonds
sinking fund method of depreciation progressive Abschreibung
sinking fund mortgage loan Amortisationshypothek
skew Schräglauf
skip Vorschubbewegung
slow-moving inventory items "Ladenhüter"
slump Preissturz, Baisse
social benefit expenses soziale Aufwendungen
social facilities soziale Einrichtungen
social insurance contributions Sozialabgaben
social security expenses soziale (gesetzliche) Aufwendungen
social security taxes Sozialversicherungsbeiträge; gesetzliche Sozialaufwendungen
sole proprietorship Einzelunternehmen
solvency Solvenz
source of funds Mittelherkunft
special charges ausserordentliche Aufwendungen, die in der Ertragsrechnung nach dem Jahresergebnis angeführt sind (USA); Sonderposten
special credits ausserordentliche Erträge, die in der Ertragsrechnung nach dem Jahresergebnis angeführt sind (USA); Sonderposten
special drawing rights Sonderziehungsrechte
special item Sonderposten (entweder: special charge oder special credit- s.o.)
specification Spezifizierung
splitting Aktienteilung
spoilage Ausschuss
spool Unterform des Multiprogramms
spot rate Kassakurs
spread sheet Verteilungsbogen
stacker Ablagefach
staff leaving indemnity reserve Personalabfindungsfonds
staff share (Br.), employee stock (US) Belegschaftsaktie
standard cost (accounting) system Standardkostenrechnung (auf Basis optimaler Vollkosten), Plankostenrechnung
standard cost system Standardkostenrechnung auf der Basis optimaler Vollkosten (häufig abgestuft nach dem Grad der Kapazitätsauslastung)
standard label Standardkennsatz
standard price Einheitspreis, Standardpreis
standard routine Standardprogramm
stand-by credit Beistandskredit
stand-by fee Bereitstellungsgebühr
start-up costs Ingangsetzungskosten
stated liabilities in der Bilanz ausgewiesene Verbindlichkeiten
statement Aufstellung
statement of account Kontoauszug
statement of changes in financial position Mittelherkunfts- und Verwendungsrechnung, Bewegungsbilanz
statement of earned surplus Aufstellung der Jahresbewegung des Bilanzgewinns einschl. der offenen Rücklagen (USA); Gewinnvortragsrechnung
statement of income Gewinn- und Verlustrechnung, Ertragsrechnung
statement of source and application of funds Mittelherkunfts- und Verwendungsrechnung (alte Bezeichnung)

statutory provisions Satzungsbestimmungen
statutory reserve satzungsgemässe Rücklage
stipulation Vereinbarung; Klausel
stock Aktie; Lager
stock certificate Aktie (Zertifikat)
stock clerk Lagerangestellter
stock dividend Gratisaktie, Stockdividende
stock exchange Aktienbörse
stock exchange turnover tax Börsenumsatzsteuer
stock issued to employees an Betriebsangehörige ausgegebene Aktie
stock option Bezugsrecht auf Aktien
stock premium Aktienagio
stock price Aktienkurs
stock record Lagerkarte
stock status report Lagerbestandsbericht
stock split Aktienteilung
stockbroker Makler
stockbrokerage Aktienhandel
stockholder Aktionär
stockholder's equity Reinvermögen der Gesellschafter: Eigenkapital (Grund- oder Stammkapital plus gesetzlicher und freier Rücklagen plus Bilanzgewinn
stockholder's meeting Hauptversammlung
stocktaking (Br.) Inventur durch körperliche Bestandsaufnahme
straight-line depreciation lineare Abschreibung
stub period Rumpfgeschäftsjahr
subassembly Teilmontage
subcontractor Unterlieferant
subordinated creditor ein im Range nachstehender Gläubiger
subordination Rangrücktrittserklärung
subscribed capital stock ausstehende Einlagen auf das Grundkapital
subscriber (of shares) Zeichner (von Aktien)
subscription Zeichnung von Aktien oder Schuldverschreibungen
subscriptions Zeitschriften Abonnement
subscription right Bezugsrecht
subsequent payments (receipts) die nach einem Stichtag erfolgten Zahlungen (Zahlungseingänge)
subsequent transactions auf einen Stichtag folgende Transaktionen
subsidiary company Tochtergesellschaft (über 50%)
subsidiary company, wholly-owned Tochtergesellschaft (100%)
subsidiary ledger, subsidiary record Unterkonten zu einem Hauptbuchkonto, z. B.: Kontokorrentkonten
subtotal Zwischensumme
sue, to verklagen
suit, to file a Klage, eine Klage erheben
sum-of-the-years-digit method of depreciation digitale Abschreibungsmethode
sundry sonstige
superintendent Abteilungsleiter
supersede, to überholen, durch verbesserte Neuauflage ersetzen
supplier Lieferant
suppliers with debit balances debitorische Kreditoren
supplies Hilfs- und Betriebsstoffe
supply equipment Versorgungsanlage
support, subsidy, welfare benefits Unterstützung
supporting details zugrundeliegende Einzelheiten
surplus after taxes versteuerte Rücklage
surplus, excess Überschuss
surprise cash count Überraschungsprüfung der Kasse
surrender Rücklauf
surtax Zusatzsteuer; Ergänzungsabgabe
survey Analyse eines Sachgebietes
suspense account Zwischen- oder Haltekonto
swap transaction Swap-Geschäft

T

tabulating equipment operator Tabellierer
tabulation tabellarische Darstellung
tag Kennzeichen; Zettel
take inventory, to Bestand aufnehmen
tally register Zählregister, Indexregister
tally sheet Inventuraufnahmeblatt
tangible fixed assets Sachanlagevermögen
tax Steuer, Abgabe
tax accrual Steuerrückstellung
tax bracket Stufe in der Steuertabelle
tax burden steuerliche Belastung
tax claim Steuerforderung
tax collected at source Quellensteuer
tax consultant Steuerberater
tax exemption steuerfreier Betrag
tax on gifts Schenkungsteuer
tax on income Einkommen- und Ertragsteuern
tax on net assets Vermögensteuer
tax on operating income Einkommensteuer
tax on non-operating income Ertragsteuern
tax refund claim Steuerrückvergütungsanspruch
tax return Steuererklärung
taxable income steuerpflichtiges Einkommen
taxation, assessment Besteuerung
terms Bedingungen
terms of interest Zinskonditionen
terms of notice Kündigungsfrist
terms of payment Zahlungsziel
terms of sale Verkaufsbedingungen
test Stichprobe
test basis, on a Prüfung auf Stichprobenbasis
test circularization stichprobenweise Anforderung von Saldenbestätigungen
test count stichprobenweise Zählung
tester Prüfgerät
tick mark Prüfungszeichen
tie in, to abstimmen
time and motion study Zeit- und Bewegungsstudien, Arbeitsstudien
time card Anwesenheitskarte
time keeping Zeitkontrolle
time-rate wages Zeitlohn
time schedule Zeittabelle, Fristenübersicht
tolling Lohnverarbeitung
tools Handwerkzeuge
tools and dies Hand- und Maschinenwerkzeuge
tort unerlaubte Handlung
total operating expenses Betriebsaufwendungen, insgesamt
trace to, to zurückverfolgen auf
trade Handel
trade credit on goods Warenkredit
trade margin Handelsspanne
trade register abstract Handelsregisterauszug
trade usage Geschäftsusancen
trade-in allowance Gegenwert für in Tausch gegebenes Wirtschaftsgut
trade-in, to eintauschen, in Zahlung geben
trademark Warenzeichen, Markenzeichen, Marke
trading company Handelsgesellschaft
trading forward, trading in futures Börsentermingeschäft
trading stock Warenbestände
trading year (G.B.) Geschäftsjahr
traffic and shipping Transport und Versand
transfer Überweisung; Umbuchung, Übertragung
transfer agent Bank oder 'Trust Company', die für die Neuausstellung der Zertifikate über erworbene Aktien zuständig ist (USA)
transfer order Überweisungsauftrag
transferred costs Kosten, anteilige
translation Übersetzung (auch von Währungen)
transmitted loan Kredit, durchlaufender
transport insurance Transportversicherung
transportation expenses Transportkosten
travel expenses Reisekosten

treasurer Finanzdirektor (häufig parallel zum Controller)
treasury bonds öffentliche Rentenpapiere
treasury note Schatzanweisung
treasury shares, treasury stock eigene Aktien
trial balance Saldenbilanz
trial balance work sheet (US) Rohbilanz
trust Kartell
trustee Vermögensverwalter, Treuhänder
tub file Ziehkartei
turnover Umsatz; Umschlagshäufigkeit
turnover rebate Umsatzboni
turnover tax Umsatzsteuer
type bars Typenstangen
type wheels Typenräder

U

ultra vires clause Satzungsklausel einer Kapitalgesellschaft, die über die Zweckklausel hinausgehende Geschäftsvorfälle deckt
unapplied (overhead) nicht umgelegt
unappropriated surplus freie Rücklage einschliesslich Gewinn- oder Verlustvortrag; Bilanzgewinn
unclaimed dividends nicht erhobene Dividendenansprüche
uncollectible accounts, bad debts uneinbringliche Forderungen
undeposited receipts noch nicht bei der Bank eingezahlte Einnahmen
underlying data zugrundeliegende Angaben
undervaluation Unterbewertung
underwriters Garantiesyndikat bei Wertpapieremissionen; Emissionskonsortium
unearned noch nicht verdient, unverdient
unemployment insurance Arbeitslosenversicherung
unexpired noch nicht abgelaufen
union contract Gewerkschaftstarifvertrag
union dues Gewerkschaftsbeiträge
unissued share Aktie, noch nicht ausgegebene
unit Einheit; Stück
unit control buchmässige Mengenkontrolle
unit cost Stückkosten
unit position Einerstelle
unit price Stückpreis
unit-of-production depreciation method Abschreibung auf Basis von Produktionseinheiten als Masstab der Gesamtlebensdauer eines Wirtschaftsgutes
unlisted shares Aktien, nicht an der Börse eingeführte
unofficial dealings Freiverkehr
unpaid note Wechsel, nicht eingelöster
unrealized gain nicht realisierter Gewinn
unrealized loss nicht realisierter Verlust
unrecorded liabilities unverbuchte Verbindlichkeiten
unrecovered cost Restwert
unredeemed coupons noch nicht eingelöste Kupons
unsecured account ungesichertes Konto
unvouchered invoice ungebuchte Rechnung
upward trend steigende Tendenz
use variance Mehr- oder Minderverbrauch (Kostenrechnung)
usufruct, rights of Genussrechte
utility expenses Aufwand für Strom, Gas, Wasser
utilization Inanspruchnahme

V

vacation pay Urlaubsgeld
valid wirksam, gültig, rechtskräftig
validation check Gültigkeitsprüfung
valuation Bewertung
valuation method Bewertungsmethode
valuation reserve Wertberichtigung
valuation rules Bewertungsvorschriften
value Wert
value date Valutadatum
value, to valutieren
value-added tax Mehrwertsteuer
variance Abweichung
vault Tresor
vendor Verkäufer
venture Unternehmen
verification Bestätigung, Beglaubigung
volume discount Mengenrabatt
voting power, voting right Stimmrecht
voting shares stimmberechtigte Aktien
voucher Beleg
voucher audit Prüfung und Genehmigung eines Ausgabenbeleges
voucher check Scheck mit anhängendem Zahlungsnachweis
voucher clerk Kreditorenbuchhalter
vouchers payable unbezahlte Rechnungen; Lieferantenverbindlichkeiten (häufig erst bei Zahlung gebucht)
voucher register Rechnungseingangsbuch
voucher system Belegsystem für die Verbuchung und Zahlung von Lieferantenrechnungen

W-Y

wages and salaries Löhne und Gehälter
wage arbitration Schlichtung im Lohnstreit
wage negotiations Lohnverhandlungen
wage tax withheld einbehaltene Lohnsteuer
waive a claim, to auf einen Anspruch verzichten
warehouse Warenlager
warehouse fees Lagergebühren
warehouse receipt Lagerschein
warrantee Sicherheitsnehmer
warrantor Sicherheitsgeber
warrants Optionsscheine
warranty Gewährleistung
warranty claims Gewährleistungsansprüche
warranty obligations, guarantee obligations Gewährleistungsverpflichtungen
wasting asset kurzfristig abnutzbares Wirtschaftsgut
watered stock verwässertes Grundkapital (durch spätere Ausgabe von unterbewerteten Aktien)
wear and tear Abnutzung
wholesale Grosshandel
windfall profit unerwarteter Gewinn
window dressing Bilanzfrisur
withdrawal Abhebung; Austritt; Entnahme
withholding taxes Abzugsteuern, Quellensteuern
work in process unfertige Erzeugnisse
work order Arbeitsauftrag
working capital kurzfristiges Betriebskapital (Umlaufsvermögen abz. kurzfristiger Verbindlichkeiten)
working capital loan Betriebsmittelkredit
working year Betriebsjahr
workmen's compensation insurance Betriebshaftpflichtversicherung, Berufsgenossenschaft (D)
write-down Sonderabschreibung, Teilwertberichtigung von Anlagegütern
write off, to abschreiben, ausbuchen

year-end closing Jahresabschluss
year-to-date seit Jahresanfang
yield Ausbeute; Rendite

English — German Glossary of Electronic Data Processing Terms

Englisch — Deutsche Fachausdrücke der Elektronischen Datenverarbeitung

access Zugriff

access time Zugriffszeit
- The time required for a computer to locate data and move them into the central processing unit.
- Die Zeit, die ein Computer benötigt, um bestimmte Informationen in einem Datenspeicher zu finden und in die Zentraleinheit zu übertragen.

accessories Zubehör

accumulator Akkumulator

acoustic memory akustischer Speicher

adaptor Anpassungselement

address Adresse (Speicheradresse)
- The code used to designate a specific piece of data within the computer storage media.
- Code zur Kennzeichnung eines Speicherplatzes oder eines zusammenhängenden Speicherbereiches innerhalb des Speichermediums.

addressable memory adressierbarer Speicher

aging Altersgliederung
- Identification of unprocessed or retained items in files according to their date, usually the transaction date. The aging classifies items according to various ranges of dates.
- Zuordnung der Einzelsätze eines Datenbestandes in unterschiedliche Altersgruppen; z.B. anhand des Rechnungsdatums offener Forderungen.

ALGOL, Algorithmical Language ALGOL, Algorithmische Sprache
- see Programming Language
- siehe Programmiersprache

alphabetical interpreter Alphabet-Lochschriftübersetzer

alphabetical verifier Alphabet-Lochprüfer

alphanumeric Alphanumerisch
- The character sets composed of letters, digits, or special characters.
- Daten bestehend aus Buchstaben Zahlen oder Sonderzeichen.

analog computer Analogrechner
- A device which performs computational functions by using a nondiscrete representation such as variations in voltage.
- Anlage, welche Berechnungen durchführt unter Zuhilfenahme von nicht diskreten Darstellungen wie z.B. Schwankungen in der Stromstärke.

anticipation Wahrscheinlichkeitsgrad
- The expectation of a given transaction or event at a particular time.
- Erwartung eines bestimmten Vorgangs oder Ereignisses zu einem bestimmten Zeitpunkt

approval Genehmigung
- The acceptance of a transaction for processing after it is initiated.
- Freigabe eines erfassten Geschäftsvorganges zur Weiterverarbeitung.

assembler Assembler
- A computer program that accepts instructions in a symbolic code and produces machine language instructions. Generally, one machine instruction is produced for each symbolic instruction.
- Ein Übersetzer, der symbolische Ursprungsanweisungen im maschinell verarbeitbare Befehle unwandelt (assembliert). Normalerweise wird für jede Ursprungsanweisung ein Maschinenbefehl erstellt.

audit trail lückenlose Prüfbarkeit
- The availability of a manual or machine-readable means for tracing the status and contents of an individual transaction record backward or forward and between output, processing, and source.
- Verfügbarkeit eines manuell oder maschinell durchführbaren Kontrollverfahrens, dass die Verarbeitungsstati eines

Geschäftsvorganges von der Erfassung bis zum Abschluss lückenlos abzustimmen ermöglicht.

authorization Vollmacht
- Limits the initiation of a transaction or performance of a process to selected individuals.
- Beschränkt die Auslösung oder Durchführung bestimmter Geschäftsvorgänge auf ausgewählte Personen.

automated error correction Automatische Fehlerkorrektur
- Automatic error correction of transactions or records which violated a detective control.
- Automatische Fehlerkorrektur von Bewegungen oder Datensätzen, die bei einer Kontrolle festgestellt werden.

automatic control Gruppenkontrolle

automatic programming Automatische Programmierung

backup Sicherung
- Files, equipment, and procedures that are available if the originals are destroyed or out of service.
- Dateien, Maschinen und Verarbeitungsverfahren auf die bei Ausfall oder Zerstörung als Notorganisation zurückgegriffen werden kann.

balancing Abstimmsummen
- A test for equality between the values of two equivalent sets of items or one set of items and a control total. Any difference indicates an error.
- Abgleich der Informationen zweier Datenbestände auf Gleichheit bzw. der Akkumulationsergebnisse von Kontrollfeldern eines Datenbestandes mit vorgegebenen Kontrollsummen; jede Abweichung weist auf Fehler hin.

batch balancing Stapelabstimmung
- A comparison of the items or documents actually processed against a predetermined control total.
- Ist der Vergleich von verarbeiteten Belegen oder Daten gegen eine vorher ermittelte Kontrollsumme.

batch processing Stapelverarbeitung
- An application system where transactions to be processed are collected into groups (= batches) and concentrated for processing into a brief span of time.
- Ein System, in dem die zu verarbeitenden Daten zusammengefasst und in Gruppen verarbeitet werden.

batch serial numbers (batch sequence) Stapelnummern
- Batches of transaction documents are numbered consecutively and accounted for.
- Stapelkontrollbelege werden fortlaufend numeriert und bei der Verarbeitung diesbezüglich geprüft.

batch totals (batch control) Stapelsummen
- Any type of control total or count applied to a specific number of transaction documents or to the transaction documents that arrive within a specific period of time.
- Jede Art von Kontrollsummen über eine bestimmte Anzahl oder in einer bestimmten Periode erfassten Belege.

binary Binär
- A number system with a base (radix) of two. The decimal number 39 would be represented as 100111.
- Ein auf der Bezugsbasis '2' aufbauendes Nummernsystem. Der Dezimalzahl 39 entspricht 100111.

Binary-Coded Decimal System (BCD) Binär Codiertes Dezimalsystem (BCD)
- A method of representing the decimal digits by a four-digit binary code. For example, the decimal number 39 would be represented as 0011 1001 in BCD, but would be 100111 in pure binary.
- Methode der Darstellung einer Dezimalzahl durch die Verschlüsselung jeder Ziffer durch einen vierstelligen Binarcode. Z.B. die Dezimalzahl 39 würde binär als 0011 1001 dargestellt; in reinem Binär würde 39 als 100111 dargestellt.

bit Bit, Binärzahl
- An on- or off state in storage representing a binary digit of 0 or 1.

- Status eines elektromagnetischen Speichers zur Darstellung der binär möglichen Zustände 0 oder 1 bzw. an oder aus.

blank character Leerzeichen, Leerstelle
blank column detector Leerspaltensucher
block Block
- A set of data transferred as a unit between components of a computer system. A block may include one or more records.
- Ist eine Gruppe von Daten, die zwischen den verschiedenen Komponenten des Computersystems bewegt werden. Ein Block kann einen oder mehrere Datensätze enthalten.

blocking factor Blockungsfaktor
- The number of records incorporated into a single block.
- Anzahl der Datensätze, die in einem einzelnen Block zusammengefasst werden.

branch Branch
- A computer-language instruction that may cause the computer to next process an instruction other than that which is immediately following (i.e.: "branching").
- Instruktion aus der Computersprache, die den Computer dazu veranlasst, einen Prozess durchzuführen, der nicht in der logischen Folge des Programms liegt. (also: "Abzweigung")

buffer Zwischenspeicher
- Storage used to compensate for differences in the rates of transfer of data or in the timing of transmission of data from one device to another.
- Ist ein Speicher für den Ausgleich der Übertragungsgeschwindigkeit zwischen einzelnen Geräten des Computersystems.

bug Fehler
- An inadvertent mistake in the logic of a computer program or in the wiring of a circuit.
- Fehler in der Programmlogik oder in der Elektronik eines Maschinenteils.

byte Byte
- A set of eight adjacent bits that can be used to represent one alphanumeric character or two decimal digits.
- Eine Byte besteht aus 8 Bits, die dazu benutzt werden, ein alphanumerisches Zeichen oder zwei Dezimalziffern darzustellen.

calculation Berechnung
- The performance of various mathematical operations yielding a numeric result.
- Durchführung der zur Ermittlung eines Rechenergebnisses erforderlichen mathematischen Operationen.

cancellation Stornierung
- Identifies transaction documents to prevent their further or repeated use.
- Kennzeichnung von Geschäftsvorgängen, die nicht weiter verarbeitet werden sollen bzw. deren Bearbeitung abgebrochen werden soll.

card deck Lochkartenstapel
card file Kartendatei
card punch Kartenlocher/Stanzer
- A device which records data on a paper card in the form of a pattern of rectangular or round holes.
- Ein Gerät, welches die Speicherung von Informationen in einer Karte durch das Stanzen bestimmter Kombinationen von Lochungen ermöglicht.

card reader Kartenleser
- A device which recognizes data on punched cards and transmits them to a different device.
- Ein Gerät, welches Lochkarten liest und die Daten zur Verarbeitung weitergibt.

card sorter Sortiermaschine
card stacker Kartenablegefach
card-to-tape converter Lochkarten-Magnetbandumwandler
cathode-ray tube (CRT) Bildschirm
- A device similar to a television screen upon which data can be displayed.
- Ein Gerät zur optischen Darstellung von Daten (wie ein Fernsehschirm).

central computer Zentralrechner
central processing unit Zentraleinheit
- The portion of a computer system that contains the circuits controlling the interpretation and execution of instructions. Abbreviation, CPU.
- Teil des Computers, der die Instruktion interpretiert und ausführt.

character Druckzeichen

check bit Prüfbit
- A binary check digit
- Eine binäre Prüfziffer

check digit Prüfziffer
- A digit which is a function of the other digits within a word or number used for testing an accurate transcription.
- Prüfziffer, die für eine vorgegebene Informationsverschlüsselung entsprechend eines bestimmten Algorithmus ermittelt wird und dadurch später die Überprüfung der einwandfreien Übermittlung der Informationen ermöglicht.

check point Kontrollpunkt
- A point in time during processing when a record is made of the status of all the contents of the computer registers and main storage so as to minimize restart efforts should a failure subsequently occur.
- Zeitpunkt der Verarbeitungzu dem der Inhalt der Computerregister und des Hauptspeichers aufgezeichnet wird, um den Aufwand beim Wiederanlauf nach unplanmässigen Verarbeitungsabbrüchen zu minimieren.

clearing account Abstimmkonto
- An amount which results from the processing of independent items of equivalent value. Net control value should equal zero.
- Betragsfelder, welche als Ergebnis der Verarbeitung unabhängiger Vorgänge gleichen Wertes ermittelt werden. Der Saldo der Kontrollfelder sollte Null ergeben.

clearing position Nullstellung, automatische

COBOL COBOL
- Acronym for Common Business-Oriented Language. A high-level computer-source compiler language developed for common business functions. Every COBOL-source program has four segments: identification, environment, data, procedures. The procedure statements resemble English.
- Abkürzung für Common Business-Oriented Language. COBOL zählt zu den höheren Quellenumwandlungsprogrammen, die für die Lösung wirtschaftlicher Aufgaben entwickelt wurden. Jedes COBOL - Quellen programm hat vier Segmente: Idenfication, Enviroment, Data, Procedures. Die Instruktionen ähneln der englischer Sprache.

code, to ein kodiertes Programm herstellen

coding Codierung
- Successive instructions which direct the computer to perform a particular process.
- The recording of values or characters having meanings which are not readily apparent.
- Instruktionen, die den Computer veranlassen, eine bestimmte Verarbeitung durchzuführen.
- Aufzeichnung von Werten oder Zeichen, deren Bedeutung nicht unmittelbar verständlich ist.

common carrier Datenübermittler
- In data processing, a company which rents or leases transmission lines for communication purposes such as Western Union or AT&T.
- In der Datenverarbeitung sind Datenübermittler (Common Carriers) Gesellschaften, die Fernsprechleitungen für Datenübertragungen vermieten.

comparison Vergleich
- The examination of data by using logical or conditional tests to determine or to identify similarities or differences.
- Logische oder konditionale Tests von Daten auf Gleichheit oder Ungleichheit.

compile Umwandlung
- Machine language instructions generated from a high-level program language so that more than one object program instruction is produced for each source program statement.
- Instruktionen in Maschinensprache, die von einer höheren Programmiersprache generiert werden, so dass mehr als eine Objektprogramminstruktion von jeder

Quellenprogramminstruktion erstellt werden kann.

compiler Übersetzer
- A compiler program that compiles object language instructions from source language statements.
- Ein Computerprogramm, das Quellenprogramminstruktionen in Objektprogramminstruktionen übersetzt.

completeness check Vollständigkeitskontrolle
- A test that data entries are made in fields which cannot be processed in a blank state.
- Ein Test, dass für alle zur Verarbeitung erforderlichen Felder ein gültiger Inhalt vorhanden ist.

computer Elektronenrechner
console Bedienungspult, Steuerpult
control break Gruppenwechsel
control brushes Kontrollbürstensatz
control clerk Kontrollsachbearbeiter
- An individual performing clerical duties associated with control over data processing operations.
- Sachbearbeiter der Kontrollfunktionen innerhalb der Datenverarbeitung ausübt.

control code Steuersymbol
control column Kontrollspalte
control counter Befehlszählregister
control panel Schalttafel
control program Kontrollprogramm
- see "operating system."
- siehe Betriebssystem.

control register/batch control log Stapel/Kontroll Protokoll
- A log or register indicating the disposition and control values of batches or transactions.
- Ein Protokoll zur Aufnahme von Stapel oder Bewegungskontrollwerten.

control total Kontrollsumme
- Totals of homogeneous amounts for a group of transactions or records, usually dollars or quantities.
- Summierungsergebnis bestimmter Felder gleichartiger Bewegungen, z.B. Beträge oder Mengenangaben.

control unit Kommandoeinheit, Steuereinheit
controller Controller
- A component of the computer used for communication and control by the operator or maintenance engineers.
- Eine Einheit des Computers, die für Kommunikation und Kontrollzwecke der Bediener oder Wartungsingenieure benötigt wird.

core Magnetkern
core memory Magnetkernspeicher
core storage Speicher, Kernspeicher
co-selector Hilfssteuerapparat
counter Zähler
- A component of a computer used to store numbers which may be increased or decreased to affect the process of counting.
- Eine Komponente des Computers für die Zählung von Verarbeitungsschritten.

CPU CPU
- abbreviation for a Central Processing Unit
- Abkürzung des englischen Begriffes für Zentraleinheit

cue Unterprogrammaufruf
data base Datenbank
- An integrated file containing multiple record types or segments that may be accessed in a nonsequential manner.
- Eine integrierte Datei, auf deren Daten nach unterschiedlichen Kriterien zugegriffen werden kann.

data processing Datenverarbeitung
data record Datensatz
data storage Datenspeicher
- Storage of transactions or records so that they may be retrieved upon request.
- Speicherung von Daten für Abrufzwecke.

dating Datumsspeicherung
- The recording of calendar dates for purposes of later comparison or expiration testing.
- Speicherung von Kalenderdaten für spätere Vergleichszwecke.

debug Fehlersuche
- To identify and to eliminate faults in computer program logic.
- Fehlersuche in Computerprogrammen.

decision table Entscheidungstabelle
- A table listing all the conditions that may exist and the corresponding actions to be performed. It permits complex logic to be expressed in a concise format and may be used in lieu of flowcharts.
- Eine tabellarische Auflistung aller vorkommenden Bedingungen und entsprechend vorzunehmende Aktivitäten. Damit ist es möglich, eine komplexe Logik einfach darzustellen. Diese Methode kann an Stelle von Flussdiagrammen verwendet werden.

decode, to entschlüsseln

default option automatische Eingabe
- The automatic utilization of a predefined value in situations where input transactions have certain values left blank.
- Automatische Eingabe von vorher definierten Werten, wenn leere (blank) Eingabefelder vorhanden sind.

desk checking Schreibtischtest
- The manual process in which representative data are traced through program logic to determine that the logical processing is as intended.
- Manuelle Prüfung der Programmlogik.

detection device Doppel- und Leerspalten-Kontrollvorrichtung

diagnostic routine Fehlersuchprogramm
- A computer program designed to test and diagnose defects in computer machinery or violations of source program conventions.
- Ein Computerprogramm, welches dazu verwendet wird, Fehler innerhalb der Datenverarbeitungsanlagen festzustellen.

digit impulse Ziffernimpuls

digit punching Ziffernlochung

digit selector Ziffernverteiler

digital computer digitale Rechenanlage
- A device that may be used to manipulate data expressed as discrete values. Contrast with analog computer.
- Eine Anlage zur Verarbeitung von diskreten Werten; steht im Gegensatz zu Analog Computer.

direct access Direkter Zugriff

discrepancy report Fehlerbericht
- A listing of items which have violated some detective control and require further investigation.
- Auflistung von festgestellten Abweichungen in der Verarbeitung, die nachgeprüft werden müssen.

disk file Plattendatei

disk storage Plattenspeicher

document control total Belegsumme
- A count of the number of individual documents entered or processed.
- Zählung eingegebener oder verarbeiteter Belege.

documentation Dokumentation
- Written records for the purpose of providing communication.
- Dokumentation von Vorgängen zwecks Kommunikation.

double punch and blank column detection device Doppel- und Leerspalten Kontrollvorrichtung

downtime Maschinenausfallzeit

drum card Steuerkarte für Locher
- Automatic spacing and format shifting of data fields on a keypunch machine.
- Automatische Führung von Lochkarten bei der Verarbeitung.

drum memory Trommelspeicher

dual access/dual control Zweifachkontrolle
- Two independent, simultaneous actions or conditions required before processing is permitted.
- Zwei unabhängige gleichartige Handlungen oder Bedingungen, die Voraussetzung für die Freigabe zur Verarbeitung sind.

dual card Verbundkarte

dual printing Zweifachschreibung

dump Kernspeicherausdruck
- A printed record of the contents of computer storage usually produced for diagnostic purposes.
- Ausdruck des Kernspeichers, wird zur Fehlersuche verwendet.

EBCDIC EBCDIC
- Abbreviation for extended binary-coded decimal interchange code. An 8- bit code used to represent up to 256 distinct characters and numerals.

- Abkürzung für extended binary-coded decimal interchange code. Ist ein 8-Bit-Code zur Darstellung von 256 Zeichen und Ziffern.

echo check Echo-Prüfung
- A test of the accuracy of data transfer by retransmitting the data received to their source and comparing them to the original.
- Prüfung der Richtigkeit von Datenübertragungen durch Rückübertragung der Daten und Vergleich mit dem Original.

edit Eingabe-/Ausgabeprüfung (Edit)
- A general control term that includes format check, completeness check, check digits, reasonableness tests, limit check, validity check, etc.
- Prüfung der Eingabe/Ausgabe auf Formalfehler

editing Druckaufbereitung
- Modification of the form or format of data, e.g. to insert or delete characters such as page numbers or decimal points.
- Aufbereitung des Druckbildes

electronic data processing (EDP) Elektronische Datenverarbeitung (EDV)

electrographic ink leitfähige Tinte

electronic data processing bureau Lohnarbeitsbetrieb für EDV

electronic data processing machines elektronische Datenverarbeitungsanlagen

emulator Emulator
- A hardware device that enables a computer to execute object language programs written for a different computer design/operating system.
- Ein Maschinenteil, das das Betriebssystem eines Anlagentyps nachbildet, damit Programme, die nicht für dieses Betriebssystem geeignet sind, verarbeitet werden können.

endorsement Belegkennzeichnung
- the marking of a form or document so as to direct or to restrict its further use in processing.
- Kennzeichnung eines Beleges, um künftige Verarbeitung oder Nicht-Verarbeitung zu veranlassen.

equipment check Anlagenkontrolle
- A control built in by the computer manufacturer to verify the accuracy of data transmitted, processed, or stored.
- Eingebaute Kontrolle der Funktionsfähigkeit der Anlage.

erasable storage löschbarer Speicher

error checking Fehlerprüfung

errors in card punching Falschlochungen

error limit Fehlergrenze

error-source statistics Fehlerstatistik
- Accumulation of information on the type of error and origin.
- Zusammenstellung festgestellter Fehler nach ihrer Art und Herkunft.

exception input Ausnahmeengabe
- Input transactions which specify processing with different values or in a different manner than the predefined routine.
- Eingabe, welche festgelegt Verarbeitungsfolge oder Verarbeitung verändert.

expiration Datum, Verfalldatum
- A limit check based on a comparison of current date with the date recorded on a transaction, record, or file.
- Vergleich des Verarbeitungsdatums (Maschinendatum) mit Datum der Eingabe.

feed, to Daten eingeben
- To feed data into; to input

feedback Rückkopplung, Aussenrücklauf

feed control unit Mischervergeichseinheit

feeding device automatische Eingabe- und Vorschubvorrichtung

field Datenfeld
- An element of data within a record that constitutes an item of information. Example: name, account number, amount.
- Ein Element innerhalb eines Datensatzes; z.B. Name, Konto, Kontonummer, Wert.

field selection Lochfeldsteuerung

file Datei
- A set of related data records.
- Eine Zusammenstellung von in Beziehung zueinander stehenden Daten.

file, to abstellen

file maintenance Dateiverwaltung
- Changing information in a file through addition, deletion, or replacement.
- Zugang/Änderung/Löschung von Daten auf der Datei.

file protect ring Schreibring
- A plastic ring that, when inserted in a recess on the back of a standard magnetic tape reel, depresses a switch on the tape drive to allow the drive to write upon that particular reel. No ring—no write.
- Schreibring zum Beschreiben von Banddateien — Fehlt der Schreibring, ist eine Beschreibung nicht möglich.

fixed-length record Satzlänge, Datensatz mit fester
- A record that is the same size in all occurrences. Contrasts with variable-length record.
- Datensatz mit fester Satzlänge, im Gegensatz zu variabler Satzlänge.

flipflop Schaltkreis mit zwei Stabilen Zuständen

floating point Gleitkomma

flowchart Flussdiagramm
- A diagram that presents through symbols and connecting lines either the logical structure of a computer program or the sequence of processes in a system.
- Ein Diagramm zur Darstellung der logischen Struktur oder des Ablaufes der Verarbeitung mit Hilfe von Symbolen und Verbindungslinien.

format check Formatprüfung
- Determination that data are entered in the proper mode - numeric or alphanumeric - within designated fields of information.
- Formatprüfung der Eingabe (numerisch oder alphanumerisch).

FORTRAN FORTRAN
- FORmula TRANslating system. A high-level compiler-source language principally incorporating mathematical expressions.
- Abkürzung von FORmula TRANslating system. FORTRAN ist eine höhere Programmiersprache, die hauptsächlich für mathematische Berechnungen verwendet wird.

gang summary punch Summenstanzer

general storage unit Hauptspeicher

generate generieren
- To produce machine language instructions from a set of user specifications.
- Erstellung von Maschineninstruktionen ausgehend von Anwenderbeschreibungen

generator Generator
- A computer program designed to produce other programs. Based upon input parameters, a generator may apply decision criteria and produce a program suitable to the parameters.
- Ein Programm, das in einer bestimmten Programmiersprache abgefasste Programme oder Folgen von Anweisungen oder Daten erzeugt.

group control change Gruppenwechsel

hard copy Liste
- Printed reports, listings, etc., produced by a computer on paper.
- Vom Drucker eines Computers erstellte Berichte auf Endlos-Papierbahnen.

hardware Maschinenteile
- The machinery constituting a computer or peripheral devices, in contrast to programs (= software).
- Maschinelle Ausrüstung der Rechenanlage, im Gegensatz zu den Programmen (= software).

hash total Kontrollsumme
- A meaningless total developed from the accumulated numerical amounts of non-monetary information.
- Eine Kontrollsumme aus Zahlen ohne Wert z.B. Belegnummern.

heading card Kopfkarte

high order Steuerloch
- The left-most digit within a number representing the highest order of magnitude in the number.
- Führende Ziffer einer Zahl, welche die Verarbeitung steuert.

high-speed feed beschleunigte Zuführung

high-speed printer Schnelldrucker

housekeeping interne Systemsteuerung und -verwaltung
- Broadly pertaining to the general upkeep and maintenance activities within an information processing facility.
- Alle Aktivitäten der Steuerung und Verwaltung der internen Verarbeitungsprozesse.

initialize Initialisieren
- The instructions that set various registers and addresses to zero or a specific starting value at the beginning or end of a processing routine.
- Instruktion, welche verschiedene Register und Adressen am Anfang oder am Ende der Verarbeitung auf Null oder bestimmte Anfangswerte setzt.

input Eingabe

inquiry Abfrage
- A request to obtain information without altering it.
- Abfrage einer Information, ohne diese zu verändern.

instruction code Befehlscode

interblock gap Blockzwischenraum
- The space on a magnetic tape between the end of one block and the beginning of another. Each gap will be of a defined length according to the tape drive so as to permit the mechanism to stop, start, and regain appropriate speed for processing.
- Raum zwischen zwei Blöcken auf einer Banddatei. Jeder Blockzwischenraum hat eine definierte Länge, damit der Bandantrieb für Start/Stop Vorgänge ausreichende Zeitintervalle zur Verfügung hat.

interpreter, transcriber Lochschriftübersetzer

interrupt Programmunterbrechung

I/O Eingabe/Ausgabe (I/O)
- Abbreviation for input/output.
- I/O ist eine Abkürzung für Input/Output (Eingabe/Ausgabe)

IOCS Eingabe/Ausgabe Steuerungssystem (IOCS)
- Abbreviation for input/output control system. A standard set of routines to initiate and control the input and output activities of a computer system.
- IOCS ist die Abkürzung für Input/Output Control System (Eingabe/Ausgabe Steuerungssystem).

key Schlüssel
- Identifying characters within a record used to locate it or to control sorting.
- Zeichen innerhalb eines Datensatzes, die dazu benutzt werden, den Datensatz zu finden oder den Datensatz zu sortieren.

keyboard Tastatur, Tastenfeld

keypunch Locher

keystroke verification Prüflochung
- The redundant entry of data into keyboards so as to verify the accuracy of a prior entry. Differences between the data previously recorded and the data entered in verification will cause a mechanical signal.
- Zweifache Eingabe von Daten über den Locher, um die Vollständigkeit der ersten Eingabe zu überprüfen. Abweichungen der zweiten Eingabe von der ersten Eingabe werden angezeigt.

keyword Schlüsselwort

labeling Kennzeichnung
- The external or internal identification of transaction batches or files according to source, application, date, or other identifying characteristics.
- Ist ein externes oder internes Identifikationsmerkmal von Stapeln, Dateien im Hinblick auf die Herkunft, Verarbeitung, Datum oder andere charakteristische Merkmale.

last card indication Anzeige der letzten Karte

library routine Bibliotheksprozedur
- A standard set of program instructions maintained in on-line storage that may be called in and processed by other programs.
- Eine Zusammenstellung von standardisierten Programminstruktionen, die on-line gespeichert werden, und von anderen Programmen aufgerufen und verarbeitet werden können.

limit check, range check Grenzwertprüfung
- Tests of specified amount fields

against stipulated high or low limits of acceptability.
- Prüfung von Wertfeldern gegen vorher festgelegte Ober- oder Untergrenzen.

line control count Positionszähler
- A count of the individual line items on one or more documents.
- Anzahl Positionen auf Eingabe-belege.

line posting Zeilenumstellung
line printer Zeilendrucker
line spacing Zeilenvorschub
linear programming Linearplanung oder Linearplanungsrechnung
link Wiedereintritt (in ein Hauptprogramm)
list speed Druckgeschwindigkeit
load, to laden
log Protokoll
- A record on paper or machine-readable media of all transactions, operating instructions, etc., sequenced in the order they occurred.
- Protokoll aller Bewegungen, Verarbeitungsinstruktionen, usw. in der Reihenfolge ihres Eintreffens.

logic diagram Ablaufdiagramm
- Synonymous with program flowchart.
- Ein Ablauf von Programminstruktionen, welche mehrfach verwendet werden können, abhängig von Bedingungen in den Daten.

loop Programmschleife
machine cycle Maschinengang
machine load Maschinenbelastung
machine-readable maschinenlesbar
macroinstruction Makrobefehl
- An assembly-language instruction that generates several predetermined machine instructions.
- Eine Instruktion aus der Assemblersprache, welche mehrere vorher definierte Maschinen-instruktionen generiert.

magnetic core storage Magnet-kernspeicher
magnetic disc storage Magnetplattenspeicher
magnetic drum computer Magnettrommelrechner
magnetic printing punch Magnetschreiblocher
magnetic tape Magnetband
mark sensing, mark reading Zeichenmarkierung, Zeichenabfühlung
mark sensing reproducer Kartendoppler mit Zeichenmarkierungs-abfühlung
mass memory, mass storage Grossraumspeicher
master card Leitkarte
master card deck Leitkartensatz
master file Stammdatei
- A computer file containing information to be retained and reused for reference or in file maintenance. Contrast with transaction file.
- Eine Datei, die Informationen enthält, die mehrfach verwendet werden; im Gegensatz zu Bewegungsdatei.

master tape Bestandsband
match-merge Mischen mit Aussteuern
matching Vergleich
- Matching of items with others developed independently.
- Vergleich von Daten aus zwei verschiedenen Dateien.

memory Speicher
memory dump Speicherauszug
memory unit Speichereinheit
merge Mischen
- To combine two files into one.
- Sortierung und Zusammenführen von zwei Datenbeständen in einen physischen Datenbestand.

multiple line printing Mehrzeilenschreiber
multiprocessing Gleichzeit-verarbeitung
- The simultaneous operation of more than one set of processing circuitry within a single computer.
- Gleichzeitige Problembearbeitung durch mehrere Rechenwerke oder Rechner.

multiprogramming Programm-verzahnung
- The processing of two or more application programs by interleaving the execution of individual instructions.

- Die Verarbeitung von zwei oder mehreren Verarbeitungsprogrammen durch wechselweise Ausführung von individuellen Instruktionen.

object language Objektsprache
- Machine instructions produced from a compiler or assembler program that accepts source language.
- Aus einer Quellensprache durch einen Compiler oder Assemblerprogramm erstellte Maschineninstruktion.

object program Objektprogramm
- A computer program composed of object language instructions.
- Ein Computerprogramm das aus Instruktionen der Objektsprache. zusammengestellt ist.

OCR OCR
- Abbreviation for optical character recognition. The mechanical facility to recognize graphic characters using devices sensitive to light.
- Abkürzung für optical character recognition - eine mechanische Einrichtung, um graphische Zeichen lesbar zu machen.

off-line equipment off-line Aggregat einer EDV-Anlage
- Equipment, devices, or files not electronically connected to a computer.
- Anlage, Geräte, Dateien, welche nicht mit dem Computer direkt verbunden sind.

on-line equipment on-line Aggregat einer EDV-Anlage
- Equipment, devices, or files that are electronically connected to the computer for access purposes.
- Anlagen, Geräte und Dateien, die direkt mit dem Computer verbunden sind.

operating system Betriebssystem
- A complex set of computer programs normally provided by the computer manufacturer to perform some or all of the following functions:
  — Schedule, load, initiate, and supervise execution of programs.
  — Allocate storage, peripheral units, and other facilities of the computer.
  — Initiate and control input and output operations.
  — Detect and correct certain classes of machine and data malfunctions.
  — Provide a means for communications between the human operator and the computer hardware.
  — Produce a log of system operations.
  — Manage multiprogramming, multiprocessing, or time-sharing execution of programs.
  — Manage utility programs and language translators.
- Eine komplexe Computerprogrammreihe, die normalerweise vom Hersteller des Systems für die Durchführung entweder von einigen oder sämtlichen der folgenden Funktionen geliefert wird:
  — Zeitliche Planung, Ladung und Beginn des Programms sowie Kontrolle seiner Verarbeitung.
  — Zuordnung von Speicherplatz, Peripherieeinheiten, peripherischer sowie sonstiger Einrichtungen des Computers.
  — Beginn und Kontrolle der Eingabe- und Ausgabeoperationen.
  — Ermittlung und Korrektur gewisser Gruppen von fehlerhaften Funktionen in der Anlage und fehlerhafter Datenverarbeitung.
  — Versorgung mit Kommunikationsmitteln zwischen dem Bediener und dem Computer.
  — Herstellung eines Protokolls der Systemoperationen.
  — Überwachung der Programmverzahnung, der Gleichzeitverarbeitung, oder des Time-Sharing
  — Überwachung von Dienstprogrammen und Umsetzern der Programmiersprachen.

output; data output Datenausgabe

output unit Ausgabe-Einheit

overflow checks Überlaufprüfung
- A limit check based upon the capacity of a memory or file area to accept data.
- Prüfung der Eingabemengen ausgehend von der Kapazität der Speichereinheit oder Datei.

overpunch Überlochung

padding Auffüllen
- The completion of a block of data with meaningless characters.

- Das Auffüllen eines Datenblocks mit frei gewählten Zeichen.

paperfeed Papiervorschub beim Drucker

papertape Lochstreifen

parity check Paritätsprüfung

password Kennwort
- The authorization to allow access to data or to process by providing a signal or code known only to authorized individuals.
- Datei- oder Verarbeitungsschutz durch einen Code, der nur den autorisierten Personen bekannt ist.

patch Korrektur
- To correct or to modify a computer program by directly altering the object code.
- Die Möglichkeit, ein Computerprogramm direkt im Kernspeicher zu korrigieren.

periodic audit periodische Prüfung
- A verification of a file or of a phase of processing intended to check for problems and encourage future compliance with control procedures.
- Prüfung von Dateien oder Verarbeitungsphasen, um Probleme festzustellen und zukünftige Probleme durch Kontrollverfahren zu erkennen.

peripheral equipment Peripherie
- The auxiliary storage units of a computer used for input and output of data. All components of a computer other than the central processing unit and core storage.
- Unter Peripherie versteht man alle Komponenten eines Computers, die nicht zur Zentraleinheit und zum Zentralspeicher gerechnet werden.

precoded forms vorcodierte Formulare
- Fixed elements of information are entered on forms in advance and sometimes in a format which permits direct machine processing so as to prevent errors in entry of repetitive data.
- Bestimmte Informationen werden auf dem Beleg vorcodiert, damit eine direkte Verarbeitung möglich ist. Dies geschieht, um Eingabefehler von sich wiederholenden Daten zu vermeiden.

prepunched cards vorgelochte Karten

printer Drucker

printing position Schreibstelle

processor, processing unit Zentrale Recheneinheit

program Programm

program correction Programmberichtigung

program flowchart Programm-Ablaufdiagramm
- A flowchart that diagrams the processing steps or logic of a computer program.
- Eine Darstellung der Verarbeitungsschritte oder Logik eines Computerprogramms.

program, to Programmieren

programmed check Programmierte Prüfung
- An edit performed by a program.
- Eine Prüfung, die durch das Programm durchgeführt wird.

programmer Programmierer
- An individual who codes computer programs in a source language.
- Eine Person, die Computerprogramme in Quellensprache codiert.

programming cost Programmierkosten

programming language Programmiersprache
- A source language used to define operations that can be translated by software into machine instructions.
- Eine Quellensprache für die Beschreibung von Instruktionen, die in Maschineninstruktionen übersetzt werden können.

punch and verify, to lochen und prüfen

punch, to lochen

punched card Lochkarte

punched paper tape Lochstreifen

random access Direktzugriff
- A manner of storing records in a file so that an individual record may be accessed without reading other records.
- Speicherungsverfahren, das den direkten Zugriff auf einen vorgegebenen Datensatz einer Datei, erlaubt, ohne dass

nicht benötigte Sätze vorher gelesen werden müssen.

rapid memory Schnellspeicher

real time processing Echtzeitverarbeitung, Sofortverarbeitung
- A computer system that will respond within a matter of seconds to an inquiry or a command.
- Computer-Verarbeitungsverfahren, dass innerhalb von Sekunden nach Erhalt einer Abfrage, oder von Anweisungen die erwarteten Ergebnisse bereitzustellen ermöglicht.

reasonableness Gültigkeitstest
- Tests applied to various fields of data through comparison with other information available within the transaction or master records.
- Prüfung von Eingabedaten durch Vergleich mit Daten aus Bewegungs- oder Stammdateien.

reconciliation Abstimmung
- An identification and analysis of differences between the values contained in two substantially identical files or between a detail file and a control total.
- Abweichungsanalyse von Werten in zwei identischen Dateien.

record Datensatz
- group of data fields; data record
- Gruppe von Datenfeldern

record layout Satzaufbau
- A diagram showing the nature, location, size, and format of fields within a record.
- Aufstellung (Diagramm) des Satzaufbaues (Länge, Format der Datenfelder).

record mark Satzmarke
- A special character used by some computer systems to designate the beginning or end of a record.
- Kennzeichnung von Anfang und Ende eines Datensatzes.

Recording Datenerfassung
- The creation of a record on some medium.
- Erfassung von Daten auf Datenträgern.

recording medium Datenträger
- A medium such as a tape reel, disc pack, etc.
- Speichermedium für Daten

redundant processing redundante Verarbeitung
- A repetition of processing and an accompanying comparison of results for equality.
- Wiederholung der Verarbeitung und anschliessender Vergleich der Daten.

reference documentation Referenzdokumentation
- Documents that serve to store information for reference.
- Dokumentation von Referenzinformationen.

report file Berichts-Datei
- A file containing records that may be directly printed to constitute a report.
- Datei zum Drucken von Berichten.

RPG RPG
- Abbreviation for report program generator. A high-level source computer language designed particularly to facilitate the rapid preparation of reports.
- Abkürzung von 'report program generator'. Eine höhere Programmier sprache, hauptsächlich für die Erstellung von Berichten verwendet.

reproducer Kartendoppler

rerun Wiederholungslauf
- To reprocess a computer program, usually because of a defect or error in the previous processing.
- Wiederholung einer Verarbeitung auf grund von Fehlern in der vorangegangenen Verarbeitung.

routine Programmablauf
- A set of computer instructions that will cause the performance of a particular process. A computer program may consist of one or more routines.
- Eine Gruppe von Instruktionen, die eine bestimmte Verarbeitung steuert. Ein Computerprogramm kann aus einem oder mehreren Programmabläufen bestehen.

run Lauf
- The execution of a single computer program.
- Die Ausführung eines Programms.

run manual Bedieneranweisung
- A description of one or more computer

programs within an operating system for use by the operator.
- Beschreibung von einem oder mehreren Verarbeitungsprogrammen.

run-to-run-totals Verarbeitungs-kontrollsummen
- The utilization of output control totals resulting from one process as input control totals over subsequent processing.
- Abstimmsummen zwischen Verarbeitungsläufen.

selector Steuerapparat
sequence checking Folgekontrolle
- A verification of the alphanumeric sequence of the "key" field in items to be processed.
- Kontrolle der Folge des alphanumerischen Schlüsselfeldes der zu verarbeitenden Daten.

sequence link Folgeadresse
sequence unit Folgekontrolleinheit
sequential access sequentieller Zugriff
- Data stored in a manner where all preceding records must be accessed sequentially in order to locate a specific record.
- Der Zugriff auf die Daten erfolgt sequentiell.

signed field Feld mit Vorzeichen
- A numeric data field containing a designation of an algebraic sign.
- Ein numerisches Feld mit Vorzeichen.

simulator Simulator
- A computer program which attempts to imitate the consequences that will be produced by variable conditions in a real-world environment.
- Ein Computerprogramm, das die Folgen von unterschiedlichen Bedingungen, die tatsächlich auftreten können, nachahmt.

simultaneous preparation einmalige Erfassung
- The one-time recording of a transaction for all further processing, using multiple copies, as appropriate, to prevent transcription errors.
- Einmalige Erfassung von Bewegungen für alle künftigen Verarbeitungen. Erfassungsfehler werden minimiert.

single item ejection Einzelposten-vorschub
software Software
- All levels of computer programs that control the operation of hardware.
- Programme, die die "Hardware" steuern.

solid state computer transistorisierter Elektronenrechner
sort, to sortieren
- To arrange items or records into a sequence.
- Daten in bestimmter Reihenfolge sortiere.

sort file Sortierdatei
sorter Sortiermaschine
source custody Datensicherheit
- Information assets are provided security similar to tangible assets such as cash, negotiable securities, etc.
- Wichtige Informationen werden so sicher verwahrt wie Teile des Umlaufvermögens, U.S.W.

source document Originaldokument
- A document from which data are originally acquired.
- Urbeleg.

source language, source program Quellenprogramm
- A computer language utilized by a programmer and submitted to a translation process in order to produce object instructions.
- Vom Programmierer erstellte Anweisung zur maschinellen Erstellung des Objektprogramms.

space Zwischenraum, Leerzeichen
spacing Zeilentransport
special characters Sonderzeichen
- A visible character other than a number or letter (e.g., $, #, /).
- z.B. $, /, *l*

spot check Stichprobe
storage Speicher
storage capacity Speicherkapazität
storage counter Speicherzähler
storage for parallel processing Speicher für Simultanverarbeitung
storage protection Hauptspeicher-schutz
- A provision by the software to protect against unauthorized reading or writing between portions of the general storage unit.
- Programmierte Kontrolleinrichtung,

die das unkontrollierte Schreiben oder Lesen von Informationen in bzw. aus dem Hauptspeicher verhindern soll.

storage tube Speicherröhre

storage unit Speicherwerk

stub card Lochkarten mit perforierten Abschnitten

subroutine Unterprogramm
- A routine that may be recurringly called upon by a different routine to perform a defined process.
- Wird von verschiedenen Programmen aufgerufen, um eine bestimmte Verarbeitung durchzuführen.

summarization Aufsummierung
- To accumulate detail items having the same "key".
- Aufsummierung von Daten mit gleichem Schlüsselbegriff.

summary card Summenkarte

summary punch Summenlocher

suspense account durchlaufende Posten
- A control total for items awaiting further processing.
- Kontrollsumme für Daten, welche weiter verarbeitet werden.

suspense file durchlaufende Postendatei
- A file containing unprocessed or partially processed items awaiting further action.
- Datei mit Daten, welche weiter verarbeitet werden.

system System
- Such as: computer system, application system, operating system.
- z.B. Computersystem, Verarbeitungssystem, Betriebssystem.

system flowchart Datenfluss-diagramm
- A flowchart illustrating the flow of documents and operations in an application.
- Ein Diagramm, das den Fluss von Dokumenten und die Abfolge von Verarbeitungsschritten innerhalb eines Informationsverarbeitungssystems zeigt.

systems analysis Systemanalyse
- The function of determining what and how changes should be made to a business activity.
- Festsellung von Änderungen in Geschäftsvorgängen und die Festlegung, wie diese durchgeführt werden können.

tape drive Bandantrieb

tape-operated printer bandgesteuerter Drucker

tape punch Streifenlocher

tape unit Magnetbandeinheit

telecommunication Datenfernübertragung
- Long distance data tele-transcription.
- Übertragung von Daten über eine längere Distanz.

teleprocessing Datenfernverabeitung

throughput Durchsatz
- Useful work performed by a computer system during a period of time.
- In einer bestimmten Zeiteinheit erbrachte effektive Verarbeitungsleistung eines Computers.

time sharing Time Sharing
- A technique of computer operations that permits a large number of users to access computer services simultaneously.
- Verarbeitungsverfahren, das die parallele Benutzung des Computers durch viele Anwender ermöglicht.

track Spur
- The ring-shaped surface of a disc or drum or the segment of a magnetic tape running parallel to its edge.
- Kreis auf Platte oder Segment eines Bandes.

trail card Folgekarte

trailer label Nachsatz
- A record providing a control total for comparison with accumulated counts or values of records processed.
- Datensatz mit Kontrollsumme für den Vergleich von Werten bereits verarbeiteter Datensätze.

transaction code Bewegungscode
- A field within a transaction record that designates the nature of the transaction.
- Ein Feld innerhalb eines Datensatzes, das die Art der Bewegung kennzeichnet.

transaction file Bewegungsdatei
- A file containing transient information

that will cause changes to a master file during a file maintenance or updating process.
- Datei mit Bewegungen.

transcription Datenübertragung
- Copying recorded information from one medium to another.
- Datenübertragung von einem Speichermedium auf ein anderes.

translator Umsetzer
- Computer program to assemble and compile.
- Rechenprogramm für Übersetzer von Objekt - in Maschinen - bzw. von einer Maschinensprache in eine andere.

transmit, to senden
- To move data from one location to another.
- Daten von einem Ort zu einem anderen senden.

transmittal document Sendekontroll-dokument
- The medium for communicating control totals over movement of data.
- Kontrolldokument über gesandte Daten.

turnaround documents Rücklaufbeleg
- A computer-produced document which is intended for resubmission into the system.
- Ein maschinell erstellter Beleg, der wieder als Eingabe in das System dient.

updating Fortschreibung
- Changing information in a file through the addition or subtraction from a value in a field.
- Zugang, Änderung oder Löschung von Informationen einer Datei auf Satz- und Feldebene.

upstream resubmission Fehler-korrektureingabe
- The resubmission of corrected error transactions.
- Eingabe von Fehlerkorrekturen.

utility program Dienstprogramm
- A standard routine that performs a process required frequently such as sorting, merging, data transcription, printing, etc.
- Standardprogramm für Verarbeitungen wie Sortieren, Mischen, Übertragung oder Drucken.

validity check Gültigkeitsprüfung
- The characters in a coded field are either matched to an acceptable set of values in a table or examined for a defined pattern of format, legitimate subcodes, or character values, using logic and arithmetic rather than tables.
- Prüfung der Eingabedaten auf Gültigkeit gegen festgelegte Werte in Tabellen oder gegen vorgegebenes Format, Unterkodierung oder Druckzeichen.

variable-length record Satzlänge, Datensatz mit variabler
- A machine-readable record that may contain a variable number of fields. Contrast with fixed-length record.
- Datensatz mit variabler Satzlänge im Gegensatz zu fester Länge.

verifier Lochprüfer
- A device used to check the accuracy of a data transcription operation.
- Anlage zur Prüfung von Eingabe daten.

verify, to prüfen
- The act of determining whether data are accurate.
- Daten auf Richtigkeit prüfen.

visual verification visuelle Prüfung
- The visual scanning of documents for general reasonableness and propriety.
- Visuelle Prüfung von Eingabebelegen.

volume Datenträger
- A medium such as a tape reel, disc pack, etc.
- Speichermedium für Daten.

wiring Schaltung
wiring diagram Schaltschema
work storage Arbeitsspeicher
zero access storage Schnellspeicher
zero balancing Nullkontrolle
zero suppression Nullenunter-drückung
zone punching Zonenlochung
zone selection Zonenauswahl

English — German Glossary of Banking Terms

Englisch — Deutsche Fachausdrücke des Bankwesens

acceptance credit Akzeptkredit
- Credit granted to the bank's customer by accepting notes drawn on the bank.
- Kredit, den eine Bank gewährt, indem sie die von einem Kunden auf sie gezogenen Wechsel akzeptiert..

accepting commission Akzeptprovision
accommodation check Gefälligkeitsscheck
accommodation endorsement Gefälligkeitsindossament
accreditee Akkreditivinhaber
agio, premium Aufgeld
amounts due to banks Verbindlichkeiten gegenüber Kreditinstituten
arbitration, arbitrage Arbitrage
- The simultaneous buying and selling of the same marketable securities or foreign currencies in two or more stock exchanges or currency markets to take advantage of price variations between the different locations.
- Gleichzeitiger Kauf und Verkauf ein- und desselben börsengängigen Gutes (z.B. Wertpapiere, Devisen) an verschiedenen Börsenplätzen, um aufgrund der Preis- bzw. Kursunterschiede einen Gewinn zu erzielen.

at best Bestens
- Instructions to a bank to buy or sell at the most favorable prices available.
- Ausführungsbedingung für einen Börsenauftrag, d.h. ohne Preislimit.

aval Aval
- Guarantee of a bill of exchange, especially one furnished for the payment of a note.
- Bürgschaft, Wechselbürgschaft.

bad money Falschgeld
bank Bank
bank acceptance Bankakzept
bank charges Spesen, Bankspesen
bank confirmation Bankbestätigung
bank deposit Bankeinzahlung
bank discount Bankdiskont
bank discount rate Bankdiskontsatz
bank draft attached Bankeinziehungsauftrag
bank interest Bankzinsen
bank loan (overdraft facility) Bankkredit (Überziehungskredit)
bank of issue, central bank Notenbank
bank overdraft Banküberziehung
bank overdraft facility Banküberziehungskredit
bank reconciliation Bankabstimmung
bank statement Bankauszug, Auszug
bank transfer(s) Banküberweisung, Überweisung, Überweisungsverkehr
banker's check Bankscheck
banker's commission Bankprovision
banker's discretion Bankgeheimnis
banker's guarantee Bankgarantie
banking law Bankengesetz, Kreditwesengesetz
bardepot Bardepot (D)
- Interest-free cash deposit which had to be put up by German companies against loans or extended payment terms from abroad during the period 1972-1974, upon ordinance of the German government.
- Zinslose Bareinlage, die aufgrund einer Anordnung der deutschen Bundesregierung in der Zeit von 1972-1974 von inländischen Firmen für Auslandskredite (einschliesslich Lieferantenkredite) unterhalten werden musste.

beneficiary of a letter of credit Akkreditivbegünstigter
bid, buying rate Geldkurs
- Price or exchange rate at which a buyer is willing to purchase a given foreign currency or given securities.
- Kurs, zu dem ein Wertpapier oder eine Fremdwährung vom Nachfragenden gekauft wird.

bill Banknote
blank endorsement Blankoindossament
blocked account gesperrtes Guthaben, Sperrkonto
blocked currencies, nonconvertible currencies nicht frei konvertierbare Devisen
Bretton Woods System Bretton Woods System
- The international payments system based on fixed parities, utilized by the members of the International Monetary Fund (IMF) from 1946 until 1971.
- System des internationalen Zahlungsverkehrs, das auf festen Währungsparitäten beruhte und von den Mitgliedsstaaten des Internationalen Währungsfonds (IWF) von 1946 bis 1971 angewandt wurde.

brokerage Maklerprovision
cable order Kabelauftrag
cable transfer telegrafische oder Kabelüberweisung
callable abrufbar
cash in bank Bankguthaben
cash transfer Barüberweisung
cashed checks zum Inkasso gegebene Schecks
central bank Zentralnotenbank
certificate of deposit (CD) Hinterlegungsbescheinigung für eine befristete Einlage
check Scheck
check, canceled eingelöster Scheck
check, certified Bankscheck
check, counter Blankoscheckformular
check, crossed Verrechnungsscheck
checks, on hand Schecks (Bilanzposten)
check, open Barscheck
check, outstanding noch nicht zur Einlösung vorgelegter Scheck
check register Scheckausgangsbuch
check request Scheckanforderung
check, returned Rückscheck
check, to issue einen Scheck ausstellen
check, to protest einen Scheck zu protest gehen lassen
check, unclaimed nicht eingelöster Scheck
check, voided unbrauchbar gemachter Scheck
check, voucher Scheck mit anhängendem Zahlungsnachweis
clearing Verrechnungsverkehr der Banken
clearing Clearing
- A system to offset claims and counterclaims between banks at the same banking place so as to reduce the movement of funds to the remaining net balances.
- Abrechnungsverfahren, bei dem Forderungen und Gegenforderungen zwischen Banken eines Platzes aufgerechnet und nur die Salden ausgeglichen werden.

clearing house Clearingstelle, Verrechnungsstelle
clearing system Abrechnungssystem
closing statement Abschlussbenachrichtigung, Kontrollabschluss
commitment fee Bereitstellungsprovision
commodity Ware
compensating balance vereinbartes Gegenguthaben
confirmation of bank balance Banksaldenbestätigung
contingent liability from endorsements Indossamentverbindlichkeit
conversion Konvertierung
- The exchange of one currency for another.
- Tausch einer Währung gegen eine andere Währung.

convertible currency konvertierbare Währung
correspondent bank Korrespondenzbank
courtage Courtage
- Synonymous with brokerage.
- Gebühren des Börsenmaklers

cover, hedge Kurssicherung
- The purchase or sale of forward exchange to offset the risk of fluctuation in an exchange rate when payments are to be made or received in that foreign currency in the future.
- Devisenterminkäufe oder -verkäufe zur Ausschaltung des Wechselkursrisikos im Zusammenhang mit zukünftigen

Zahlungseingängen oder Zahlungsausgängen in Fremdwährung.

cross rate Usance-Kurs
- The ratio of two currencies derived from their exchange rates in terms of a third currency.
- Verhältnis zweier Währungen, das sich aus deren Umrechnungskursen gegenüber einer dritten Währung ergibt.

currency control, exchange control Währungskontrolle

currency conversion Kursumrechnung

currency risk Währungsrisiko

current rate Stichtagskurs

custody account Sammeldepot

customers' deposits Kundengelder

cut-off date Abschlusstag

cut-off statement Bankauszug vom Datum der Bankabstimmung zu einem darauffolgenden, vom Prüfer festgesetzen Datum.

demand deposit Sichteinlage

deposit Hinterlegung

deposit fees Depotgebühren

deposit in transit unterwegs befindliche Gelder; von der Bank noch nicht verbuchte Einzahlung.

deposit slip Einzahlungsbeleg

depositary Verwahrer

devaluation Währungsabwertung
- A decline in the value of a given currency in terms of one or more other currencies.
- Wertminderung einer Währung gegenüber einer oder mehreren anderen Währungen.

direct quotation direkter Wechselkurs
- Exchange rate expressed as the number of units of the local currency per unit of the foreign currency.
- Angabe des Betrages der Landeswährung, der einer Einheit der Fremdwährung entspricht.

discountable, eligible bankfähig

drawee Bezogener, Trassat

endorsement Indossament

endorsement in blank Blankoindossament

endorsement without recourse Indossament ohne Obligo

eurocredits, loans Eurokredite

eurocurrency markets Eurodevisenmärkte
- A group of markets outside the United States (principally in London) that deal in dollar and other currency deposits maintained outside their country of origin.
- Devisenmärkte ausserhalb der USA (hauptsächlich in London), auf denen mit Dollar und anderen Währungen aus Guthaben gehandelt wird, die ausserhalb des jeweiligen Ursprungslandes unterhalten werden.

exchange arbitrage Devisenarbitrage

exchange broker Börsenmakler
- A person or firm who arranges for the purchase or sale of securities or foreign currencies between banks but is not a principal to the transaction.
- Vermittler für Wertpapier- oder Devisengeschäfte zwischen Banken.

exchange fluctuation Wechselkursschwankung

exchange losses and gains Devisenverluste und -gewinne

exchange rate Devisenkurs
- The measure of the relative value of different currencies, expressed as the number of units of one currency which may be purchased for one unit of another currency.
- Wertverhältnis zwischen verschiedenen Währungen, ausgedrückt als der Betrag einer Währung, der für eine Einheit einer anderen Währung gekauft werden kann.

exchange risk, exchange exposure Kursrisiko
- The possibility of loss arising from an open position when the related exchange rate rises or falls or the currency is devalued or revalued.
- Risiko eines Verlustes aus einer offenen Fremdwährungsposition bei Änderung des Wechselkurses.

export financing Ausfuhrkredite

exposed net asset position, long position Devisenposition, aktive
- The excess of assets measured or denominated in foreign currency over liabilities measured or denominated in

foreign currency, both translated at the current rate.
- Überschuss der Fremdwährungsaktiva über die Fremdwährungspassiva (jeweils zu Stichtagskursen bewertet).

exposed net liability position, short position Devisenposition, passive
- The excess of liabilities measured or denominated in foreign currency over assets measured or denominated in foreign currency, both translated at the current rate.
- Überschuss der Fremdwährungspassiva über die Fremdwährungsaktiva (jeweils zu Stichtagskursen bewertet).

Federal Reserve Bank Bundesbank

fixed exchange rates feste Wechselkurse
- A system of relatively fixed parities in which exchange rate fluctuations are confined to a specified spread above and below par.
- System verhältnismässig fester Währungsparitäten, in dem Wechselkursschwankungen nur innerhalb festgelegter geringer Bandbreiten möglich sind.

flexible exchange rates flexible Wechselkurse
- A system in which wide exchange rate fluctuations are permitted above and below par or in which the parities are frequently adjusted.
- System, in dem Wechselkursschwankungen innerhalb grosser Bandbreiten möglich sind oder Währungsparitäten ständig angepasst werden.

floating exchange rates floatende Wechselkurse
- A system in which either there are no parities, or the parities are not enforced and the rate of exchange is allowed to fluctuate freely.
- System ohne oder ohne festgelegte Währungsparitäten, in dem Wechselkursschwankungen ohne Begrenzung möglich sind.

foreign balances Auslandsguthaben

foreign currency Fremdwährung, Devisen

foreign currency account Fremdwährungskonto

foreign currency commitment Fremdwährungsverpflichtung
- A commitment to pay or receive a specified amount of foreign currency at a future date.
- Verpflichtung zu einem zukünftigen Zeitpunkt einen bestimmten Betrag in fremder Währung abzunehmen oder zu liefern.

foreign currency translation Fremdwährungsumrechnung

foreign exchange Devisen, Fremdwährung

foreign exchange adjustment Kursdifferenzbuchung

foreign exchange broker Devisenmakler

foreign exchange business Devisenhandel, Währungsgeschäft

foreign exchange position Devisenposition

foreign exchange restrictions Devisenbeschränkungen

foreign exchange transactions Devisengeschäfte

foreign notes and coins Sorten

forward discount Deport
- Difference between the spot rate and the lower forward rate of a foreign currency.
- Kursdifferenz im Devisenterminhandel zwischen Kassakurs und dem niedrigeren Terminkurs.

forward exchange contract Devisentermingeschäft

forward exchange transactions Devisenterminhandel
- Buying or selling foreign currencies for future delivery against payment on delivery.
- Kauf und Verkauf von Fremdwährungen bei Abwicklung zu einem in der Zukunft liegenden Zeitpunkt.

forward rate Devisenterminkurs

frozen loan Kredit, eingefrorener

futures Termingeschäfte, Outrightgeschäfte

guaranty Garantie

hedge Deckungsgeschäft

- Any action taken to eliminate or offset exchange risks in foreign currency-denominated assets and liabilities.
- Geschäft, das zur Absicherung von Währungskursrisiken abgeschlossen wird.

historical rate ursprünglicher Umrechnungssatz, Anschaffungskurs

hot money Fluchtgeld
- Funds transferred abroad to avoid inflation or monetary instability at home or to avoid taxation, exchange controls or other regulations.
- In das Ausland zur Umgehung von Inflation, Währungsunsicherheiten, Besteuerung, Devisenbestimmungen, usw. verbrachte Gelder.

import financing Importkredite

imprest fund Festbestand, bei Kassen

indirect quotation indirekter Wechselkurs
- Exchange rate expressed as the number of units of the foreign currency per unit of the local currency.
- Angabe des Betrages der Fremdwährung, der einer Einheit der Landeswährung entspricht.

interbank balances gegenseitige Bankverpflichtungen

interbank deposits gegenseitige Bankguthaben

International Monetary Fund (IMF) Internationaler Währungsfonds (IWF)

intervention Intervention
- Intervention by governments or their agencies in the foreign exchange markets to prevent, limit or influence changes in exchange rates.
- Eingreifen von Regierungen oder Regierungsstellen in Devisenmärkte, um Änderungen der Devisenkurse zu verhindern, zu begrenzen oder zu beeinflussen.

intervention currency Interventionswährung
- A foreign currency utilized by a government agency to intervene in a foreign exchange market so as to control or stabilize changes in the exchange value of its currency.
- Fremdwährung, die von Regierungsstellen zum Eingreifen in den Devisenmarkt benutzt werden, um Wechselkursveränderungen der eigenen Währung unter Kontrolle zu halten.

intervention points Interventionspunkte

intrabank transfer Überweisung von Konto zu Konto innerhalb einer Bank

irrevocable/confirmed letter of credit unwiderrufliches/bestätigtes Akkreditiv

leads and lags "leads und lags"
- Respectively, the acceleration or delay of payments internationally in anticipation of a rise or fall in an exchange rate.
- Beschleunigte oder verzögeste Zahlungen im Fremdwährungen abhängig von einer erwarteten Erhöhung oder Senkung eines Wechselkurses.

letter of credit Akkreditiv
- Promise of a bank to make payment up to a certain amount to the beneficiary of the letter of credit on behalf of a third party if certain requirements are met.
- Zahlungsversprechen eines Kreditinstitutes, bis zu einem bestimmten Betrag und unter Vorliegen bestimmter Voraussetzungen für Rechnung eines Dritten an den Akkreditivbegünstigten Zahlung zu leisten.

limits limit, Höchstbetrag
- Maximum amounts for open positions of traders or for transactions in a particular currency or with a particular bank.
- Höchstbeträge, bis zu denen Devisen händler offene Positionen begründen, oder Geschäfte in einer bestimmten Währung oder mit einer bestimmten Bank abschliessen dürfen.

loan Darlehen
- (a) Overdraft loan
- (b) Revolving credit loan
- (c) Revolving credit with term loan
- (d) Term loan
- (e) Term loan with optional portion

- (a) Überziehungskredit
- (b) Darlehen mit festen einzelnen Tranchen
  (c) Darlehen mit festen einzelnen Tranchen und einer vorgesehenen Umwandlung in ein Termindarlehen
- (d) Termindarlehen mit fester Laufzeit und vereinbarter Rückzahlung
- (e) Termindarlehen mit festen einzelnen Tranchen und - wahlweise - Zusatzbetrag

loan rate, borrowing rate Ausleihungssatz

local currency Landeswährung

loro accounts Lorokonten
- Deposit accounts of other banks.
- Von anderen Kreditinstituten bei einer Bank unterhaltene Einlagekonten.

market price Kurswert

money market Geldmarkt

money transfer Geldüberweisung

negotiable übertragbar durch Indossament

non-resident accounts Devisenausländerkonten
- Accounts or balances owned by non-residents and thus not directly subject to foreign exchange controls.
- Konten, deren Inhaber ihren Wohnsitz im Ausland haben und damit nicht direkt der Devisenkontrolle unterliegen.

nostro account Nostrokonto
- Account of a bank with another bank.
- Von einer Bank bei einem anderen Kreditinstitut unterhaltenes Guthabenkonto.

official market Devisenbörse

overdraft Überziehung, Kontokorrentkredit

overdraft fee Überziehungsprovision

overdraft loan Überziehungskredit

oversubscription Überzeichnung

parity Parität
- Exchange rate agreed upon between governments or central banks of the countries concerned, supported in the market by the intervention of the central banks. Also, the exchange rate established by a government with the agreement of the IMF.
- Wechselkursverhältnis, das zwischen den Regierungen oder Nationalbanken der betroffenen Länder vereinbart und auf dem Devisenmarkt durch Interventionen der Zentralbanken gestützt wird, oder Wechselkurs, der von einer Regierung mit Zustimmung des IWF festgelegt wird.

position sheet Aufstellung der Devisenengagements
- List of all foreign exchange transactions which permits the bank to determine the magnitude of open positions at various maturities.
- Aufstellung aller Devisengeschäfte, anhand der die Höhe der offenen Devisenpositionen zu den jeweiligen Fälligkeiten bestimmt werden kann.

preauthorized payment method Abbuchungsverfahren
- Method of payment whereby the payee is authorized in advance by the debtor to have recurring amounts directly charged to the debtor's bank account.
- Form des Zahlungsverkehrs, bei der periodisch wiederkehrende Zahlungen auf Veranlassung des Zahlungsempfängers vom Bankkonto des Zahlungspflichtigen nach dessen vorheriger Ermächtigung abgebucht werden.

premium Report
- Difference between the spot rate and a higher forward rate.
- Differenz zwischen dem Devisenkassakurs und dem höheren Devisenterminkurs.

project financing Projektfinanzierung

qualified endorsement Vollindossament mit Angstklausel

recipient, payee Überweisungsempfänger

remittance advice Überweisungsanzeige

renewal of credit Kreditprolongation

reserve requirements Mindestreservevorschriften

restrictive endorsement Indossament mit Weitergabeverbote

Revaluation Währungsaufwertung
- An increase in the value of a given currency in terms of one or more other currencies.

- Wertsteigerung einer Währung gegenüber einer oder mehreren anderen Währungen.

revolving credit revolvierender Kredit
safe deposit box Schliessfach bei einer Bank
savings bank Sparkasse
savings certificate Wertpapier für eine Spareinlage
savings deposit Spareinlage
scheduled territories Mitglieder des Sterling Blocks
settling day Abrechnungstag
specimen signature Unterschriftsprobe
spot exchange transactions Devisenkassahandel

- Purchase and sale of foreign currencies for immediate delivery and payment (usually for two value days forward).
- Kauf und Verkauf von Fremdwährungen bei sofortiger Abwicklung des Geschäftes (in der Regel zwei Wertstellungstage später).

spot rate Devisenkassakurs
Spread Marge

- (a) difference between the selling and buying rates for a given currency
- (b) difference between spot and forward rates for a given currency
- (c) difference between debit interest and credit interest
- (a) Unterschied zwischen Ankaufs- und Verkaufskurs einer Fremdwährung
- (b) Unterschied zwischen Kassa- und Terminkurs einer Fremdwährung
- (c) Unterschied zwischen Soll- und Habenzinsen

standing credit Kredit, laufender
statutory reserve, minimum reserve Mindestreserve
sterling area Sterling Block

- A group of countries that transact their international business in sterling, maintain their international reserves in London, and apply exchange controls similar to those of the United Kingdom.
- Eine Gruppe von Ländern, deren Währung an das Pfund gebunden ist, die ihre Währungsreserven in Londen unterhalten, und deren Devisenbeschränkungen mit denen Grossbritanniens identisch sind.

stop payment order Schecksperre
straddle trade "straddle trade", Doppelgeschäfte

- Simultaneously buying and selling futures contracts with differing delivery dates in the same commodity (usually silver).
- Gleichzeitiger Kauf und Verkauf eines Termingeschäftes mit unterschiedlichen Terminen in der gleichen Ware (normalerweise Silber).

syndicate business Konsortialgeschäft
syndicate member Konsortialbank
teller Bankkassierer
time deposit, fixed deposit Termineinlage, Festgeld
transfer order Überweisungsauftrag
unrealized translation gains or losses (arising on revaluation of unmatured foreign exchange contracts) Unrealisierte Währungsgewinne oder- verluste (aus der Bewertung von Devisenpositionen)
vostro account Vostrokonto

- the same as loro account
- identisch mit Lorokonto

withdrawal Züruckziehung

LIST OF SELECTED NUMBERS AND FRACTIONS

0
Zero Null
1
One Eins
2
Two Zwei
3
Three Drei
4
Four Vier
5
Five Fünf
6
Six Sechs
7
Seven Sieben
8
Eight Acht
9
Nine Neun
10
Ten Zehn
11
Eleven Elf
12
Twelve Zwölf
13
Thirteen Dreizehn
14
Fourteen Vierzehn
15
Fifteen Fünfzehn
16
Sixteen Sechzehn
17
Seventeen Siebzehn
18
Eighteen Achtzehn
19
Nineteen Neunzehn
20
Twenty Zwanzig
21
Twenty-one Einundzwanzig
22
Twenty-two Zweiundzwanzig
23
Twenty-three Dreiundzwanzig
30
Thirty Dreissig
31
Thirty-one Einunddreissig
32
Thirty-two Zweiunddreissig
40
Forty Vierzig
41
Forty-one Einundvierzig
50
Fifty Fünfzig
51
Fifty-one Einundfünfzig
60
Sixty Sechzig
61
Sixty-one Einundsechzig
70
Seventy Siebzig
71
Seventy-one Einundsiebzig
80
Eighty Achtzig
81
Eighty-one Einundachtzig
90
Ninety Neunzig
91
Ninety-one Einundneunzig
100
One hundred Einhundert
101
One hundred and one
Einhunderteins
112
One hundred and twelve
Einhundertzwölf
137
One hundred and thirty-seven
Einhundertsiebenund-
dreissig
200
Two hundred Zweihundert
300
Three hundred Dreihundert
400
Four hundred Vierhundert

500
Five hundred Fünfhundert
600
Six hundred Sechshundert
700
Seven hundred Siebenhundert
800
Eight hundred Achthundert
900
Nine hundred Neunhundert
1,000
One thousand Eintausend
1,762
One thousand seven hundred and sixty-two Eintausendsiebenhundertzweiundsechzig
2,000
Two thousand Zweitausend
5,000
Five thousand Fünftausend
7,500
Seven thousand five hundred Siebentausendfünfhundert
10,000
Ten thousand Zehntausend
20,000
Twenty thousand Zwanzigtausend
50,000
Fifty thousand Fünfzigtausend
100,000
One hundred thousand Einhunderttausend
400,000
Four hundred thousand Vierhunderttausend
1,000,000
One million Eine Million
1,000,000,000
One billion Eine Milliarde
1st
First Erster
2nd
Second Zweiter
3rd
Third Dritter
4th
Fourth Vierter
5th
Fifth Fünfter
6th
Sixth Sechster
7th
Seventh Siebenter
8th
Eighth Achter
9th
Ninth Neunter
10th
Tenth Zehnter
11th
Eleventh Elfter
12th
Twelfth Zwölfter
13th
Thirteenth Dreizehnter
14th
Fourteenth Vierzehnter
15th
Fifteenth Fünfzehnter
20th
Twentieth Zwanzigster
30th
Thirtieth Dreissigster
40th
Fortieth Vierzigster
50th
Fiftieth Fünfzigster
60th
Sixtieth Sechzigster
70th
Seventieth Siebzigster
80th
Eightieth Achtzigster
90th
Ninetieth Neunzigster
1/2
One half Einhalb
1/3
One third Ein Drittel
1/4
One fourth Ein Viertel
3/4
Three fourths Drei Viertel
1/5
One fifth Ein Fünftel
2/5
Two fifths Zwei Fünftel
1/6
One sixth Ein Sechstel
3/7
Three sevenths Drei Siebentel
7/8
Seven eighths Sieben Achtel
2/9
Two ninths Zwei Neuntel

1/10
One tenth Ein Zehntel
.1
One tenth Ein Zehntel
.3
Three tenths Drei Zehntel
.10
Ten hundreths Zehn Hundertstel
.35
Thirty-five hundreths
Fünfunddreissig Hundertstel

.004
Four thousandths Vier Tausendstel
.0009
Nine ten thousandths
Neun Zehntausendstel
.00007
Seven hundred thousandths
Sieben Hunderttausendstel
.000001
One millionth Ein Millionstel

WEIGHTS AND MEASURES

Weights
Gewichte

U.S.		Metric
grain Grain		0.0648 **grams**
ounce (avoirdupois) (oz.) Unze	437.5 grains	28.3495 **grams**
pound (avoirdupois) (lb.) Pfund	16 oz.	453.59 **grams**
hundredweight (cwt.) Zentner	100 lb.	45.359 **kilograms**
short ton Kleine Tonne	20 cwt. or 2,000 lb.	907.18 **kilograms**
long ton Grosse Tonne	2,240 lb.	1,016.05 **kilograms**

Metric		U.S.
centigram Zentigramm	.01 g.	0.1543 **grains**
decigram Dezigramm	.1 g.	1.5432 **grains**
gram (g.) Gramm	1 g.	15.432 **grains**
kilogram (kg.) Kilogramm	1,000 g.	2.2046 **pounds**
quintal Zentner	50 kg.	110.23 **pounds**
metric ton Tonne	1,000 kg.	2,204.6 **pounds**

Linear Measure
Längenmasse

U.S.		Metric
inch (in.) Zoll		2.540 **centimeters**
foot (ft.) Fuss	12 in.	0.3048 **meter**
yard (yd.) Yard	3 ft.	0.9144 **meter**
mile (mi.) Meile	1,760 yd.	1,609.34 **meters**
nautical mile Seemeile	6,080 ft.	1,852 **meters**

Metric		U.S.
millimeter (mm.) Millimeter	.001 meter	0.03937 **inch**
centimeter (cm.) Zentimeter	.01 meter	0.3937 **inch**
decimeter (dm.) Dezimeter	.1 meter	3.937 **inches**
meter (m.) Meter	1 meter	39.37 **inches**
meter	1 meter	3.2808 **feet**
kilometer Kilometer (km.)	1,000. meters	0.62137 **mile**
kilometer	1,000. meters	0.5396 **nautical mile**

Surface Measure
Flächenmasse

U.S.		Metric
square inch (sq. in.) Quadratzoll		6.451 **square centimeters**
square foot (sq. ft.) Quadratfuss	144 sq. in.	929.03 **square centimeters**
square yard (sq. yd.) Quadratyard	9 sq. ft.	0.8361 **square meter**
acre Morgen	43,560 sq. ft.	0.4047 **hectare**
square mile (sq. mi.) Quadratmeile	640 acres	258.998 **hectares**
square mile		2.58998 **square kilometers**

Metric		U.S.
square centimeter (cm^2) Quadratzentimeter	.0001 m^2	0.15499 **square inch**
square decimeter (dm^2) Quadratdezimeter	.01 m^2	15.499 **square inches**
square meter (m^2) Quadratmeter	1 m^2	1,549.9 **square inches**
square meter	1 m^2	1.196 **square yards**
hectare Hektar (ha)	10,000 m^2	2.471 **acres**
square kilometer (km^2) Quadratkilometer	100 hectare	247.104 **acres**
square kilometer		0.3861 **square mile**

Cubic Measure
Raummasse

U.S.		Metric
cubic inch (cu. in.) Kubikzoll		16.387 **cubic centimeters**
cubic foot (cu. ft.) Kubikfuss	1,728 cu. in.	0.0283 **cubic meter**
cubic yard (cu. yd.) Kubikyard	27 cu. ft.	0.7646 **cubic meter**

Metric	U.S.
cubic centimeter (cm^3) Kubikzentimeter	0.061024 **cubic inch**
cubic decimeter (dm^3) Kubikdezimeter	61.024 **cubic inches**
cubic meter (m^3) Kubikmeter	35.315 **cubic feet**
cubic meter	1.308 **cubic yards**

Measure of Capacity
Hohlmasse

U.S.		Metric
pint, liquid (pt.) Pinte, flüssig		0.4732 **liter**
quart, liquid (qt.) Quart, flüssig	2 pts.	0.9463 **liter**
quart, dry (qt.) Quart, trocken	2 pts.	1.1012 **liters**
gallon, liquid (gal.) Gallone, flüssig	4 qts.	3.7853 **liters**
bushel (bu.) Scheffel	32 qts.	35.238 **liters**

Metric		U.S.
liter Liter		0.9081 **dry quart**
liter		1.0567 **liquid quarts**
hectoliter Hektoliter	100 liters	26.418 **gallons**
hectoliter		2.838 **bushels**

CURRENCIES OF THE MOST IMPORTANT MEMBER COUNTRIES OF THE INTERNATIONAL MONETARY FUND AS OF 1-1-79

Country/Land	Currency/Währung	
Afghanistan/Afghanistan	Afghani	Af.
Algeria/Algerien	Dinar	DA
Argentina/Argentinien	Peso	Argent.$
Australia/Austalien	Dollar	$A
Austria/Österreich	Schilling	S.
Bahrain/Bahrain	Dinar	BD
Belgium/Belgien	Franc	BFr.
Bolivia/Bolivien	Peso Boliviano	$b
Botswana	Rand	R.
Brazil/Brasilien	New Cruzeiro	N.Cr.$
Burma/Birma	Kyat	K
Burundi/Burundi	Franc	F. Bu
Cameroon/Kamerun	CFA Franc	CFA F.
Canada/Kanada	Dollar	Can. $
Central African Republic/ Zentralafrikanisches Kaiserreich	CFA Franc	CFA F.
Ceylon/Ceylon	Rupee	CRs
Chad	CFA Franc	CFA F.
Chile/Chile	Peso	Chil. $
China/China	Renminbi Yuan	RMB.Y
Colombia/Kolumbien	Peso	Col. $
Congo (Brazzaville)/Kongo	CAF Franc	CFA F.
Costa Rica/Costa Rica	Colón	C
Cyprus/Zypern	Pound	C£
Dahomey	CFA Franc	CFA F.
Denmark/Dänemark	Krone	D.Kr.
Dominican Republic/ Dominikanische Republik	Peso	(R.D.)$
Ecuador/Ecuador	Sucre	S/.
El Salvador/El Salvador	Colón	₡
Ethiopia/Äthiopien	Birr	Br.
Finland/Finnland	Markka	F.MK.
France/Frankreich	Franc	F.
Gabon/Gabun	CFA Franc	CFA F.
Gambia, The/	Dalasi	D
Germany - Fed. Rep./ Deutschland	Deutsche Mark	DM
Ghana/Ghana	New Cedi	N¢

Country/Land Currency/Währung	
Greece/Griechenland	
Drachme	Dr.
Guatemala/Guatemala	
Quetzal	Q
Guinea/Guinea	
Syli	SY.
Guyana/Guyana	
Dollar	G.$
Haiti/Haiti	
Gourde	Gde.
Honduras/Honduras	
Lempira	L.
Iceland	
Króna	IKr.
India/Indien	
Rupee	Re.
Indonesia/Indonesien	
Rupiah	Rp.
Iran/Iran	
Rial	Rl.
Iraq/Irak	
Dinar	ID.
Ireland/Island	
Pound	Ir£
Israel/Israel	
Pound	I£
Italy/Italien	
Lira	Lit.
Ivory Coast/Elfenbeinküste	
CFA Franc	CFA F.
Jamaica/Jamaica	
Dollar	J$
Japan/Japan	
Yen	Y
Jordan/Jordanien	
Dinar	JD.
Kenya/Kenia	
Shilling	K. Sh.
Korea, Rep. of/ Korea, Demokr. Volksrepublik	
Won	W.
Kuwait/Kuwait	
Dinar	KD.
Laos/Laotische Demokr. Volksrep.	
Kip	K.
Lebanon/Libanon	
Pound	L£
Liberia/Liberia	
Dollar	Lib.$

Country/Land Currency/Währung	
Libya/Libyen	
Pound	LD
Luxembourg/Luxemburg	
Franc	LuxFr.
Malagasy Republic/Madagaskar	
Franc	CFA F.
Malawi	
Kwacha	MK
Malaysia/Malaysia	
Dollar	M$
Mali/Mali	
Franc	FM
Mauritania/Mauretanien	
Ouguiya	UM
Mauritius/Mauritius	
Rupee	MR
Mexico/Mexico	
Peso	mex.$
Morocco/Marokko	
Dirham	DH
Nepal/Nepal	
Rupee	N.Rs.
Netherlands/Niederlande	
Guilden	hfl
New Zealand/Neuseeland	
Dollar	NZ$
Nicaragua/Nicaragua	
Córdoba	C$
Niger/Niger	
CFA Franc	CFA F.
Nigeria/Nigeria	
Naira	N
Norway/Norwegen	
Krone	N Kr.
Pakistan/Pakistan	
Rupee	(Pak) Re.
Panama/Panama	
Balboa	B/.
Paraguay/Paraguay	
Guarani	₲.
Peru/Peru	
Sol	S/.
Philippines/Philippinen	
Peso	P
Portugal/Portugal	
Escudo	Esc.
Rwanda	
Franc	F.R.W.

Country/Land Currency/Währung	
Saudi Arabia/Saudi Arabien	
Riyal	S.RL.
Senegal/Senegal	
CFA Franc	CFA F.
Sierra Leone/Sierra Leone	
Leone	Le
Singapore/Singapur	
Dollar	S$
Somalia/Somalia	
Shilling	So.Sh.
South Africa/Südafrika	
Rand	R.
Spain/Spanien	
Peseta	Pta.
Sudan/Sudan	
Pound	£S.
Sweden/Schweden	
Krona	S Kr.
Syria/Syrien	
Pound	£S.
Tanzania/Tansania	
Shilling	T.Sh.
Thailand/Thailand	
Baht	฿
Togo	
CFA Franc	CFA F.
Trinidad and Tobago	
TT Dollar	T.T.$

Country/Land Currency/Währung	
Tunisia/Tunesien	
Dinar	D.
Turkey/Türkei	
Lira	TL.
Uganda/Uganda	
Shilling	U.Sh.
United Arab Republic/ Vereinigte Arabische Emirate	
Pound	£E
United Kingdom/ Grossbritannien und Nordirland	
Pound	£
United States/Vereinigte Staaten	
Dollar	$
Upper Volta/Obervolta	
CFA Franc	CFA F.
Uruguay/Uruguay	
Peso	Ur$
Venezuela/Venezuela	
Bolivar	Bs.
Yugoslavia/Jugoslawien	
Dinar	Din.
Zaire/Zaire	
Zaire	Z.
Zambia/Sambia	
Kwacha	K.

FINANCIAL STATEMENTS PRESCRIBED FOR A GERMAN PUBLIC STOCK CORPORATION

XYZ A.G.
BALANCE SHEET
DECEMBER 31, 19--

ASSETS

I. CAPITAL STOCK SUBSCRIPTIONS RECEIVABLE, thereof DM ______ called in

II. FIXED AND FINANCIAL ASSETS:

A. Tangible and Intangible Assets:

1. Land and leasehold rights together with office, factory, and other buildings thereon
2. Land and leasehold rights together with dwellings thereon
3. Land and leasehold rights without buildings
4. Buildings constructed on land owned by third parties not included in 1. or 2.
5. Machinery and equipment
6. Fixtures, furniture and office equipment
7. Construction in progress and advance payments on fixed assets
8. Franchises, patents, licenses, trademarks, and similar rights and licenses to such rights

B. Financial Assets:

1. Investments representing not less than 25% equity in other business enterprises
2. Other security investments, not included in 1.
3. Loans made for a term of at least four years (thereof DM ______ secured by mortgage)

III. REVOLVING ASSETS:

A. Inventories:

1. Raw materials and supplies
2. Work-in-process
3. Finished goods and merchandise

B. Other Revolving Assets:

1. Advances to suppliers other than those included in II.A.7.
2. Accounts receivable (trade), of which DM ______ is due after one year
3. Notes receivable (thereof DM ______ discountable at the Federal Reserve Bank)
4. Checks on hand
5. Cash on hand and on deposit with the Federal Reserve Bank and in postal checking accounts
6. Cash at other banks
7. Securities other than those included under items 3., 4., 8., or 9 or under II.B.
8. Treasury stock, par value DM ______
9. Shares in a controlling or majority shareholder's company, par value DM ______
10. Amounts due from affiliated companies
11. Loans and advances granted under the provisions of:
    a) Section 89 of the corporation law (receivables from members of the management board)
    b) Section 115 of the corporation law (receivables from members of the supervisory board)
12. Other assets

IV. PREPAID EXPENSES AND DEFERRED CHARGES

V. ACCUMULATED DEFICIT

VORGESCHRIEBENE FORM DES JAHRESABSCHLUSSES EINER DEUTSCHEN AKTIENGESELLSCHAFT

XYZ A.G.
BILANZ
ZUM 31. DEZEMBER 19--

AKTIVA

I. Ausstehende Einlagen auf das Grundkapital;
   davon eingefordert:

II. Anlagevermögen:
   A. Sachanlagen und immaterielle Anlagewerte:
      1. Grundstücke und grundstücksgleiche Rechte mit Geschäfts-, Fabrik- und anderen Bauten;
      2. Grundstücke und grundstücksgleiche Rechte mit Wohnbauten;
      3. Grundstücke und grundstücksgleiche Rechte ohne Bauten;
      4. Bauten auf fremden Grundstücken, die nicht zu Nummer 1 oder 2 gehören;
      5. Maschinen und maschinelle Anlagen;
      6. Betriebs- und Geschäftsausstattung;
      7. Anlagen im Bau und Anzahlungen auf Anlagen;
      8. Konzessionen, gewerbliche Schutzrechte und ähnliche Rechte sowie Lizenzen an solchen Rechten.
   B. Finanzanlagen:
      1. Beteiligungen;
      2. Wertpapiere des Anlagevermögens, die nicht zu Nummer 1 gehören;
      3. Ausleihungen mit einer Laufzeit von mindestens vier Jahren;
         davon durch Grundpfandrechte gesichert:

III. Umlaufvermögen:
   A. Vorräte:
      1. Roh-, Hilfs- und Betriebsstoffe;
      2. unfertige Erzeugnisse;
      3. fertige Erzeugnisse, Waren.
   B. Andere Gegenstände des Umlaufvermögens:
      1. geleistete Anzahlungen, soweit sie nicht zu II A Nr. 7 gehören;
      2. Forderungen aus Lieferungen und Leistungen;
         davon mit einer Restlaufzeit von mehr als einem Jahr:
      3. Wechsel;
         davon bundesbankfähig:
      4. Schecks;
      5. Kassenbestand, Bundesbank- und Postscheckguthaben;
      6. Guthaben bei Kreditinstituten;
      7. Wertpapiere, die nicht zu Nummer 3, 4, 8 oder 9 oder zu II B gehören;
      8. eigene Aktien unter Angabe ihres Nennbetrags;
      9. Anteile an einer herrschenden oder an der Gesellschaft mit Mehrheit beteiligten Kapitalgesellschaft oder bergrechtlichen Gewerkschaft unter Angabe ihres Nennbetrags, bei Kuxen ihrer Zahl;
      10. Forderungen an verbundene Unternehmen;
      11. Forderungen aus Krediten, die
          a) unter §89,
          b) unter §115
          fallen;
      12. sonstige Vermögensgegenstände.

IV. Rechnungsabgrenzungsposten

V. Bilanzverlust

XYZ A.G.
BALANCE SHEET
DECEMBER 31, 19--

LIABILITIES

I. CAPITAL STOCK AT PAR VALUE (with the par value of each class of shares stated separately)

II. APPROPRIATED SURPLUS
1. Legal reserve
2. Other reserves (free reserves)

III. VALUATION RESERVES

IV. ACCRUED LIABILITIES:
1. Pension reserves
2. Other reserves (for estimated liabilities and accrued expenses)

V. LIABILITIES CONTRACTUALLY PAYABLE AFTER FOUR YEARS:
1. Loans, thereof DM ______ secured by mortgages
2. Liabilities to banks, thereof DM ______ secured by mortgages
3. Other liabilities, thereof DM ______ secured by mortgages

Amounts included in 1. through 3. above due within four years

VI. OTHER LIABILITIES:
1. Accounts payable (trade)
2. Notes payable
3. Due to banks (other than those included in V., above)
4. Advance payments received
5. Due to affiliated companies
6. Other liabilities

VII. DEFERRED INCOME

VIII. UNAPPROPRIATED RETAINED EARNINGS

XYZ A.G.
BILANZ
ZUM 31. DEZEMBER 19--

VERBINDLICHKEITEN

I. Grundkapital

II. Offene Rücklagen:
  1. gesetzliche Rücklage;
  2. andere Rücklagen (freie Rücklagen)

III. Wertberichtigungen

IV. Rückstellungen:
  1. Pensionsrückstellungen;
  2. andere Rückstellungen;

V. Verbindlichkeiten mit einer Laufzeit von mindestens vier Jahren:
  1. Anleihen;
    davon durch Grundpfandrechte gesichert:
  2. Verbindlichkeiten gegenüber Kreditinstituten;
    davon durch Grundpfandrechte gesichert:
  3. sonstige Verbindlichkeiten;
    davon durch Grundpfandrechte gesichert:

  Von Nummern 1 bis 3 sind vor Ablauf von vier Jahren fällig:

VI. Andere Verbindlichkeiten:
  1. Verbindlichkeiten aus Lieferungen und Leistungen;
  2. Verbindlichkeiten aus der Annahme gezogener Wechsel und der Ausstellung eigener Wechsel;
  3. Verbindlichkeiten gegenüber Kreditinstituten, soweit sie nicht zu V gehören;
  4. erhaltene Anzahlungen;
  5. Verbindlichkeiten gegenüber verbundenen Unternehmen;
  6. sonstige Verbindlichkeiten.

VII. Rechnungsabgrenzungsposten

VIII. Bilanzgewinn

XYZ A.G.
STATEMENTS OF INCOME AND UNAPPROPRIATED RETAINED EARNINGS
FOR THE YEAR ENDED DECEMBER 31, 19--

1. Net sales
2. Increase or decrease in work-in-process and finished goods
3. Other manufacturing costs capitalized
4. Total output
5. Raw materials, supplies and purchased merchandise
6. Gross profit/loss (before items listed below)
7. Profits transferred from subsidiaries under profit and loss transfer agreements
8. Income from investments representing not less than 25% equity in other enterprises
9. Income from other financial assets
10. Other interest and similar income (from temporary investments)
11. Gains on sales and appreciation write-up of fixed and financial assets
12. Income from reduction or dissolution of lump sum valuation reserves on receivables
13. Income from reduction or dissolution of pension and other reserves for estimated liabilities and accrued expenses
14. Other income (thereof DM ______ of extraordinary income)
15. Losses transferred to parent company under profit and loss transfer agreement
16. Wages and salaries
17. Social security levies
18. Cost of pension plans and related benefits
19. Depreciation and write-offs of tangible and intangible fixed assets
20. Depreciation and write-offs of financial assets
21. Losses from devaluation or retirement of revolving assets other than inventories and amounts added to a lump-sum valuation reserve for receivables
22. Losses from sale or retirement of fixed and financial assets
23. Interest and similar expenses
24. Taxes:
    a) On income and net assets
    b) Other
25. Losses transferred from subsidiaries under profit and loss transfer agreements
26. Other expenses
27. Profits transferred to parent company under a profit and loss transfer agreement
28. Net income/loss for the year
29. Unappropriated retained earnings/deficit at beginning of year
30. Withdrawals from appropriated surplus:
    a) From the legal reserve
    b) From free reserves
31. Additions to appropriated surplus out of net income for the year:
    a) To the legal reserve
    b) To free reserves
32. Unappropriated retained earnings/deficit at end of year

XYZ A.G.
GEWINN- UND VERLUSTRECHNUNG
FÜR DAS AM 31. DEZEMBER 19-- ENDENDE GESCHÄFTSJAHR

1. Umsatzerlöse
2. Erhöhung oder Verminderung des Bestands an fertigen und unfertigen Erzeugnissen
3. andere aktivierte Eigenleistungen
4. Gesamtleistung
5. Aufwendungen für Roh-, Hilfs- und Betriebsstoffe sowie für bezogene Waren
6. Rohertrag/Rohaufwand
7. Erträge aus Gewinngemeinschaften, Gewinnabführungs- und Teilgewinnabführungsverträgen
8. Erträge aus Beteiligungen
9. Erträge aus den anderen Finanzanlagen
10. sonstige Zinsen und ähnliche Erträge
11. Erträge aus dem Abgang von Gegenständen des Anlagevermögens und aus Zuschreibungen zu Gegenständen des Anlagevermögens
12. Erträge aus der Herabsetzung der Pauschalwertberichtigung zu Forderungen
13. Erträge aus der Auflösung von Rückstellungen
14. sonsige Erträge;
    davon ausserordentliche
15. Erträge aus Verlustübernahme
16. Löhne und Gehälter
17. soziale Abgaben
18. Aufwendungen für Altersversorgung und Unterstützungen
19. Abschreibungen und Wertberichtigungen auf Sachanlagen und immaterielle Anlagewerte
20. Abschreibungen und Wertberichtigungen auf Finanzanlagen mit Ausnahme des Betrags, der in die Pauschalwertberichtigung zu Forderungen eingestellt ist
21. Verluste aus Wertminderungen oder dem Abgang von Gegenständen des Umlaufvermögens ausser Vorräten (§ 151 Abs. 1 Aktivseite III B) und Einstellung in die Pauschalwertberichtigung zu Forderungen
22. Verluste aus dem Abgang von Gegenständen des Anlagevermögens
23. Zinsen und ähnliche Aufwendungen
24. Steuern
    a) vom Einkommen,
       vom Ertrag und
       vom Vermögen
    b) sonstige
25. Aufwendungen aus Verlustübernahme
26. sonstige Aufwendungen
27. auf Grund einer Gewinngemeinschaft, eines Gewinnabführungs- und eines Teilgewinnabführungsvertrags abgeführte Gewinne
28. Jahresüberschuss/Jahresfehlbetrag
29. Gewinnvortrag/Verlustvortrag aus dem Vorjahr
30. Entnahmen aus offenen Rücklagen
    a) aus der gesetzlichen Rücklage
    b) aus freien Rücklagen
31. Einstellungen aus dem Jahresüberschuss in offene Rücklagen
    a) in die gesetzliche Rücklage
    b) in freie Rücklagen
32. Bilanzgewinn/Bilanzverlust

XYZ A.G.
ANALYSIS OF TANGIBLE AND INTANGIBLE FIXED ASSETS FINANCIAL ASSETS AND OF DISCLOSED RESERVES YEAR ENDED DECEMBER 31, 19--

	Beginning of Year DM	Additions DM	Retirements DM	Appreciation DM	Transfers DM	Depreciation DM	End of Year DM
A. Tangible and Intangible Assets:							
1. Land and leasehold rights together with office, factory, and other buildings thereon							
2. Land and leasehold rights together with dwellings thereon							
3. Land and leasehold rights without buildings							
4. Buildings constructed on land owned by third parties not included in 1. or 2.							
5. Machinery and equipment							
6. Fixtures, furniture and office equipment							
7. Construction in progress and advances on fixed assets							
8. Franchises, patents, licenses, trademarks and similar rights and licenses to such rights							
B. Financial Assets-							
1. Investments representing not less than 25% equity other business enterprises							
2. Other security investments, not included in 1.							
3. Loans made for a term of at least four years (DM ______ secured by mortgage)							

	Beginning of Year DM	Transferred from Unappropriated Retained Earnings of Prior Years DM	Transferred from Unappropriated Retained Earnings of Current Year DM	Withdrawn During Current Year DM	End of Year DM
Disclosed Reserves-					
1. Legal reserve					
2. Appropriated retained earnings					

XYZ A.G.
ENTWICKLUNG DES ANLAGEVERMÖGENS UND DER RÜCKLAGEN FÜR DAS AM 31. DEZEMBER 19-- ENDENDE GESCHÄFTSJAHR

	Jahres-anfang DM	Zu-gänge DM	Ab-gänge DM	Zuschrei-bungen DM	Umbu-chungen DM	Abschrei-bungen DM	Jahres-ende DM
A. Sachanlagen und immaterielle Anlagewerte: 1. Grundstücke und grundstücksgleiche Rechte mit Geschäfts-, Fabrik- und anderen Bauten; 2. Grundstücke und grundstücksgleiche Rechte mit Wohnbauten; 3. Grundstücke und grundstücksgleiche Rechte ohne Bauten; 4. Bauten auf fremden Grundstücken, die nicht zu Nummer 1 oder 2 gehören; 5. Maschinen und maschinelle Anlagen; 6. Betriebs- und Geschäftsausstattung; 7. Anlagen im Bau und Anzahlungen auf Anlagen; 8. Konzessionen, gewerbliche Schutzrechte und ähnliche Rechte sowie Lizenzen an solchen Rechten.							
B. Finanzanlagen: 1. Beteiligungen; 2. Wertpapiere des Anlagevermögens, die nicht zu Nummer 1 gehören; 3. Ausleihungen mit einer Laufzeit von mindestens vier Jahren; davon durch Grundpfandrechte gesichert:							

	Jahres-anfang DM	Aus dem Bilanzgewinn eingestellte Beträge: Früherer Jahre DM	Aus dem Bilanzgewinn eingestellte Beträge: Des Geschäfts-jahres DM	Für das Geschäftsjahr entnommene Beträge DM	Jahres-ende DM
Offene Rücklagen: 1. gesetzliche Rücklage; 2. andere Rücklagen (freie Rücklagen)					

FINANCIAL STATEMENTS OF A U.S. INDUSTRIAL CORPORATION

ASSETS

CURRENT ASSETS:
- Cash—
  - Petty cash
  - Cash in banks
- Accounts receivable—
  - Trade
  - Affiliates
  - Other
  - Less— Allowance for doubtful accounts
- Inventories, at the lower of cost (first-in, first-out) or market—
  - Raw materials
  - Supplies
  - Work in process
  - Finished goods
  - Less— Inventory valuation adjustments
- Prepaid expenses—
  - Prepaid rent
  - Unexpired insurance

Total current assets

PROPERTY, PLANT AND EQUIPMENT, at cost:
- Land
- Land improvements
- Buildings—
  - Buildings
  - Building fixtures and equipment
- Machinery and equipment—
  - Machinery and equipment
  - Office furniture, fixtures and equipment
  - Automobiles
  - Tools and dies
- Construction in progress
- Less— Accumulated depreciation (as above)

Total property, plant and equipment

OTHER ASSETS, at cost less amortization:
- Goodwill, trademarks, patents and rights
- Other assets, net

Total other assets

Total assets

JAHRESABSCHLUSS EINER U.S. INDUSTRIEGESELLSCHAFT

AKTIVA

UMLAUFVERMÖGEN:
- Flüssige Mittel—
  - Kasse
  - Bankguthaben
- Forderungen—
  - Aus Warenlieferungen und Leistungen an Dritte
  - Gegenüber Konzerngesellschaften
  - Sonstige
  - Abz.—Wertberichtigung auf Forderungen
- Vorräte, zum Niederstwert—
  - Rohstoffe
  - Hilfs— und Betriebsstoffe
  - Unfertige Erzeugnisse
  - Fertige Erzeugnisse
  - Abz.— Wertberichtigung auf Vorräte
- Aktive Rechnungsabgrenzung—
  - Vorausbezahlte Miete
  - Vorausbezahlte Versicherungsbeiträge

Umlaufvermögen insgesamt

ANLAGEVERMÖGEN, zu Anschaffungs— bzw. Herstellkosten:
- Grundstücke
- Grundstückseinrichtungen
- Gebäude—
  - Gebäude
  - Gebäudeeinrichtungen und —ausstattung
- Maschinen und Einrichtungen—
  - Maschinen und maschinelle Anlagen
  - Büromobiliar, —einbauten und —maschinen
  - Fahrzeuge
  - Hand— und Maschinenwerkzeuge
- Im Bau befindliche Anlagen
  - Abz.—Wertberichtigung (wie oben)

Anlagevermögen insgesamt

SONSTIGES VERMÖGEN, zu Anschaffungskosten abz. Abschreibungen:
- Firmenwert, Markenrechte, Patente und Lizenzen
- Sonstige Aktiva, netto

Sonstiges Vermögen insgesamt

Vermögen insgesamt

LIABILITIES AND SHAREHOLDERS' EQUITY

CURRENT LIABILITIES:
- Due to banks
- Current portion of long-term debt
- Accounts payable—
  - Trade
  - Affiliates
  - Payroll deductions
  - Other
- Accrued liabilities—
  - Wages and salaries
  - Vacation pay
  - Commissions
  - Interest
  - Other taxes
  - Profit sharing plan
  - Other accrued liabilities

DEFERRED INCOME

LONG-TERM DEBT:
- Due to banks
- Mortgage bonds

PENSION RESERVES

Total liabilities

SHAREHOLDERS' EQUITY:
- Capital stock
- Capital surplus
- Free reserves and unappropriated retained earnings at beginning of year

Shareholders' equity

VERBINDLICHKEITEN EINSCHLIESSLICH REINVERMÖGEN DER GESELLSCHAFTER

KURZFRISTIGE VERBINDLICHKEITEN:
- Verbindlichkeiten gegenüber Banken
- Kurzfristiger Teil langfristiger Verbindlichkeiten
- Verbindlichkeiten—
  - Aufgrund von Warenlieferungen und Leistungen an Dritte
  - Gegenüber Konzerngesellschaften
  - Einbehaltene Lohnsteuer und Sozialabgaben
  - Sonstige
- Rückstellungen—
  - Löhne und Gehälter
  - Urlaubsgeld
  - Provision
  - Zinsen
  - Sonstige Steuern
  - Gewinnbeteiligung (Tantiemen)
  - Sonstige

TRANSITORISCHE PASSIVA (Vereinnahmte, aber noch nicht verdiente Erträge)

LANGFRISTIGE VERBINDLICHKEITEN:
- Gegenüber Banken
- Hypothekarisch gesicherte Schuldverschreibungen

PENSIONSRÜCKSTELLUNGEN

Verbindlichkeiten insgesamt

REINVERMÖGEN DER GESELLSCHAFTER:
- Stammkapital
- "Gesetzliche" Rücklagen
- "Freiwillige" Rücklagen und Gewinnvortrag, lt. Anlage

Reinvermögen der Gesellschafter

STATEMENT OF INCOME AND RETAINED EARNINGS

SALES:
- Gross sales—
  - Intercompany
  - To third parties

LESS— SALES DEDUCTIONS:
- Returns and allowances
- Cash discounts
- Trade discounts
- Freight-out

Net sales

COST OF GOODS SOLD:
- Raw materials
- Direct labor
- Manufacturing overhead
- (Increase) decrease in inventories

Gross profit

OPERATING EXPENSES:
- Research and development—
  - Salaries and wages
  - Social security expenses
  - Operating supplies
  - Travel expenses
  - Postage, telephone and telegraph
  - Taxes, other than income
- Selling and advertising—
  - as above
- Administration—
  - as above

Total operating expenses

Operating income

GEWINN— UND VERLUSTRECHNUNG
EINSCHLIESSLICH GEWINNVORTRAG

VERKÄUFE:
Bruttoerlöse—
An Konzerngesellschaften
An Dritte

ABZÜGLICH— ERLÖSSCHMÄLERUNGEN:
Retouren und Nachlässe
Kassenskonto
Handelsrabatte
Ausgangsfrachten

Nettoerlöse

HERSTELLKOSTEN DER VERKAUFTEN WAREN:
Rohstoffe
Fertigungslohn
Fertigungsgemeinkosten
(Zunahme) Abnahme der Vorräte

Bruttogewinn

BETRIEBSAUFWENDUNGEN:
Forschung und Entwicklung—
Gehälter und Löhne
Gesetzliche Sozialabgaben
Betriebsstoffe
Reisekosten
Porti, Telefon und Telegramme
Sonstige Steuern
Verkauf und Werbung—
wie oben
Verwaltung—
wie oben

Betriebsausgaben insgesamt

Betriebsgewinn

Fortsetzung nächste Seite

STATEMENT OF INCOME AND RETAINED EARNINGS

OTHER INCOME AND EXPENSES:
  Interest income
  Miscellaneous income
  Interest expenses and bank charges
  Miscellaneous expenses

Net income before income taxes

PROVISION FOR INCOME TAXES:
  Federal
  Municipal

Net income before special items

SPECIAL ITEMS:
  Extraordinary write-down of XYZ plant, net of related income tax effect

Net income and special items

EARNED SURPLUS: (including free reserves)
  Opening balance
  Less— Dividends declared

Closing balance

GEWINN— UND VERLUSTRECHNUNG
EINSCHLIESSLICH GEWINNVORTRAG

SONSTIGE ERTRÄGE UND AUFWENDUNGEN:
Zinserträge
Sonstige Erträge
Zinsaufwendungen und Bankgebühren
Sonstige Aufwendungen

"Jahresüberschuss" vor Ertragsteuern

AUFWAND FÜR ERTRAGSTEUERN:
Körperschaftsteuer
Gewerbeertragsteuer

"Jahresüberschuss" vor Sonderposten

SONDERPOSTEN:
Ausserordentliche Abschreibung auf das Werk XYZ, nach Abzug der entsprechenden Ertragsteuerminderung

"Jahresüberschuss" und Sonderposten

GEWINNVORTRAG (einschliesslich der freien Rücklagen):
Anfangssaldo
Abz.— Genehmigter Dividenden

Endsaldo

XYZ CORP.
STATEMENT OF CHANGES IN FINANCIAL POSITION
FOR THE YEAR ENDED DECEMBER 31, 19--

SOURCE OF FUNDS:

Working capital provided from operations -
  Net income
  Add - items not using working capital:
    Provision for depreciation and amortization of
      property, plant, equipment and goodwill
    Provision for pension reserve
Increase (decrease) in long-term debt
Sale and retirement of property, at net
  book value
Increase in deferred income
Decrease in working capital

APPLICATION OF FUNDS:

Dividends declared
Additions to property, plant and equipment
Additions to other assets
Pension payments

ANALYSIS OF INCREASE (DECREASE) IN WORKING CAPITAL:

Cash
Accounts receivable
Inventories
Prepaid expenses
Due to banks
Current portion of long-term debt
Accounts payable
Accrued liabilities

XYZ CORP.
MITTELHERKUNFTS- UND MITTELVERWENDUNGSRECHNUNG FÜR DAS AM 31. DEZEMBER 19-- ENDENDE GESCHÄFTSJAHR

MITTELHERKUNFT:

Zuwachs zum Netto-Umlaufvermögen aus dem Betriebsergebnis
  Jahresüberschuss
  Zuzüglich - Posten, die kein Umlaufvermögen benötigen -
    Abschreibung auf Sachanlagen und Firmenwert
    Zuführung zu den Pensionsrückstellungen
Zunahme (Abnahme) langfristiger Verbindlichkeiten
Verkauf und Abgang von Anlagevermögen, zum Nettobuchwert
Zunahme transitorischer Passiva
Abnahme des Netto-Umlaufvermögens

MITTELVERWENDUNG:

Erklärte Dividende
Zugänge zum Anlagevermögen
Erhöhung des sonstigen Vermögens
Zahlungen gegen Pensionsrückstellungen

ERHÖHUNG (VERMINDERUNG) DES NETTO-UMLAUFVERMÖGENS:

Flüssige Mittel
Forderungen
Vorräte
Aktive Rechnungsabgrenzungsposten
Verbindlichkeiten gegenüber Banken
Kurzfristiger Teil langfristiger Verbindlichkeiten
Verbindlichkeiten aufgrund von Warenlieferungen und
  Leistungen
Rückstellungen